하찮은 인간, 호모 라피엔스

하찮은 인간, 호모 라피엔스

지은이 | 존 그레이
옮긴이 | 김승진
펴낸이 | 이명회
펴낸곳 | 도서출판 이후
편집 | 김은주, 신원제
표지 디자인 | ArTe203

첫 번째 찍은 날 | 2010년 8월 31일
여섯 번째 찍은 날 | 2016년 12월 15일

등록 | 1998년 2월 18일 (제13-828호)
주소 | 04050 서울시 마포구 양화로 156, 1229호 (동교동, 엘지팰리스빌딩)
전화 | 대표 02-3141-9640 편집 02-3141-9643 팩스 02-3141-9641
www.ewho.co.kr

ISBN 978-89-6157-042-8 03100

이 도서의 국립중앙도서관 출판시도서목록(CIP)은 e-CIP 홈페이지
(http://www.nl.go.kr/cip.php)에서 이용하실 수 있습니다.
(CIP제어번호: CIP 2010003052)

하찮은 인간, 호모 라피엔스

존 그레이 지음 · 김승진 옮김

이후

■ 일러두기

1. 한글과 외래어 표기는 〈국립국어원〉 표준국어대사전 표기 및 외래어 표기법을 따랐다. 단, 원칙대로 표기할 경우 현실과 지나치게 동떨어진 음이 나오면 실용적 표기를 취했다.

2. 단행본, 정기간행물에는 겹낫쇠(『 』)를, 논문이나 기고문, 에세이 등에는 흩낫쇠(「 」)를, 단체명과 영화명의 경우 꺽쇠(〈 〉)를 사용했다. 그 외, 영문 단행본이나 정기간행물은 이탤릭체로, 영문 논문이나 시 제목은 큰따옴표(" ")로 표시했음을 밝힌다.

3. 옮긴이가 매끄러운 번역을 위해 첨언한 부분은 대괄호([ ])로 묶었으며, 저자가 본문에 덧붙인 삽입구(혹은 본문에는 삽입구가 아니지만 한글 번역에는 삽입구 처리하는 것이 자연스러운 부분)는 소괄호(( ))로 묶었다. 본문 아래 주석은 모두 옮긴이가 추가한 것이다.

4. 본문에 인용된 내용 중 출처가 드러나지 않은 것은 저자가 책 뒤에 별면으로 구성한 「더 읽어 볼 만한 것들」을 참고하라. 옮긴이가 본문에 삽입한 출처는 대괄호([ ])로 표기했다.

천지는 어질지 않아 만물을
추구(芻狗, 짚으로 만든 개)와 같이 여긴다.

天地不仁 以萬物爲芻狗

– 노자, 『도덕경 석의』, 1999/2004, 〈금선학회〉 번역, 〈여강 출판사〉의 번역을 따랐다.

감사의 글

나는 이 책에서 인류를 중심에 놓지 않는 견해를 제시하고자 했다. 단편적인 짤막한 글들로 구성되어 있지만, 그것들이 서로 체계가 없는 것은 아니다. 독자들은 여기 실린 글들을 차례로 읽어도 좋고, 내키는 대로 훑어봐도 좋다. 여러 학자들의 글을 이 책에 많이 인용했다. [독자들에게] 익숙치 않은 생각을 다른 학자들의 권위에 기대 설명하려는 게 아니라 의미를 더 명확하게 전달하기 위해서였다. 책 말미의 주석도 같은 목적에서 달아 놓았다.

여러 사람들이 격려와 조언과 응원을 보내 줬다. 제임스 러브록James Lovelock과의 대화 덕분에 가이아 가설Gaia hypothesis에 대한 생각이 더 명확해졌다. J. G. 발라드J. G. Ballard의 글을 읽고 또 그와 토론하면서, 현재와 근미래에 대한 견해를 가다듬을 수 있었다. 애덤 필립스Adam Phillips는 초고를 보고 많은 제안을 해 주었는데, 책이 모양새를 갖추는 데 여러모로 도움이 되었다. 사이먼 메이Simon May는 철학적인 부분에 대해 상세한 의견을, 빈센트 디어리Vincent Deary는 의식consciousness을 다룬 부분에 대해 의견을 내 주었다. 〈그란타 북스 출판사〉의 닐 벨튼Neil Belton은 든든한 격려와 조언을 아끼지 않았으며, 새러 홀로웨이Sara Holloway는 이 책의 기획부터 출간까지의 전 과정에서 가치를 매길 수 없는 의견과 아이디어를 내 주었다. 모두에게 정말 큰 도움을 받았다. 하지만 이들의 조언을 모두 다 받아들인 것은 아니었다. 따라서 책의 내용에 대한 책임은 필자인 나의 몫이다.

이 책은 [나의 아내] 미에코Mieko에게 바친다. 미에코가 없었다면 이 책을 쓰지 못했을 것이다.

차례

진보는 환상이다[*]

　이 책은 생각하는 사람들[사상가들]이 생각 없이 받아들이는 신념에 대한 비판이다. 오늘날, 자유주의적 휴머니즘은 예전의 계시 종교[**]만큼이나 강력한 힘을 발하고 있다. 휴머니스트는 자신의 세계관이 이성적이라고 생각한다. 하지만 그 세계관의 핵심인 '진보에 대한 믿음'은 미신이며, 세상 어느 종교보다도 인간이라는 동물human animal의 진실에서 멀리 떨어져 있다.

　과학 영역을 제외하면, 진보는 신화에 불과하다. 이런 주장이 어떤 독자들에게는 도덕적 가치관에 혼란을 불러왔던 것 같다. 그들은 이렇게 묻는다. 누가 자유주의 사회의 핵심 신념을 의심할 수 있는가? 그러한 신념이 없다면 우리는 절망에 빠지지 않을까? 신앙을 잃을까봐 전전긍긍했던 빅토리아시대 사람들처럼, 휴머니스트들도 진보주의적 희망이라는 낡은 수사에 집착한다. 오히려 요즘은 종교를 믿는 사람들이 더 자유로운 사고를 한다. 과학이 모든 지식에 대해 권위를 주장하

---

[*] 『하찮은 인간, 호모 라피엔스』는 2002년에 처음 출간됐으며, 이 글은 2003년에 나온 보급판의 서문이다. 책이 나온 뒤 1년 여간 독자들이 보인 반응에 대해 저자가 입장을 밝힌 부분이 포함돼 있다.

[**] 啓示宗敎, 인간에 대한 신의 은총을 바탕으로 하는 종교.

는 오늘날의 문화에서 주변부로 밀려난 이들은 의심하고 회의하는 능력을 키워야 했던 것이다. 이와 대조적으로, [과학을 신봉하는] 세속*의 신도들은 시대의 고정 관념에 단단히 묶여서, 검증되지 않은 도그마에 집착한다.

오늘날 널리 퍼져 있는 탈종교적 세계관은 과학에 대한 신념과 종교적 희망의 혼합품이다. 다윈Darwin은 우리[인류]도 동물임을 증명해 보였다. 하지만, 휴머니스트들은 우리가 어떻게 살아가는지는 "우리에게 달렸다"고 지치지도 않고 주장한다. 다른 동물과 달리 우리는 선택하는 대로 살 자유가 있다는 것이다. 그러나 자유의지라는 개념은 과학에서 나온 것이 아니다. 이 개념의 기원은 종교에 있으며, 다른 종교도 아닌 휴머니스트들이 그렇게 맹렬히 비난했던 기독교 신앙에 있다.

고대 에피쿠로스학파는 어떤 사건들은 필연적인 인과론의 지배를 받지 않고 [인간의 의지에 따라] 발생할 수도 있다고 생각했다. 하지만 인간이 자유의지를 가졌다는 점에서 다른 동물과 다르다고 보는 견해는 기독교의 유산이다. 다윈의 이론이 힌두교의 인도나, 도교의 중국, 혹은 물활론의 아프리카에서 나왔더라면 그렇게 엄청난 스캔들을 일으키지 않았을 것이다. 또한, 인간만이 자기 삶을 선택할 능력이 있다는 [비과학적] 신념을 과학 결정론과 결합하기 위해 철학자들이 이토록 경건하게 애쓰는 것도 기독교를 경험한 문화권에서만 있는 일이다. 복

---

* 본문에 쓰인 secular는 '신의 세계가 아닌 인간 세상의', '탈종교적인'의 의미며, 욕심이나 야망이 많다는 의미의 '세속적인'의 뜻은 아니다. 한국어본에서 secular는 경우에 따라 '탈종교적인'이나 '세속의 / 세속적인'으로 옮겼다.

음주의적 다원주의의 아이러니는 종교에서 나온 인간관을 뒷받침하기 위해 과학을 사용한다는 점이다.

어떤 독자들은 이 책이 다원주의를 윤리나 정치에 적용하려는 시도라고 받아들였다. 하지만 나는 이 책 어디에서도 정통 신다원주의가 인간이라는 동물에 대한 최종적이고 확실한 설명을 제공해 준다고 말하지 않았다. 이 책에서 다원주의는 현재 횡행하는 휴머니스트적 세계관을 깨뜨리기 위해 전략적으로 제시된 것이다. 휴머니스트들은 진보에 대한 위태로운 신념을 뒷받침하기 위해 다원에 의지해 보려 하지만, 사실 다원이 보여 주는 세상에 진보란 존재하지 않는다. 진정으로 자연주의적인 세계관은 세속의 희망을 위한 어떤 여지도 남겨 놓지 않는다.

요즘 철학자들은 신학을 모르는 것을 자랑처럼 여긴다. 그래서 오늘날 탈종교적 휴머니즘의 기원이 기독교에 있다는 사실은 제대로 알려지지 않고 있다. 하지만 탈종교적 휴머니즘을 창시한 사람들은 분명 이 사실을 알고 있었다. 19세기 초, 프랑스 실증주의 철학자 앙리 생시몽Henri Saint-Simon과 오귀스트 콩트Auguste Comte는 과학에 기반한 보편 문명이라는 비전을 바탕으로 '인도교The Religion of Humanity'를 창시했다. 이는 20세기에 등장한 정치적 종교들의 원형이 되었다. 이를테면 생시몽과 콩트의 영향을 받은 존 스튜어트 밀John Stuart Mill은 자유주의를 현대판 종교로 만들었다. 또 생시몽과 콩트가 마르크스Marx에게 미친 영향은 '과학적 사회주의'로 나타났다. 아이러니하게도, 자유방임laissez-faire 경제를 혹독히 비판했던 생시몽과 콩트는 20세기 말의 '전 지구적 자유 경쟁 시장'이라는 신념에도 영감을 주었다. 나는 이 역설적이면서도 우스꽝스럽기까지 한 이야기들을 『알카에다와 근대성의 의미*Al Qaeda and What It Means to Be Modern*』에서 다루었다.

휴머니즘은 과학이 아니라 종교다. 인류가 이제까지 존재했던 어떤 세상보다 더 나은 세상을 만들 수 있다는, 기독교 시대 이후의 신앙이다. 기독교 시대 이전의 유럽 사람들은 미래도 과거와 다를 바가 없으리라는 생각을 당연하게 받아들였다. 지식과 발명은 향상될 수도 있겠지만 윤리는 대체로 그대로일 터였으며, 역사란 궁극의 의미를 갖지 않은 채 흘러가는 일련의 순환 과정이었다.

이러한 고대의 견해와 대조적으로, 기독교는 역사란 죄와 구원의 드라마라고 파악했다. 휴머니즘은 구원에 대한 이 기독교 교리를 보편적 인간 해방이라는 기획으로 바꾼 것이다. 진보라는 개념은 신의 섭리에 대한 기독교적 믿음의 세속 버전인 셈이다. 고대의 다신교 철학자들 사이에 진보라는 개념이 존재하지 않았던 이유가 바로 이것이다.

진보에 대한 믿음에는 또 다른 원천이 있다. 과학에서는 지식의 성장이 누적적이다. 그러나 인간의 생활은 전반적으로 볼 때 누적적인 활동이 아니라서 한 세대에서 얻은 것을 다음 세대에서는 잃을 수 있다. 과학에서는 지식이 순수하게 좋은 것이지만, 윤리와 정치에서는 지식이 좋은 만큼 나쁘기도 하다. 과학은 인간의 힘을 증대시키면서, 인간 본성이 가진 결점들도 확대시킨다. 과학 덕분에 우리는 더 오래 더 높은 생활수준을 누릴 수 있게 됐지만, 동시에 그 어느 때보다도 대규모로 서로서로와 지구를 파괴할 수 있게 됐다.

진보라는 개념은 지식의 성장과 종種의 발전이 (지금이 아니라도 언젠가는) 함께 이루어질 수 있다는 믿음에 근거하고 있다. 하지만 인간의 타락이라는 성경의 신화는 금지된 진리를 담고 있다. 지식은 우리를 자유롭게 해 주지 않는다는 진리 말이다. 지식이 발달해도 우리는 늘 그 상태 그대로 있을 것이고, 모든 종류의 약점에서 여전히 벗어나지 못하고 있을 것이다. 이 진리는 그리스 신화에서도 찾아볼 수 있다. 프로메테우스가 신에게서 불을 훔쳤다는 이유로 바위에 묶인 채 받아야 했던 형벌은 부당한 것이 아니었다.

진보에 대한 신념이 환상이라면, '그럼 우리는 어떻게 살아야 하느냐'는 질문이 나올 법 하다. 그런데 이 질문은, 인간이란 자신이 세계를 다시 만들어 낼 수 있는 힘이 있다고 믿어야만 잘 살 수 있는 존재라고 가정하고 있다. 하지만 지구상에 살던 사람들 대부분은 그렇게 믿지 않았고, 그럼에도 꽤 많은 사람들이 행복하게 살아왔다. 위 질문은 삶의 목적이 '행동'에 있다고 가정하고 있다. 하지만 이는 근대 특유의 독특한 생각일 뿐이다. 플라톤Plato에게는 관상▪이 인간 행위의 가장 높은 형태였다. 고대 인도에도 이와 비슷한 견해가 있었다. 삶의 목적은 세상을 바꾸는 것이 아니라 세상을 올바르게 바라보는 것이었다.

오늘날 이것은 위험하고 전복적인 진리다. 정치의 허황함을 암시하고 있기 때문이다. 좋은 정치란 소박하고 일시적인 것인데, 21세기 초의 세상은 실패한 거대 유토피아들이 만든 엄청난 폐허로 뒤덮여 버렸다. 좌파가 빈사 상태가 되면서, 이번에는 우파가 유토피아적 상상의

▪ 觀想, contemplation : 실체의 내면을 바라보는 것.

본거지가 됐다. 전 지구적 자본주의가 전 지구적 공산주의의 뒤를 이었다. 이 두 가지 비전에는 많은 공통점이 있다. 둘 다 오싹하고, 다행히도 비현실적이다.

〔근대 이후〕 정치적 행동이 종교적 구원을 대신했지만, 어떤 정치적 기획도 인간 본성을 그 자연적 조건에서 구원하지는 못한다. 얼마나 급진적이든 간에, 정치적 프로그램은 임시변통의 조치다. 되풀이 되는 악에 대처하기 위해 만든 소박한 장치인 것이다. 인류는 자신이 스스로 만들어 낸 세상에서 살 때만 만족할 수 있을 것이라고 헤겔Hegel은 말했다. 반대로 이 책은, 인간만을 중심에 놓는 유아론唯我論에서 벗어나자고 주장한다. 인간은 세상을 구할 수 없지만, 그렇다고 절망할 일은 아니다. 세상은 구원될 필요가 없으니 말이다. 다행히도 인간은 자신이 만들어 낸 세상에 살게 될 일이 결코 없을 것이다.

2003년 5월

존 그레이

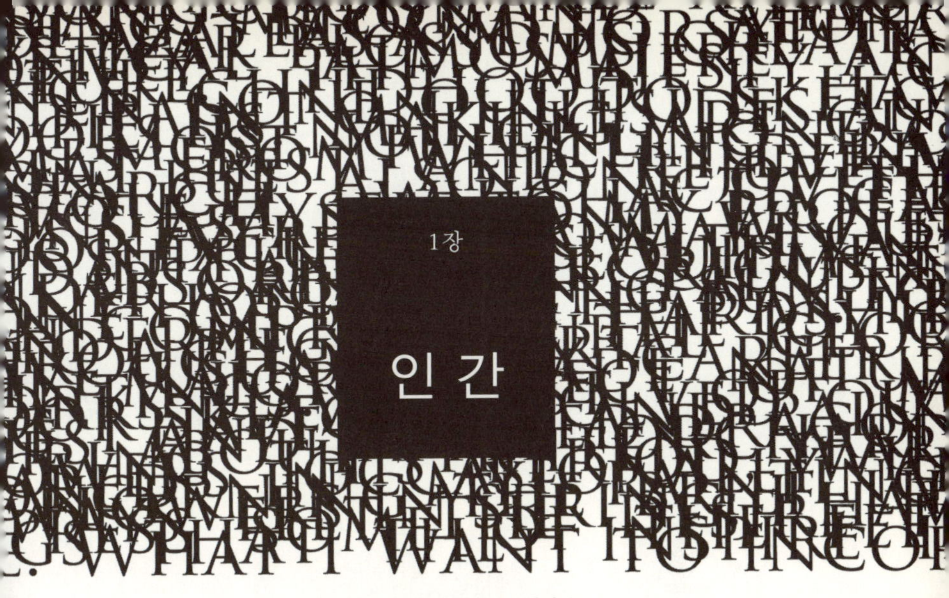

인간

> "모든 종교와 거의 모든 철학은
> 인간 존재의 우연성을 필사적으로 부정하려는
> 영웅적이고도 부단한 노력을 보여 준다.
> 심지어는 과학 중에도 그런 것이 있다."
>
> – 자크 모노 Jacques Monod

1.
과학 대 휴머니즘

오늘날 대부분의 사람들은 자신이 속한 〔인간이라는〕 종種이 자기 운명의 주인이 될 수 있다고 생각한다. 이것은 신념이지 과학이 아니다. 우리는 돌고래나 고릴라가 그들 운명의 주인이 될 시대를 운운하지는 않는다. 그런데 왜 인간에 대해서는 그런 이야기를 하는가?

다른 동물들과 우리가 같은 부류라는 것을 알기 위해서는 다윈까지 들먹일 필요도 없다. 우리 삶을 조금만 관찰해 보아도 바로 이 결론에 도달한다. 그래도 요즘은 '공통된 경험' 같은 것으로는 넘볼 수 없는 권위를 과학이 가지고 있으니 다윈의 말을 빌어 보자면, 생물 종은 서로서로, 그리고 변화하는 환경과 무작위로 상호작용하는 유전자 조합에 불과하다. 생물 종은 자기 운명을 스스로 통제할 수 없다. 생물 종은 실존하지 않는다. 인간이라는 종도 마찬가지다. 그런데 사람들이

'인류의 진보'를 운운할 때마다 이 사실은 잊혀진다. 이 신념은 현실을 벗어난 관념이 되어 버려서, 사람들은 자신의 신념이 기독교적 희망의 변종은 아닌지 의심해 볼 생각조차 하지 않는다.

다윈의 발견이 도교, 신도, 힌두교, 아니면 물활론의 문화권에서 나왔더라면, 서로 엮여 있는 여러 신화들에 한 가닥을 더한 정도로 여겨졌을 것이다. 이런 신앙은 인간 종을 다른 동물 종과 동류로 생각하기 때문이다. 하지만 다윈의 발견은 인간을 다른 모든 동물보다 우위에 놓는 기독교 문화권에서 나오는 바람에 아직도 끝나지 않은 뜨거운 논쟁을 촉발했다. 빅토리아시대에는 다윈의 발견이 기독교를 믿지 않는 사람들과 기독교도 사이에 충돌을 가져왔다. 오늘날에는 인간이 다른 동물보다 자신의 운명을 더 잘 통제할 수 있는 건 아니라는 점을 이해하는 소수의 사람들과 그렇지 않은 휴머니스트들 사이에서 이 전쟁이 벌어진다.

'휴머니즘'은 여러 가지 의미로 해석할 수 있지만, 여기에서는 진보에 대한 믿음을 나타내는 것이라고 보자. 진보를 믿는다는 것은, 인간이 발달하는 과학 지식이 주는 새로운 힘을 사용해서 동물은 벗어나지 못하는 제약을 벗어 버릴 수 있다는 믿음이다. 이는 오늘날 거의 모든 사람들이 갖고 있는 희망이지만, 근거는 미약하다. 인간의 지식도, 그에 기반한 인간의 힘도 커지기야 하겠지만, 인간이라는 동물은 여전히 똑같은 상태로 있을 것이다. 즉, 고도로 창의력이 있는 종이면서, 또한 가장 약탈적이고 파괴적인 부류의 종으로서 말이다.

다윈은 인간도 다른 동물과 같다는 사실을 보여 주었지만, 휴머니스트들은 그렇지 않다고 주장한다. 휴머니스트들은 우리가 지식을 활용해 환경을 통제하면 과거 어느 때보다도 융성할 수 있다고 말한다. 이렇게 단언하면서, 그들은 기독교의 가장 미심쩍은 약속 중 하나를 되살려 낸다. 구원은 누구에게나 열려 있다는 약속 말이다. 진보에 대한 휴머니스트들의 믿음은 기독교 신앙의 세속 버전일 뿐이다.

다윈이 우리에게 보여 준 세계에는 진보라고 불릴 만한 것이 없다. 휴머니스트적인 희망의 토대에서 자란 사람들은 이를 받아들이기 어렵다. 그래서 다윈의 가르침은 혼란에 빠졌고, 인간이 다른 모든 동물과 다르다고 보는 기독교의 핵심적인 오류는 타격을 극복하고 다시 멀쩡히 살아남게 되었다.

2.
의식적인 진화라는 신기루

인간이란 가장 우발적인 존재다. 되는 대로 이리저리 진화한 산물인 것이다. 그런데 유전공학에 힘입어 우리는 더 이상 우연의 지배를 받을 필요가 없게 되었다고들 한다. 인류가 자기 미래를 스스로 만들 수 있게 되었다고 말이다.

E. O. 윌슨[*]에 따르면, 인류의 진화를 의식적으로 통제하는 일은 가능한 정도가 아니라 불가피하다.

(…) 이제 유전자상의 진화가 〔인류의〕 의지에 따라 의식적으로 이뤄지려고 한다. 이는 생명체의 역사에서 새로운 시대를 예고한다. (…) '자기 의지적 진화(한 생물 종이 자신의 후세대가 어떤 형태가 될지 등에 대해 스스로 결정을 내리는 것)'가 이뤄지리라는 전망은 인류가 이제껏 직면해 왔던 어떤 도전보다도 어려운 지적·윤리적 선택의 문제들을 야기할 것이다. (…) 인류는 인간 종의 궁극적인 운명에 대한 통제권을 쥔 신과 같은 위치에 올라서게 될 것이다. 인류는 마음만 먹는다면, 인간 종의 생물학적 구조나 지능적 특성뿐 아니라 인간 본성의 핵심을 구성하는 감정과 창조적 동력까지도 바꿀 수 있을 것이다.

위 글을 쓴 사람은 이 시대의 가장 저명한 다윈주의자다. 인간 종은 다른 동물 종을 지배하는 동일한 법칙의 지배를 받지 않는다고 믿는 생물학자와 사회과학자들은 윌슨을 비판해 왔다. 이 싸움에서는 분명 윌슨이 진리의 편에 있었다. 하지만 위의 단락에서 그가 제시한 '인류의 의식적인 진화'라는 전망은 신기루다. 인류가 인간 종의 운명을 스스로 책임질 수 있다는 생각이 말이 되려면, '의식'이라든가 '목적'이라는 개념을 '종種'에 부여할 수 있어야 한다. 그런데 다윈이 발견한 바에 따르면 '종'이란 이리저리 부유하는 유전자의 흐름이 만든 경향일 뿐이다. 그러니까 인류가 자신의 미래를 스스로 구성해 나간다는

■ E. O. Wilson, 사회생물학과 생물 다양성 이론의 세계적 권위자이자 환경 운동가다. 『인간 본성에 대하여On Human Nature』와 『개미The Ants』로 퓰리처상을 두 차례 수상했다.

개념은, 다윈이 발견한 진실에서 인류는 예외라는 가정을 깔고 있는
것이다.

향후 백 년 안에 인간 본성을 과학적으로 재구성할 수 있으리라는
예상은 해 봄직하다. 그러나 언젠가 그런 일이 일어난다면, 이는 〔인류
의 의지로 일어나는 게 아니라〕 거대 기업, 조직범죄, 정부의 비밀스런 기
관들이 주도권을 놓고 경쟁하는 음침한 영역에서 벌어지는 싸움의 결
과로, 무계획적으로 발생하게 될 것이다. 인간 종이 스스로를 재설계
하게 된다면, 이는 인간 종이 신과 같은 통제력을 가지고 자기 종의 운
명을 결정해서가 아니라 그저 인류의 운명이 또 한 차례 반전한 것에
불과할 것이다.

3.
'파종성 영장류 질환' ▪

제임스 러브록 ▪▪ 은 이렇게 말했다.

▪ 파종성(disseminated, 播種性) 질환은 어떤 개체에 병원균이 속속들이 미세하게 퍼지는 질환을
의미한다. 여기에서는 인간이라는 병적 존재가 지구 전역에 퍼져 지구가 병을 앓고 있다는 의미
로 쓰였다.

▪▪ James Lovelock, 가이아 가설을 창시한 과학자이자 생태론자며 미래학자다. 저서로 『가이아
Gaia』, 『가이아의 복수*The Revenge of Gaia*』 등이 있다.

지구에서 인간들은 일종의 병원균이나, 암세포, 아니면 종양처럼 행동한다. 인류는 숫자로 보나 지구를 교란하는 정도로 보나 너무 많이 증식되어서 인류 자신의 존재 조건마저 교란하는 지경이 되었다. (…) 이제 인구가 너무 늘어난 나머지 인간은 지구에 심각한 병적 존재가 되었다. 가이아Gaia는 **파종성 영장류 질환**이라고 칭할 만한 상황, 즉, 인간이라는 유해 동물의 이상 대량 발생으로 고통 받고 있다.

약 6천5백만 년 전, 공룡을 비롯해 당시 존재하던 생물 종 중 약 75퍼센트가 갑자기 사라졌다. 원인이 무엇인지에 대해서는 의견이 분분하지만, 많은 과학자들은 지구에 운석이 충돌해 그런 대규모 멸종이 발생했다고 보고 있다. 그런데 요즘 그때의 대규모 멸종을 능가할 속도로 생물 종이 사라지고 있다. 이번에는 우주의 재앙 때문이 아니다. 러브록이 말했듯이, 인간의 이상 대량 증식 때문이다.

윌슨은 "다윈의 주사위는 지구에 안 좋은 쪽으로 던져졌다"고 지적한다. 인간 종에게 오늘날과 같은 위력을 가져다준 행운의 주사위가 다른 생명체에게는 헤아릴 수 없는 파멸과 손해를 안겨 줬기 때문이다. 약 1만 2천 년 전에 인류가 신대륙에 도착했을 때, 여기에는 매머드, 마스토돈,▪ 낙타, 커다란 땅나무늘보, 그리고 이와 비슷한 수십 종의 동물들이 있었다. 그러나 이 토착 생물 종 대부분이 과도한 사냥 때

▪ 코끼리 비슷한 고대 동물.

문에 멸종했다. 재레드 다이아몬드[*]에 따르면 북미에서는 70퍼센트 이상, 남미에서는 80퍼센트의 대형 포유동물 종이 사라졌다.

이 자연계의 파괴는 전 지구적 자본주의나 산업화 때문도, 서구식 문명화 때문도, 인간이 만든 제도의 어떤 오류 때문도 아니다. 그것은 유별나게 약탈적이고 욕심 많은 어느 영장류가 진화상의 성공을 거둔 결과다. 선사시대와 역사시대 통틀어, 인류의 발전은 생태계 파괴와 함께 진행돼 왔다.

오랜 기간 동안 지구와 균형을 이루며 살던 전통 부족들이 있긴 하다. 이를테면 이뉴잇족이나 부시맨은 어찌하다 보니 생태 발자국을 적게 남기는 생활 방식을 갖게 되었다. 하지만 우리는 지구를 그렇게 살살 밟으며 갈 수 없다. **호모 라피엔스**[**]의 수는 너무나 많아졌다.

인구학은 정확도가 매우 높은 과학은 아니다. 누구도 소비에트 이후의 유럽 쪽 러시아에서 벌어지고 있는 인구 급감이나, 세계 곳곳에서 일어나고 있는 출산율 저하의 규모를 예측하지 못한다. 또 출산율과 기대 수명 계산에는 오차도 크다. 그렇긴 하지만, 〔인구가〕 더 크게 증가하리라는 것은 확실하다. 레그 모리슨Reg Morrison은 "사회적 요인에

---

[*] Jared Diamond. 해박한 인류학적 지식을 바탕으로 생리학, 조류학, 진화 생물학, 생물 지리학 등의 영역에서 활발한 저술 활동을 펼치고 있다. 국내에도 번역·출간된 『총, 균, 쇠*Guns, Germs, and Steel*』로 1998년 퓰리처 상 논픽션 부분을 수상했다.

[**] homo rapiens. 약탈하는 사람. 현생 인류 종을 뜻하는 호모 사피엔스를 '약탈하는' 이라는 뜻의 rapacious로 바꿔 패러디한 것이다.

따른 출산율 저하와 기아, 질병, 대량 학살 등이 가져올 사망률 증가를 가정한다고 해도, 현재 60억 명인 세계 인구는 2050년까지 적어도 72억 명으로 늘어날 것"이라고 예측했다.

80억에 육박하는 인구를 지탱하려면 지구를 황폐화하는 수밖에 없다. 야생 서식지가 인간의 경작지와 거주지가 되고, 우림 지역이 녹색 사막*으로 바뀌고, 유전공학에 힘입어 거친 토양에서도 더 많은 산출을 짜낼 수 있게 된다면, 인류는 '고립기'(the Eremozoic; the Era of Solitude, 고독의 시대)라는 새로운 지질학적 시대를 만들어 낼 수도 있을 것이다. 다른 생물은 거의 사라지고 인류와 인류를 지탱하기 위해 인공적으로 만든 보철 환경만이 지구상에 존재하는 시대 말이다.

이는 섬뜩한 전망이기는 하지만, 무서운 꿈일 뿐 실제로 발생하지는 않을 것이다. 지구의 자기 조절 메커니즘이 작동해 지구 환경이 인간이 살기에 적합하지 않게 되거나, 인간 자신의 활동이 낳은 부작용 때문에 현재와 같은 대량 인구 증식에 제동이 걸릴 것이기 때문이다.

러브록은 **파종성 영장류 질환**이 초래할 수 있는 네 가지 시나리오를 제시했다. "1) 병리 조직(인간)의 파괴, 2) [숙주(지구)의] 만성적 감염, 3) 숙주의 파괴 4) 공존, 즉 병리 조직과 숙주가 상호 이득을 주고받는 관

---

* green desert, 유칼립투스와 같이 산업적 용도는 있으나 물을 많이 소비하고 땅에 영양분을 공급하지 못하는 식물을 인공 조림하면서 원시림이 잠식되고 다른 토종 식물이 자라지 못하게 된 지대를 말한다.

계의 지속."

가장 가능성이 적어 보이는 것은 네 번째다. 인류는 지구와 공존하는 생태계를 만들어 낼 수 없을 것이다. 그렇다고 인류가 세 번째 시나리오대로 숙주인 지구를 파괴할 수 있을 것 같지도 않다. 지구 생물권은 인류보다 노련하고 강하다. 린 마굴리스Lynn Margulis가 언급했듯이, "인간의 어떤 문화권도 (아무리 독창적인 발명을 해 내는 문화라 해도) 지구에서 생명을 없앨 수는 없다. 그렇게 하려고 시도한다 해도 말이다."

인간은 숙주[지구]를 만성적으로 감염시킬 수도 없다. 인간의 활동이 이미 지구의 균형을 변화시킨 것은 사실이다. 이를테면 온실가스는 지구 생태계에 돌이킬 수 없는 영향을 주었다. 전 세계에서 벌어지고 있는 산업화와 함께 이런 변화는 가속화될 것이다. 일부 과학자들이 진지하게 받아들이고 있는 최악의 시나리오대로라면, 기후변화는 방글라데시같이 인구가 조밀한 연안 국가들을 여럿 쓸어 내 버릴 수 있으며, 다른 지역의 농경 역시 파탄에 빠트려 이번 세기가 끝나기 전에 수십억 명의 사람들을 재앙으로 몰아넣을 수 있다.

현재 벌어지고 있는 변화의 규모가 정확히 어느 정도인지는 알 수 없다. 혼돈계에서는 가까운 미래도 정확히 예측할 수 없는 법이니까. 하지만 어쨌든 인간의 생활 여건들이 변화해서 상당수의 사람들이 훨씬 척박한 환경에 처하게 될 것으로 보인다. 러브록의 말처럼, 기후변화는 지구가 인간이라는 부담을 완화하기 위해 작동시킨 조절 메커니즘인지도 모른다.

기후변화의 부작용으로 새로운 질병이 생겨나 인구가 감소할 수도 있다. 우리의 신체는 박테리아 공동체며, '박테리아권'이라고도 부를 수 있을 주변 환경과 뗄 수 없이 연결되어 있다. 인류의 미래에 대한 지침으로 삼기에는 '계획'이나 '희망' 같은 것보다는 유행병학과 미생물학이 더 나을 것이다.

전쟁도 굵직한 영향을 미칠 수 있다. 19세기 말, 토머스 맬서스 Thomas Malthus는 인구와 자원이 균형을 이루는 방법으로 반복적인 기근과 함께 전쟁을 꼽았다. 20세기에 레너드 C. 르윈Leonard C. Lewin은 맬서스의 주장을 다음과 같이 비꼬아 풍자했다.

다른 동물처럼, 인간도 환경이 부과하는 제약에 지속적으로 적응해야 한다. 그러나 이를 위해 인간이 사용하는 메커니즘은 다른 생물체와 달리 독특하다. 피할 수 없이 되풀이되는 식량 공급 부족 문제를 해결하기 위해, 신석기 시대 이후의 인류는 전쟁을 일으킴으로써 같은 종에 속하는 잉여 구성원들을 괴멸시킨다. ▪

▪ 이 내용은 르윈이 허구로 작성한 정치 풍자적 보고서의 일부다. 1963년부터 1966년까지 미국 정부가 전문가들을 불러 모아 '만약 평화가 발생할 경우' 무엇을 해야 할 것인가를 연구하게 했는데, 이 보고서가 1967년에 유출된다는 설정으로 돼 있다. 이 허구의 보고서는 전쟁이 반드시 필요하고 바람직하다며, 평화가 임박할 것 같은 상황이 닥치면 현상태(전쟁)를 지속하기 위해 정부는 외계 생명체가 공격해 온다는 위협을 조장하는 것에서부터 사회적으로 받아들여질 만한 새로운 형태의 노예제를 만드는 것까지, 가능한 모든 일을 해야 한다고 제안한다.

그런데 르윈의 풍자는 풍자가 아니게 됐다. 이제까지는 전쟁이 장기적인 인구 감소를 가져온 적이 거의 없었지만, 오늘날에는 막대한 영향을 미칠 수 있다. 단지 대량 살상 무기(특히 생물학 무기나 곧 등장할 유전자 무기)가 전보다 무시무시하기 때문만은 아니다. 그보다 무서운 것은, 오늘날의 전쟁이 인류 사회의 생명을 지탱해 주는 시스템에 더 광범위한 영향을 미칠 수 있다는 점이다. 글로벌화된 세상은 섬세한 구조물이다. 그 어느 때보다도 훨씬 많은 인구가 전세계에 걸친 공급망에 의존하고 있다. 이런 상황에서 20세기에 있었던 대규모 분쟁 정도의 전쟁이 일어난다면 이는 맬서스가 말했던 인구 감소 효과를 가져올수 있다.

1600년 인구는 약 5억 명이었다. 1990년대의 10년 동안 늘어난 인구가 1600년 전체 인구와 비슷하다. 현재 40세 이상인 사람들은, 세계 인구가 두 배가 되는 시대를 살아왔다. 그들이 이런 추세가 유지되리라고 생각하는 것은 당연하다. 당연하기는 한데, 인간이 진짜로 다른 동물과 다르지 않은 한, 잘못된 생각이다.

지난 몇 백 년간 계속되어 온 인구 증가는 토끼, 집 쥐, 페스트 쥐의급격한 증식에 비견할 만하다. 토끼나 쥐의 경우와 마찬가지로, 이렇게 급격한 증가는 오래 가지 못한다. 이미 많은 곳에서 출산율이 떨어지고 있다. 모리슨이 설명했듯이, 동물과 인간은 스트레스에 반응하는방식이 유사하다. 자원은 희소한데 개체수가 늘어나면 재생산하려는충동을 억제해 상황에 대처한다.

많은 동물들이 환경이 주는 스트레스에 대응하는 호르몬상의 조절 반응을 가지고 있는 것으로 보인다. 자원이 희소해지면 삶을 더 경제적으로 영위할 수 있도록 신진대사를 조절한다. 에너지를 많이 잡아먹는 재생산이라는 활동이 가장 첫 번째 조절 대상이 된다. (…) 이러한 호르몬상의 반응은 (…) 서부 저지대 고릴라와 인간 여성에게서 모두 나타난다.

출산과 양육[부담]을 줄여 환경이 주는 스트레스에 대처한다는 점에서 인간은 다른 포유동물과 다를 바가 없다.

현재의 급격한 인구 증가는 여러 가지 요인으로 멈출 수 있다. 기후 변화, 새로운 질병, 전쟁, 출산율 저하 때문일 수도 있고, 이들 중 몇 가지 요인과 아직 알려지지 않은 요인들이 결합되어서일 수도 있다. 어떤 이유로 끝나건 간에, 인구 급증은 일시적인 이상 현상이다.

(…) 인구의 대량 증식이 정말로 정상적이라면 인구의 붕괴 곡선은 증가 곡선을 거울처럼 반영해야 한다. 즉, 인구가 다시 급격하게 감소하는 데는 100년이 채 걸리지 않을 것이며 2150년이 되면 지구 생물권은 호모 사피엔스가 암적으로 증가하기 이전의 상태, 그러니까 인구가 5억에서 10억 사이인 상태로 안전하게 돌아갈 것이다.

인간은 대량 증식을 했던 다른 동물과 마찬가지로, 지구를 파괴할 수는 없지만 자신들을 지탱해 주는 환경을 쑥대밭으로 만드는 일은 쉽게 할 수 있다. 러브록의 네 가지 시나리오 중에서 가장 일어날 법한 일은 첫 번째다. 즉, [지구가 앓고 있는] **파종성 영장류 질환**이 인구의 급격한 감소로 치유되는 것이다.

4.
왜 인류는 테크놀로지를 결코 통제할 수 없는가?

'인류'는 존재하지 않는다. 상충하는 욕구와 환상에 따라 움직이고 의지와 판단의 허약함에 영향을 받는 인간들이 존재할 뿐이다.

현재 세상에는 거의 200개의 주권 국가가 있다. 대부분의 국가는 허약한 민주주의와 허약한 독재 사이를 왔다갔다하는 불안정한 상태고, 많은 국가들이 부패로 곪아 있거나 범죄 조직의 통제를 받고 있다. 거의 전세계(아프리카, 남아시아, 러시아, 발칸 반도, 코카서스 지방의 상당 부분, 그리고 남아메리카의 일부 지역)가 망가져 가거나 망가진 국가 상태에 놓여 있다. 세계에서 가장 강한 국가들(미국, 중국, 일본)은 이들의 주권을 근본적으로 제약하려 하지 않을 것이다. 그들은 [서로가] 과거에 적이었고 미래에도 그렇게 될지 모른다는 사실을 알기 때문에, 자기들 행동의 자유를 지키려고 한다.

하지만 [인류가] 테크놀로지를 통제할 수 없는 이유는 주권 국가의 숫자에 있는 것이 아니라, 테크놀로지 그 자체에 있다. 대량 살상 무기에 사용할 새로운 바이러스를 만드는 데는 막대한 돈이나 공장, 장비 등의 자원이 없어도 된다. 새로운 대량 살상 테크놀로지에는 돈이 많이 들지 않는다. 여기에 필요한 지식은 거의 공짜다. 이런 지식들에 누구라도 쉽게 접근할 수 있게 되는 일을 막기란 불가능하다.

새로운 정보 기술의 개척자 중 한 명인 빌 조이Bill Joy는 이렇게 언급한 바 있다.

유전자 기술, 나노 기술, 로봇 기술 등 21세기의 테크놀로지들은 너무나 강력해서, 완전히 새로운 종류의 사고와 남용을 야기할 수 있다. 가장 위험한 사실은, 개인이나 소규모 그룹도 이러한 사고와 남용을 일으킬 수 있다는 점이다. 대규모 시설이나 희귀한 원자재가 별로 필요하지 않고, 지식만 있으면 그러한 기술을 사용할 수 있기 때문이다. 우리는 대량 살상 무기의 가능성만이 아니라, 자기 복제력에 의해 파괴력이 엄청나게 증폭된 '지식 기반의 대량 살상'이라는 가능성까지 갖게 된 것이다.

부분적으로는, 이러한 상황을 만들어 내는 데 각국 정부들이 한 몫 했다. 신기술에 대한 통제권을 상당 부분 시장에 양도함으로써 정부는 스스로를 무력하게 만드는 데 일조했다. 그렇더라도, 새로운 대량 살상 무기의 확산이 근본적으로 정책 실패의 결과라고 볼 수는 없다. 그것은 지식 확산의 결과다.

우리는 테크놀로지를 강제로 통제할 수 없다. 어떤 나라에서는 농작물, 동물, 인간 유전자의 조작이 금지된다 해도 다른 나라에서는 허용될 것이다. 강대국들은 바람직한 목적을 위해서만 유전공학을 쓰겠다고 장담할지 모르지만, 유전공학이 전쟁 목적으로 쓰이는 것은 시간문제일 것이다. 가장 불안정한 상태에 있는 국가들이 핵 개발을 하지 못하게 막는 일은 가능할 수도 있다. 그렇지만 어떤 정부도 통제할 수 없는 세력의 손에 생물학 무기가 넘어가는 일은 어떻게 막을 것인가?

금세기에 대해 확실히 말할 수 있는 것이 있다면, 새로운 테크놀로지가 '인류'에게 부여한 위력이 인류 자신을 공격하는 끔찍한 범죄를 저지르는 데 사용되리라는 점이다. 인간 복제가 가능해진다면 정상적인 인간보다 감정이 무디거나 아예 감정이 없는 군인들이 양산될 수도 있다. 유전자 조작이 고질적인 질병을 없애는 데 쓰일 지도 모르지만, 한편으로는 미래의 대량 학살에 기여하는 테크놀로지가 될 가능성도 크다.

신기술의 파괴적인 잠재력을 무시하는 사람들은 역사적 사실을 간과해서 그런 것이다. 학살은 기독교만큼이나 오래된 만행이지만 철도, 통신, 독가스 등이 없었다면 홀로코스트도 없었을 것이다. 독재는 언제나 존재했지만 현대적인 교통 통신 수단이 없었다면 스탈린이나 마오쩌둥이 그런 수용소를 짓고 운영할 수 없었을 것이다. 인류 최악의 범죄들은 현대 기술 덕분에 생길 수 있었다.

'인류'가 테크놀로지를 결코 통제할 수 없는 데는 더 근본적인 이유가 있다. 애당초 테크놀로지는 인류가 통제할 수 있는 무언가가 아니다.

테크놀로지는 그냥 이 세상에 떨어진 일종의 사건이라고 봐야 한다.

불이건 바퀴건 자동차건 라디오건 텔레비전이건 인터넷이건, 어떤 기술이 일단 인간 생활에 들어오면 우리가 결코 완전히 이해할 수 없는 방식으로 변모한다. 자동차는 더 쉽게 이동하기 위해 발명됐을 테지만, 곧 금지된 욕망의 구현체가 되었다. 이반 D. 일리치Ivan D. Illich에 따르면 "평균적인 미국인은 7,500마일〔약 1만 2천 킬로미터〕을 가기 위해 1,600시간을 쓴다. 한 시간에 5마일〔약 8킬로미터〕 꼴도 안 되는 것이다." 이 속도는 걸어서 이동하는 것보다 약간 빠른 수준이다. 오늘날 다음 중 어느 것이 더 중요한가. 교통수단으로서 차를 이용하는 것인가, 개인의 자유, 성적 해방, 아니면 갑작스런 죽음이 가져다 줄 궁극적인 해방에 대한 무의식적 갈망의 표현으로서 차를 이용하는 것인가?

흔히들 도덕적 진보가 과학 지식의 발전과 보조를 맞춰 나가지 못한다고 한탄한다. 우리가 좀 더 똑똑하고 좀 더 도덕적이라면 테크놀로지를 바람직한 목적으로만 사용할 수 있을 거라고, 오류는 우리의 도구에 있는 것이 아니라 우리 자신에게 있다고 말이다.

한 가지 면에서는 맞는 말이다. 기술 진보는 딱 하나의 문제를 해결하지 못한 채 남겨 두었는데, 그건 바로 인간 본성의 취약함이라는 문제다. 불행히도, 이 문제는 해결될 수가 없다.

5.

녹색 휴머니즘

녹색 사상가들은 인간이 지구의 주인이 될 수 없다는 사실을 안다. 하지만 테크놀로지에 대한 러다이트식 투쟁을 통해, 그들은 세상을 인간의 목적을 위한 수단으로 사용할 수 있다는 환상을 되살려 낸다. 그들이 뭐라고 주장하든 간에, 대부분의 녹색 사상가들은 휴머니즘의 대안이 아니라 또 다른 버전의 휴머니즘을 제시하고 있다.

테크놀로지는 인간이 만들어 낸 산물이 아니다. 그 역사는 지구 생명체만큼이나 오래되었다. 브라이언 J. 포드[*]가 설명했듯이, 테크놀로지는 곤충들의 왕국에서도 발견된다.

어떤 가위 개미가 수행하는 일은 농업과 비슷하다. 그들은 자신들이 거주할 굴을 땅 속에 파고서, 밖에서 톱니로 잘라 낸 잎들을 날라 온다. 이 잎은 효모를 기르는 데 사용되는데, 거기서 나온 효소가 잎의 셀룰로스 세포벽을 소화시켜 가위 개미들이 먹기 좋은 상태로 만들어 준다. (…) 이 효모 밭은 가위 개미의 생존에 매우 중요한 역할을 한다. 계속적인 농업과 효모 배양의 과정이

---

[*] Brian J. Ford, 영국의 생물학자이자, 작가, 강연자다. 주로 미생물 분야에서 연구 업적을 쌓고 있으며, 텔레비전 쇼나 칼럼 등을 통해 잘못 알려진 과학 상식이나 일반 대중이 관심을 가질 법한 과학 주제들을 다루고 있다.

없으면 개미 왕국은 멸망한다. 가위 개미들이 열심히 경작하는 효모 배양 농업은 매우 체계적으로 유지된다.

인간의 도시가 꿀벌의 벌집에 비해 그리 더 인공적인 것도 아니며, 인터넷이 거미집보다 덜 자연적인 것도 아니다. 마굴리스와 세이건[*]이 언급했듯이, 우리 인간들도 고대의 박테리아 공동체가 유전자적 생존을 위해 만들어 낸 기술적인 장치들이다. "(…) 인류는 원생 박테리아들이 지구에 번창하던 시대부터 나온 복잡한 네트워크의 일부다. 우리의 힘과 지능은 인류에게만 속한 것이 아니라 모든 생명에 속한 것이다." 우리는 인간의 신체는 자연적인 것이고 인간의 테크놀로지는 인공적인 것이라고 생각하는데, 이는 인류의 기원이 된 우연한 일들에 너무 큰 의미를 부여하는 격이다. 인류가 언젠가 기계로 대체된다 해도, 그것은 박테리아들이 결합해서 인류의 초기 조상을 만들어 냈던 것과 그리 다를 바 없는, 진화상의 변화일 것이다.

휴머니즘은 인류가 자기 운명을 책임질 수 있다는 믿음이라는 점에서 구원의 교리다. 녹색 사상가들은 지구 자원을 세심하고 현명하게 살피는 이상적인 인류가 되면 구원 받을 수 있다고 생각한다. 하지만

---

[*] Margulis and Sagan, 세포 생물학의 권위자인 린 마굴리스와 진화론자로서 활발한 저술 활동을 펼치고 있는 도리언 세이건은 모자 관계로, 『생명이란 무엇인가?*What Is Life?*』를 비롯한 많은 책을 공동 저술했다.

인간이라는 종을 중심에 놓는 데서 희망을 찾지 않는 사람에게는 인간의 행위가 인류나 지구를 구할 수 있다는 생각 자체가 터무니없다. 인간 행위의 결과가 인간의 손에 달려 있지 않음을 알고 있기 때문이다. 그들은 고대부터 지속된 본능에 따라 행동하는 것이지 자신들이 성공할 수 있다는 믿음에 따라 행동하는 것이 아니다.

선사시대 전체와 역사시대 대부분의 기간 동안, 인간은 자신이 살고 있는 세상에 속한 다른 동물들과 자신들이 다르지 않다고 생각했다. 수렵 채집인들은 그들이 사냥하는 희생물을 우월하게까지는 아닐지라도 동등하게 대했으며, 많은 전통 문화권에서 동물은 성스러운 숭배 대상이었다. 인간과 동물 사이에 커다란 차이가 있다고 보는 휴머니즘적 생각은 최근에야 나타난 비정상적인 생각이다. 〔인류가 생겨난 이래〕정상적인 생각은 자연의 다른 생명체들과 우리가 동류라는 물활론적 사고방식이었다. 오늘날에는 약해졌을지도 모르지만, 다른 생명체와 공통의 운명을 갖고 있다는 느낌은 인간 심리에 깊이 내재되어 있다. 환경이 남겨 준 것을 보존하기 위해 애쓰는 사람들은, 살아 있는 것들에 대한 애정인 **생명애**biophilia를 따라 움직인다. 아직 미약하게나마 남아 있는, 지구와 인류를 묶어 주는 유대감 말이다.

대부분의 인간은 간헐적인 도덕심에 의해 움직이는 것이 아니고, 이기심에 의해 움직이는 것은 더더욱 아니며, 그 순간의 필요에 따라 움직인다. 인류는 지구 생명의 균형을 무너뜨리고 그럼으로써 자기 자신을 파괴하도록 운명지워진 존재 같다. 이렇게 유독 파괴적인 종이 지구를 책임지게 하는 것보다 더 대책 없는 일이 또 있을까. 지구를 아끼는 사람들이 바라는 바가 이루어지려면, 지구 자원을 세심하게 살피는 인류가 되어야 할 것이 아니라, 인간이 중요하지 않은 시대가 와야 한다.

6.

근본주의에 반대한다. 종교적인 것이건, 과학적인 것이건.

종교 근본주의자들은 근대적 탈주술화disenchantment를 가져온 주원인이 과학의 힘이라고 생각한다. 권위의 원천이던 종교의 지위를 과학이 무너뜨렸는데, 그럼으로써 인간의 삶이 대단치 않고 우연적인 것이 되어 버리는 대가를 치렀다고 말이다. 그들은 우리의 삶이 무언가 의미를 가지려면 과학의 힘이 꺾이고 신앙이 다시 일어나야 한다고 말한다. 하지만 과학은 우리가 원한다고 우리 삶에서 없앨 수 있는 것이 아니다. 과학의 힘은 테크놀로지에서 나오는데, 테크놀로지는 우리가 어떤 의지를 가지느냐와 상관없이 우리 삶의 방식을 바꾸어 놓고 있으니 말이다.

종교 근본주의자들은 자신들에게 현대 세계의 병폐를 치유할 방법이 있다고 생각한다. 하지만 그들이야말로 자신이 치유한다고 자처하는 그 질병의 증상이다. 그들은 전통 문화를 무조건 재건하고자 하는 데, 이런 태도는 근대 특유의 기이한 환상에서 비롯된다. 우리는 우리 좋을 대로 믿을 수 없다. 우리의 믿음은 우리가 선택하지 않은 삶들이 남겨 놓은 흔적들이다. 세계관이라는 것도 우리 좋을 대로 우리 좋을 때 불러 올 수 있는 것이 아니다. 일단 지나가고 나면 전통적 생활 방식은 되살릴 수 없다. 어떤 방식이건 전통을 되살리는 일은 끊임없이 새로움을 더하는 일이다. 과학이 좌우하는 삶을 살아온 사람들은 아무리 원한다 해도 과학 이전의 세계관으로 돌아갈 수 없다.

한편, 과학 근본주의자들은 과학이 사심 없는 진리의 추구라고 믿는다. 하지만 이런 설명은 과학이 인간의 필요 중 어떤 것을 충족시키고 있는지 잘 모르기 때문에 하는 말이다. 과학은 희망과 검열이라는 두 가지 필요를 충족시킨다. 오늘날에는 과학만이 진보라는 신화를 지탱해 주고 있다. 사람들이 진보의 희망을 붙들고 있다면, 그것은 진보를 진심으로 믿기 때문이라기보다는 그 희망마저 놓았을 때 닥칠 상황이 두렵기 때문일 것이다. 20세기의 정치적 기획은 실패했거나, 약속했던 것보다 훨씬 작은 성취를 남겼다. 그러나 과학에서의 진보는 전자 제품을 사거나 새로운 약품을 사는 것과 같은 일상의 경험에서 늘 확인할 수 있다. 과학은 우리에게 윤리와 정치가 주지 못하는 것, 즉 진보하고 있다는 느낌을 준다.

다시 말하지만, 과학만이 이단자를 침묵시킬 수 있는 권력을 가지고 있다. 오늘날 과학은 권위를 주장할 수 있는 유일한 제도다. 과거에 교회가 그랬듯, 과학은 주류를 따르지 않는 독립적 사상가들을 파괴하거나 주변부로 몰아낼 힘을 가지고 있다.(정통 의학이 프로이트에 대해 어떤 반응을 보였는지, 정통 다윈주의가 러브록을 어떻게 대했는지 생각해 보라.) 사실 과학은 어떤 청사진도 내놓지 않지만, 당대의 주류에서 벗어난 사람들을 검열함으로써 '확고하게 확립된 단일한 세계관'이라는 안락한 환상을 유지한다. 사상의 자유, 생각의 자유를 중요시하는 사람은 이를 불행한 일이라고 생각하겠지만 그 단일한 세계관이야말로 과학이 갖는 호소력의 주된 원천이라는 점은 분명하다. 종교가 의심과 회의의 성소가 되어가는 와중에, 과학은 '생각으로부터의 자유'라는 기적을 약속하면서 (그리고 실제로 어느 정도 그것을 이루어내기까지 하면서), 불확실성에서 벗어날 수 있는 피난처가 되었다.

과학 옹호자지만 오늘날의 과학 지상주의 논객들보다 훨씬 현명했던 버트런드 러셀[*]은 이렇게 말했다.

내가 인간의 활동에서 과학적인 방법이 중요하다고 말할 때, 그것은 평범하고 일상적인 형태의 과학적 방법을 말하는 것이다. 형이상학으로서의 과학을 낮게 평가해서가 아니라, 과학이 형이상학으로서 갖는 가치는 다른 영역에 속해 있기 때문이다. 그것은 종교에, 예술에, 사랑에, 지복의 추구에, 그리고 위대한 인간들을 신과 같이 되고자 분투하게 만드는 프로메테우스적 광기에 속해

---

[*] Bertrand Russell, 1872~1970. 영국의 논리학자이자, 철학자, 수학자. 1차 대전 때 반전 운동에 참여했으며 1960년대에는 미국의 베트남 전쟁에 반대했다. 1950년 노벨 문학상을 수상했다.

있다. 아마도 인간의 삶에서 궁극적인 단 하나의 가치는 이 프로메테우스적 광기일 것이다. 하지만 이것은 정치적인 가치도 아니고, 도덕적인 가치는 더더욱 아니며, 종교적인 가치다.

과학의 권위는, 과학이 인간에게 환경을 넘어설 수 있는 힘을 준다는 데서 나온다. 아마 가끔씩은 과학이 우리의 실질적인 필요를 충족시키지 않고 진리를 추구하는 데 기여하는 경우도 있을 것이다. 하지만 과학의 본질이 진리 탐구라고 믿는다면 이는 전前과학적인 생각이며 과학을 인간의 필요에서 떼어 내 자연적이지 않고 초월적인 무언가로 만드는 것이다. "과학이란 곧 진리 추구"라고 믿는 것은, 진리가 세계를 지배하며 진리는 신성하다는 신화적인 믿음을, 플라톤Plato과 아우구스티누스Augustine의 신념을 되살려 내는 일이다.

7.
과학의 비합리적/비이성적 기원들

과학 지상주의자들에 따르면 과학은 이성의 최고 발현태다. 그들은 과학이 오늘날 우리의 삶을 지배하고 있다면, 그것은 오랜 세월 동안 과학이 교회, 국가, 그리고 그 밖의 모든 비합리적 믿음에 맞서 투쟁해 온 결과라고 한다. 미신에 대항해 싸우면서 일어난 과학이야말로 이성적이고 합리적인 [진리] 탐구의 구현체라는 것이다.

이 동화 같은 이야기에는 더 흥미로운 역사가 숨어 있다. 과학의 기원은 합리적이고 이성적인 탐구 정신이 아니라 신앙, 마술, 그리고 속임수였다. 근대 과학은 자신의 적보다 우월한 합리성과 이성을 가지고 있었기 때문에 승리한 것이 아니었다. 중세 후기와 근대 초기에 근대 과학을 창시한 사람들이 적들보다 정치적 수사를 사용하는 데 더 능숙했기 때문이었다.

갈릴레오가 코페르니쿠스의 천문학을 위해 싸웠을 때 승리할 수 있었던 것은 그가 '과학적 방법론'의 규칙을 따랐기 때문이 아니었다. 파이어아벤트[*]가 언급했듯이, 갈릴레오의 주장은 설득의 기술 덕분에, 그리고 이탈리아어로 글을 썼기 때문에 널리 퍼질 수 있었다. 갈릴레오는 라틴어가 아니라 이탈리아어로 글을 씀으로써 사람들이 '코페르니쿠스 천문학을 인정하지 않는 것'을 낡아빠진 당대의 스콜라 철학과 동일한 것으로 여기게 할 수 있었고, 따라서 갈릴레오의 천문학은 학문의 낡은 전통에 반대하는 사람들의 지지를 얻을 수 있었던 것이다. "이제 코페르니쿠스는 천문학 이외의 영역에서도 진보를 의미하게 되었다. 뒤로는 플라톤과 키케로의 그리스 로마 시대를 다시 바라보고 앞으로는 자유롭고 다원적인 미래 사회를 내다보는, 새로운 계급의 이

---

[*] Paul Karl Feyerabend, 1924~1994. 오스트리아 출신의 과학 철학자로 과학만이 신뢰할 수 있는 지식이라는 견해에 반대하면서 과학을 본질적으로 아나키즘적 작업이라고 보았다.

상적인 상징이 된 것이다."

갈릴레오는 가장 뛰어난 주장을 폈기 때문에 승리한 것이 아니라 새로운 천문학을 다가오는 사회의 새로운 트렌드로 자리매김할 수 있었기 때문에 승리했다. 이는 아주 중요한 진실을 말해 준다. '과학적 실천'을 방법론상의 규칙으로 제한하면 지식의 성장을 늦추고 심지어 저해할 수도 있다는 점이다.

'과학'과 '방법론'의 차이에 대해 역사적 사실이 알려 주는 바는 (…) 방법론 쪽의 허약함, 그리고 아마도 '이성의 법칙'의 허약함일 것이다. (…) '혼돈'이 없다면 지식도 없다. 이성을 종종 거부하지 않는다면 진보도 없다. 오늘날 과학의 근간을 이루고 있는 개념들은, 편견, 독단, 자부심, 열정 같은 것들이 있었기 때문에, 이런 것들이 '이성에 반대'했기 때문에, 그리고 이런 것들이 속박되지 않고 '자신의 길을 갈 수 있었기' 때문에 존재하는 것이다.

20세기의 가장 영향력 있는 과학 철학자라 할 만한 칼 포퍼Karl Popper에 따르면 이론은 '반증 가능성을 열어 두는falsifiable' 가설에 기반해야만 과학적이라 할 수 있으며, 반증이 되면 바로 폐기되어야 한다. 이 기준으로 보자면, 다윈과 아인슈타인은 결코 받아들여지지 말았어야 했다. 다윈과 아인슈타인이 처음 그들의 이론을 내놓았을 때는 과학자들이 얻을 수 있는 증거 중에 그에 배치되는 것들이 많았고, 나중에서야 그 이론들을 결정적으로 뒷받침하는 증거들이 나왔기 때문이다. 과학적 방법론에 대한 포퍼의 견해를 적용하자면 이 이론들은 태어나자마자 폐기되어야 했다.

가장 위대한 과학자들은, 오늘날 '과학적 방법론의 규칙들'이라고 말하는 것들에 제약 받지 않았다. 근대 과학을 창시한 사람들의 철학도 마술적, 형이상학적, 신비적이며, 오늘날의 기준에서 과학적 견해라고 하는 것과는 별로 공통점이 없다. 갈릴레오는 자신이 (교회의 적이 아니라) 신학의 수호자라고 생각했다. 뉴턴의 이론은 기계론적 철학의 토대가 되었지만, 뉴턴 자신은 세계가 신성하게 창조된 신의 질서라고 보는 종교적 개념에서 자신의 이론을 떼어 낼 수 없었다. 뉴턴은 이상 현상을 신이 남긴 흔적이라고 설명했고 티코 브라헤Tycho Brehe는 기적이라고 표현했다. 요하네스 케플러Johannes Kepler는 천문학에서의 이상 현상을 '지구 정령'의 반응이라고 기술했다. 파이어아벤트가 지적했듯이, 오늘날의 관점에서는 종교나 신화, 마술의 영역에 속한다고 여겨지는 신념들이야말로 근대 과학을 창시한 사람들이 가진 세계관의 핵심이었다.

철학자들의 말에 따르면 과학은 최고로 이성적이고 합리적인 활동이다. 하지만 과학의 역사에는 '과학적 방법론'을 무시하는 과학자들이 등장한다. 과학의 기원뿐 아니라 과학의 발전도 이성과 합리성에 반反하는 행동에서 나온다.

8.
인간 종種 중심주의*를 치유하는 과학

과학의 실질적 쓰임새는 인간 종 중심주의를 강화시키는 데 있다. 과학은 인류가 다른 동물과 달리 자연 세계를 이해할 수 있고 자기 의지대로 세계를 바꿀 수도 있는 존재라는 믿음을 우리에게 불어 넣는다.

하지만 사실 과학은 우리 인간들이 받아들이기에는 매우 불편한 견해 또한 품고 있다. 에르빈 슈뢰딩거Erwin Schrodinger나 베르너 하이젠베르크Werner Heisenberg 같은 물리학자들이 보여 주는 세계는 질서정연한 우주가 아니다. 세계는 인간이 기껏해야 일부분밖에 이해할 수 없는 반半 혼돈 상태다. 과학은 세계에서 질서를 발견하고자 하는 인간의 욕구를 만족시킬 수 없다. 최신 물리학은 사물과 세계가 본질적으로 인과성과 논리성을 갖추고 있지 않을 수도 있음을 암시한다. 우리가 일상에서 몸소 겪는 가장 기본적인 특성들마저도 실상은 착각일 수 있다.

이를테면, 우리는 일상에서 '시간이 흐르는' 것을 늘 경험한다. 하

---

* Anthropocentrism, 세계에서 인간이 핵심이며 가장 큰 의미를 지니고 있다는 견해로, 다른 동물이나 생명체에 비해 인류에 압도적인 우위를 부여하는 사고방식을 말한다. 종종 '인간만이 중요하다'는 견해를 의미하는, 부정적인 뜻으로 사용된다. 철학 용어로 '앤스러퍼센트리즘 Anthropocentrism'은 '인간중심주의'로 번역되지만, 이는 사람을 소중히 여겨야 하며 인간의 자유와 존엄성을 중시한다는 긍정적인 의미에서의 '인간주의/인본주의humanism'로 오해될 소지가 있어, 인간 종 중심주의로 번역했다.

지만, 줄리언 바부어**가 지적했듯이, 과학 연구에 따르면 시간은 만물의 질서와 체계에 속해 있지 않을 수도 있다. 고전 논리학대로라면 동일한 사건은 일어날 수 없으며 일어나지 않는다. 하지만 현대 물리학의 다세계 해석many-worlds interpretation에 따르면 동일한 사건은 일어난다. 또 자연 세계는 관찰자의 관찰에 의해 변화하지 않는다는 것이 오늘날 우리가 가진 일반적인 견해지만, 관찰자에 의해 세계가 바뀌는 것이 양자역학의 핵심이다. 테크놀로지와 마찬가지로 과학도 인간의 필요를 충족시키기 위해 발달해 왔다. 그리고, 역시 테크놀로지와 마찬가지로 과학도 인간이 통제할 수 없고 완전히 이해할 수도 없는 세계를 드러내 왔다.

과학은 세계를 이해하는 능력 면에서 인류가 다른 모든 동물과 다르다는 속임수를 지탱하기 위해 사용돼 왔다. 하지만 사실 과학의 최고 가치는, 인류가 자신에게 프로그램되어 있는 대로 인식하는 세계는 가공의 환상임을 드러내 주는 일에서 찾을 수 있을 것이다.

** Julian Barbour, 영국의 물리학자로, 양자 물리학과 과학사 분야의 전문가다. 1999년에 출간한 책 『시간의 끝The End of Time』에서 우리가 지각하는 시간은 환상일 뿐 존재하지 않는다는 논쟁적인 주장을 폈다.

9.

진리와 그 결과

휴머니스트들은 우리가 진리를 알면 자유로워질 것이라고 믿는다. 그러면서, 그들은 자신들이 이전 시대의 사상가들보다 더 현명하다고 생각한다. 하지만 사실 그들은 잊혀진 종교에 사로잡혀 있을 뿐이다.

'진리에 대한 믿음' 이라는 근대적 관념은 고대 신념의 한 조류가 남긴 유물이다. 소크라테스는 진리가 우리를 자유케 하리라는 신념을 바탕으로 유럽의 사상을 창시했다. 그는 지식과 바람직한 삶이 양립 가능함을 결코 의심하지 않았다. 소크라테스의 이 신념은 플라톤으로, 그리고 기독교로 이어졌다. 그 결과 근대 휴머니즘이 태어났다.

소크라테스는 '성찰하는 삶'*이 가장 좋은 삶이라고 믿었다. 진眞과 선善은 동일한 것이라고 생각했기 때문이다. 그는 눈에 보이는 세상을 넘어선 곳에 변하지 않는 실재가 있으며, 그 실재야말로 완벽한 세계라고 보았다. 성찰하지 않는 삶을 사는 사람은 환상의 꽁무니를 쫓을 뿐이다. 이들은 쾌락을 추구하고 고통을 피하기 위해 인생을 소비하는데, 둘 다 유한하다. 그러나 진정한 성취는 변하지 않는 것에 있다. 성찰하는 삶이 가장 좋은 삶인 이유는 그 삶이 우리를 영원으로 인도하

---

* examined life, 소크라테스는 "성찰하지 않는 삶은 살 가치가 없다"고 말했다.

기 때문이다.

이러한 소크라테스의 신념을 거부하기 위해 진리의 존재까지 의심할 필요는 없다. 아는 것과 잘 사는 것은 별개다. 둘 사이에 미리 정해진 조화가 있는 것은 아니다. 성찰하는 삶은 살 가치가 없는 삶일 수도 있다.

성찰하는 삶이 좋은 삶이라는 소크라테스의 믿음은 아마도 고대 종교의 흔적일 것이다. [E. R. 도즈E. R. Dodds에 따르면,] 소크라테스는 "자신보다 현명한 내면의 목소리를 듣는 습관이 있었고 그 목소리에 따랐다. (…) 그는 간단하게 이를 '신의 목소리'라고 불렀다." 소크라테스는 내면의 초자연적 영적 존재인 **다이몬**daimon이 이끄는 소리에 귀를 기울였고 의심 없이 그에 따랐다. 그것이 자신을 죽음에 이르게 하는 경우에도 말이다. 소크라테스 자신이 내면의 목소리를 따랐다고 인정한 것은 샤머니즘적 실천의 영향이 여전히 남아 있었다는 사실을 보여준다. 샤머니즘 전통 아래 사람들은 태고부터 정령과 교감을 추구해 왔던 것이다.

소크라테스의 철학이 샤머니즘에 기원을 두고 있다면, 유럽의 합리주의는 신비주의적 경험 속에서 태어났다고 볼 수 있다. 그러나 근대 휴머니즘은 자신의 비합리적 기원을 인식하지 못한다는 점에서, 그리고 자신의 야망을 오만하게 과신한다는 점에서 소크라테스의 철학과 다르다.

소크라테스가 남긴 유산은 진리 추구를 선善이라는 신비주의적 이상과 결합했다. 그러나 소크라테스도, 어떤 고대 철학자도, 진리가 '인류 전체'를 자유롭게 하리라고는 생각하지 않았다. 그들은 자유란 당연히 소수의 특권층에게만 속하는 것이라 여겼다. 인간 종 전체로 보자면, 진리가 인간을 자유롭게 한다는 희망은 들어설 자리가 없었다. 이와 대조적으로, 오늘날의 휴머니즘에서는 진리가 우리를 자유롭게 하리라는 믿음이 기독교의 가장 의심스런 유산 중 하나와 결합했다. 자유로워질 수 있다는 희망이 모든 이에게 속한다는 믿음과 말이다.

근대 휴머니즘은 과학을 통해 인류가 진리에 다가설 수 있고, 그래서 자유로워질 수 있다는 신념이다. 하지만 다윈의 자연선택 이론이 옳다면 이는 불가능하다. 인간의 마음은 진화적 성공에 복무하지, 진리에 복무하지 않는다. 아니라고 생각한다면, 인간은 다른 모든 동물과 다르다고 믿는 다윈 이전 시대의 오류를 되풀이하는 것이다.

밈* 이론이 하나의 사례가 될 수 있을 것이다. 밈이란 생각과 신념의 집합인데, 유전자들이 그러하듯이 서로 경쟁을 하는 것으로 간주된다. 생물학적 진화에서와 마찬가지로, 정신의 세계에서도 밈들 사이에 일종의 자연선택 과정이 있어서 최적의 밈이 살아남는다는 이론이다. 그런데 불행히도 밈은 유전자가 아니다. 사상의 역사에는, 〔생물학적〕 진화에서 보이는 자연선택 과정과 비슷한 선택의 메커니즘이 없다.

---

* meme. 문화 구성 요소. 생물체의 유전자처럼 재현과 모방을 되풀이하며 이어 가는 사회 관습과 문화를 말한다.

어느 경우든, 역사를 전혀 모르는 사람만이 사상들 사이의 경쟁에서 진리가 승리한다고 생각한다. 물론 사상들은 경쟁한다. 하지만 일반적으로 이기는 쪽은 권력과 인간의 어리석음을 자기 편에 가진 쪽이다. 중세 가톨릭교회가 순결파 신자[*]들을 박해했을 때, 가톨릭 밈이 이 이단적인 밈을 누르고 승리했는가? '파이널 솔루션'[**]이 끝을 맺었더라면 그것은 유대 밈이 열등해서였겠는가?

다윈주의 이론은 진리 추구가 생존이나 재생산에 필요한 것은 아님을 알려 준다. 오히려 진리 추구는 생존과 재생산에 해를 끼치는 경우가 많다. 영장류와 조류는 속임수를 일상적으로 행한다. 베른트 하인리히[***]에 따르면, 갈까마귀는 음식을 다른 곳에 숨겨 두고서는 엉뚱한 곳에 숨겨 놓은 것처럼 꾸민다. 진화 심리학은 동물의 상호 작용에서 속임수가 매우 일반적으로 일어난다는 사실을 밝혀 왔다. 우리 인간의 경우 가장 잘 속이는 사람은 자기 자신마저 속이는 사람이다. 로버트 라이트[****]는 "우리는 다른 사람들을 더 잘 속이기 위해 우리 자신을 속인다"고 말했다. 영원히 변치 않겠다고 맹세하는 연인은, 그 순간만큼은 정말로 자신도 그렇게 믿고 있을 가능성이 크다. 그 약속

---

[*] Cathars. 13세기 기존의 가톨릭에 대항하여 성경 중심의 신앙 생활을 추구했다.

[**] Final Solution, 나치 독일의 유대인 말살 계획.

[***] Bernd Heinrich, 버몬트 대학의 생물학과 명예 교수로, 새와 곤충의 생리와 생태에 대한 연구로 잘 알려져 있다.

[****] Robert Wright, 저널리스트, 진화 심리학의 관점에서 쓴 대표적 저서 『도덕적 동물*The Moral Animal*』(1994)을 포함한 다수의 저서가 있다.

이 결국 지켜질 가능성은 크지 않지만 말이다. 고도의 자기기만은 짝 짓기 경쟁에서 득이 된다. 정치에서도, 그 밖의 많은 경우에서도 마찬 가지다.

그렇다면 거짓 믿음들의 집합인 열등한 밈이 자연선택에 의해 도태 될 것이라는 견해는 잘못됐다. 참은 거짓에 대해 체계적으로 진화적 이점을 갖는 것이 아니다. 오히려 그와 반대로, 진화는 "어느 정도 자 기기만(거짓)을 선택하고 그 거짓을 유지하기 위해 몇몇 사실들과 동 기들은 무의식 속에 남겨 둔다. 미묘한 자기 인식에 의해 그 거짓이 파 괴되지 않도록." 로버트 트리버스▪가 말했듯이, 진화가 택하는 것은 쓸모 있는 오류다. "자연선택이 더 정확한 세계를 전달하는 신경 체계 를 선택하리라는 통념은 정신 진화에 대한 매우 순진한 견해다."

생존을 위한 투쟁에서, 진리를 추구하는 취향은 사치거나 무능력 이다.

단지,

괴롭힘을 당하는 자만이 진리를 원한다.

인간은 다른 동물과 같아서,

진리가 아니라,

음식과 성공과 여자를 원한다.

▪ Robert Trivers, 진화 생물학자, 사회생물학자. '호혜적 이타주의' 이론으로 잘 알려져 있다.

마음이 고통을 받아 행복을 무너뜨렸을 때만,

인간은 삶을 가둔 새장을 증오하면서 그것을 넘어서려 한다.

〔로빈슨 제퍼스Robinson Jeffers〕

과학이 주로 쓰이는 곳은 진리 추구나 인간 생활의 향상이 아닐 것이다. 인간 자신이 그렇듯, 인간이 사용하는 지식도 불안정하고 왜곡될 것이다. 인간은 당장 급한 필요를 충족시키기 위해 자신이 알고 있는 것을 사용한다. 그 결과 파국이 오더라도 말이다. 역사란 홉스Hobbes가 생각했듯이 (혹은 바랐듯이) 자기 보존을 위한 투쟁의 과정에서 만들어지는 것이 아니다. 일상 생활에서 인간들은 득실을 계산하며 살려고 애쓴다. 하지만 절박한 시기에는, 후손을 보호하기 위해 행동하거나, 적에게 복수를 하거나, 아니면 단지 감정이 내키는 대로 한다.

이 결점은 고칠 수 있는 게 아니다. 인류를 더 합리적인 모양새로 개조하는 데 과학은 별 소용이 없다. 어떤 신종 인류가 나온다 해도, 그들은 자신을 만들어 낸 사람들도 가지고 있었던 익숙한 결함을 재생산하게 될 것이다. 과학이 비합리적인 세계에 이성과 합리성을 가져다주리라는 믿음은 비정상적인 환상이다. 과학이 할 수 있는 일은 정상적인 광기에 또 한 자락을 더하는 것뿐이니 말이다. 역사만 이를 알려 주는 게 아니라, 과학 연구도 인간의 비합리를 바꿀 수 없다는 결론을 내놓고 있다. 흥미롭게도, 합리주의자들은 이 〔과학적인〕 사실을 받아들일 준비가 거의 되어 있지 않다.

서기 200년경 카르타고의 신학자 테르툴리아누스Tertullian는 기독교에 대해 이런 말을 남겼다. "그것은 확실하다. 불가능하기 때문이다 Certun est, quia impossible." 휴머니스트들은 이렇게 분명히 파악하고 있지는 않지만, 그들의 신념도 비슷한 정도로 비합리적이다. 그들은 역사가 불합리한 일들의 목록이라는 점을 부인하지 않지만 그들이 제시하는 치유책은 너무 단순하다. 인류는 합리적이 되어야 하며 그렇게 되리라는 생각 말이다. 이러한 테르툴리아누스 식의 불합리한 신념이 없다면, 계몽주의는 절망의 복음일 것이다.

<h1 style="text-align:center">10.</h1>

<h2 style="text-align:center">계몽주의를 위한 파스칼</h2>

인간은 환상 없이는 살 수 없다. 오늘날, 진보에 대한 비이성적인 믿음은 허무주의의 유일한 해독제인지도 모른다. 사람들은 미래가 과거보다 나으리라는 희망이 없다면 살아갈 수가 없을 것이다. 그렇다면 우리는 후기의 파스칼Pascal을 볼 필요가 있겠다.

이 독실한 17세기 대사상가는 신앙을 가져야 할 여러 가지 합리적인 이유를 찾아냈지만, 그런 이유들이 사람들을 신앙으로 이끌 거라고는 생각하지 않았다. 대신 그는 [사람들을 신앙으로 이끌려면] 이성을 마비시켜야 한다고 보았다. 파스칼은 믿음이란 [이성이 아니라] 습관의 힘에 달려 있다는 점을 알고 있었다. "우리는 스스로를 오판하지 말아야 한다. 우리는 정신을 가진 존재지만, 또 그만큼이나 자동 기계이기도 하다." 교회가 하라는 대로 따르고 다른 신자들과 함께 미사도 보고 해야 회의와 의심이 가라앉을 수 있다는 말이다.

과학의 권위를 따라도 이와 비슷한 '생각으로부터의 자유'를 기대할 수 있다. 과학자들을 숭배하고, 그들이 주는 테크놀로지라는 선물을 받아들임으로써, 우리는 파스칼이 기도와 분향과 성수로 얻을 것이라고 기대한 바를 얻을 수 있다. 신실한 과학자들과 지능형 기계들에 기꺼이 둘러싸인다면 우리는 이성을 마비시키고 인류에 대한 신념을 견고히 할 수 있다.

11.
인간주의 대 자연주의

분자생물학 창시자 중의 한 명인 자크 모노Jacque Monod는 생명이란 사물의 본성에서 연역해 낼 수 없는 요행의 결과지만 일단 생명이 생겨나면 무작위적 변형들의 자연선택 과정에 따라 진화한다고 보았다. 따라서 인간 종의 발생도 우주의 복권에 운 좋게 당첨됐다는 점에서 다른 종과 크게 다르지 않다.

이는 사람들이 받아들이기 어려운 진실이다. 모노가 지적했듯이, "서구의 자유주의 사회는 아직도 유대-기독교와 과학적 진보주의, 그리고 인간의 '자연' 권과 공리주의적 실용주의에 대한 믿음이 뒤섞인 잡동사니를 도덕적 기반으로 제시하며 입에 발린 소리를 한다."〔모노에 따르면〕 인간은 이러한 오류를 멀리하고, 자신의 존재가 우연적 작용의 결과임을 받아들여야 한다. 인간은 "수천 년 지속된 꿈에서 깨어 자신의 완전한 고독과 근본적인 고립을 깨달아야 한다. 자신이 집시처럼 낯선 세계의 끝에서 살고 있음을 깨달아야 한다. 나의 음악에 귀를 닫고, 나의 희망과 고통과 죄에는 관심도 없는, 그런 세계의 끝자락에 말이다."

다른 동물과 다르지 않다는 사실을 인간이 받아들이기 어려워한다는 점에서는 모노가 옳다. 하지만 모노 자신도 그 사실을 받아들이지 않았다. 모노는 근대적 세계관을 합당하게 비판했지만, 그의 철학 역시 똑같은 잡동사니의 또 다른 버전이다. 모노에게 인류는 유일하게 특권을 가진 종이다. 인류만이 자신의 존재가 우연적이라는 사실을 알고, 인류만이 자신의 운명을 책임질 수 있다. 기독교와 마찬가지로 모노도 인류가 자신이 낯선 세계에 직면해 있다는 사실을 발견하리라 믿는다. 그러면서 인류가 선과 악 사이에서 선택해야 한다고 주장한다. "천상의 왕국이냐, 지하의 어둠이냐, 인류는 이것을 선택해야 한다." 이러한 환상 속에서 미래의 인류는 다른 동물과 다를 뿐 아니라 그 이전까지의 인류와도 다르다. 다윈의 이론을 거부하는 기독교도는 〔다윈의 이론을 받아들이면] 인류가 무의미하게 여겨질까 봐 두려워했다. 하지만 그들은 사실 걱정할 필요가 없었다. 다윈주의는 인류를 원래의 토대로 되돌려 놓는 데 사용되어 왔으니 말이다.

여러 사람들이 그랬듯이, 모노도 두 개의 양립 불가능한 철학을 혼합했다. 하나는 인간주의고 다른 하나는 자연주의다. 다윈의 이론은 우리가 다른 동물과 마찬가지로 동물이며, 우리의 운명이나 지구상의 다른 생명체의 운명이나 다를 바 없다는 자연주의의 진리를 보여 준다. 그런데, 오늘날의 다윈주의는 우리가 동물적 본성을 뛰어넘어 지구를 지배할 수 있다는 휴머니즘적 믿음을 지탱하는 주요 버팀목이 되고 있다. 이는 아무도 알아차리지 못했다는 점에서, 더없이 절묘한 아이러니다.

12.
지푸라기 개

휴머니즘은 기독교 신화의 부패한 조각들에서 나온 세속 종교다. 이와 반대로 지구가 유기체와 비슷하게 작동하는 자기 조절적 시스템이라고 보는 가이아 가설Gaia Hypothesis은 가장 철저한 과학적 자연주의를 드러낸다.

러브록은 검정과 흰색 데이지만이 존재하는 지구를 상정한 '데이지 세계Daisyworld' 모델을 제시했는데, 이 모델에서 지구는 스스로 기온을 조절하는 자기 조절 시스템이 된다. 흰 데이지는 태양의 열을 반사해 지표를 식히고 검은 데이지는 열을 흡수해 지표를 덥힌다. 태양이 계속 열을 내뿜더라도 데이지들은 어떤 의도나 목적 없이도 상호작용을 하면서 지구를 적절한 정도로 식힌다.

이 자기 조절적인 생물권이 존재하기 위해 필요한 것은 기계적이고 확률적인 작용뿐이다. 이 작용은 컴퓨터 시뮬레이션으로 볼 수 있다. 조엘 드 로스네[*]는 이렇게 설명했다.

시뮬레이션은 (…) 낮은 온도에서 시작한다. 열을 잘 흡수하는 검정 데이지들이 살아남고 번성해서 넓은 지역에 퍼지게 된다. 그 결과 토양 기온이 상승하고 생명이 살기 좋은 조건이 된다. 그러나 검정 데이지들이 빠른 속도로 번식해서 너무 많은 지역에 퍼지게 되면 기온이 〔적절한〕 수준 이상으로 상승하고, 검정 데이지들이 대량으로 사라진다. 그러나 흰 데이지들은 열을 반사하고 지구를 다시 식히면서, 적응하고 성장해 점점 넓은 영역에 퍼진다. 기온은 점점 떨어진다. 그러다가 기온이 너무 많이 떨어진다. 그러면 흰 데이지들이 죽고 검정 데이지들이 번성한다. 몇 번의 주기가 지나고 나면, 검정 데이지와 흰 데이지가 '모자이크' 처럼 공존하기 시작하고, 지구에서 함께 진화해 나간다. 개

---

[*] Joël De Rosnay, 프랑스 미래학자이자 과학 저술가다. 분자생물학과 정보 기술의 확장, 그리고 그것들이 인간성의 진화에 미칠 영향에 대한 저술 활동을 펼치고 있다.

별 데이지들은 태어나고 죽지만, 두 데이지 종은 지속적으로 덥히고 식히는 과정을 통해 지구의 평균 기온을 두 종 모두에게 적합한 수준으로 유지한다. 지구의 기온은 그 최적 균형의 주위에서 변동한다. 누가 그 기온을 미리 설정해 놓은 것이 아닌데도, 데이지들의 행위와 공동 진화 과정의 결과로 최적의 기온이 생겨나는 것이다.

데이지 세계는 우연과 필연에서 생겨난다.

데이지 세계 모델이 보여 주듯이, 가이아 가설은 엄격하게 과학적이다. 그런데도 과학 지상주의자들은 데이지 가설에 적대적이다. 가이아 가설과 현재 정통으로 여겨지는 과학과의 충돌은 과학적 논쟁이 아니다. 그것은 신화들의 충돌이다. 한쪽은 기독교가 만든 신화, 다른 쪽은 훨씬 더 오래된 신념이 만든 신화다.

가이아 가설은 인간과 자연 세계를 다시 연결시키려고 한다. 이는 인류의 원시 종교인 물활론과 상통한다. 유일신교에서는 신이 인간 삶의 의미를 보장하는 궁극 원천인 반면, 가이아 관점에서는 인간의 삶이 곰팡이균의 삶보다 더 큰 의미를 갖지 않는다.

러브록은 지인이자 소설가인 윌리엄 골딩William Golding의 제안대로 그리스 신화에 나오는 땅의 여신 이름을 본떠 자기 이론을 '가이아' 이론이라 칭했다고 설명했다. 그런데 가이아 개념은 도교 경전인 『도덕경』에 더 잘 드러나 있다. 고대 중국은 지푸라기로 개를 만들어 종교 의식에서 신에게 바치는 제물로 사용했다. 지푸라기 개는 종교

의식이 거행되는 동안에는 최고의 숭배 대상이지만, 의식이 끝나 더이상 필요하지 않게 되면 짓밟히고 팽개쳐진다. "천지는 어질지 않으며 만물을 추구(짚으로 만든 개)와 같이 여긴다."[■] 인간이 지구의 균형을 흔들어 댄다면 짓밟히고 팽개쳐질 것이다. 가이아 이론을 비판하는 사람들은 이 이론이 비과학적이라서 거부한다고 말한다. 하지만 가이아 이론이 인간은 지푸라기 개에 불과하다고 말하고 있기 때문에 그 이론을 싫어하고 두려워한다고 보는 편이 맞을 것이다.

■ 天地不仁 以萬物爲芻狗. 노자에 나오는 구절로, 천지는 만물을 의미나 감정, 편애하는 마음 등을 가지고 대하지 않는다는 뜻.

기 만

"진리가 어디까지 체화를 견딜 수 있는가?
이것이 제기되고 있는 물음이며, 이루어지고 있는 실험이다."[1]

- 니체

1.

가면무도회에서

"칸트Kant를 가면무도회에 참가한 사람에 빗댈 수 있을 것이다. 저녁 내내 그녀를 정복하겠다는 헛된 희망으로 가면을 쓴 여인과 사랑놀음을 했는데, 가면을 벗고 보니 바로 자신의 아내였다는 그 사람 말이다." 쇼펜하우어Schopenhauer의 이 이야기에서 가면을 쓰고 미지의 여인으로 분장한 아내는 기독교를 뜻했다. 오늘날에는 휴머니즘이 그 가면을 쓴 아내다.

쇼펜하우어가 칸트에 대해 했던 이야기는 현재에도 고스란히 들어맞는다. 일반적으로 말해서, 철학은 통념을 믿어야 하는 그럴 법한 이

■ 앞 쪽에 있는 니체의 글 인용구는『즐거운 학문』110절, "인식의 기원"에 나온다. 책세상(2005)에서 펴낸 니체 전집의 번역을 따랐다.

유들을 찾아내려는 노력이다. 칸트의 시대에는 기독교가 통념이었고 지금은 휴머니즘이 통념이다. 이 둘은 서로 크게 다르지도 않다. 지난 200년간 철학은 종교의 기반을 뒤흔들어왔지만, 기독교의 핵심적인 오류를 포기하지는 않았다. 인간이 다른 동물과 현격하게 다르다는 믿음 말이다.

철학은 인류에 대한 종교적 이미지에 진보와 계몽이라는 휴머니즘의 가면을 씌워 그 이미지를 계속 재생하는 가장무도회 노릇을 해 왔다. 가면 까발리기를 가장 잘 하는 철학자조차 결국에는 가면 쓴 사람이 되었다. 가면을 벗겨서 우리의 동물적 얼굴을 드러내는 일은 거의 시도조차 되지 않았다.

동물들은 태어나 짝을 찾고 음식을 구하고 죽는다. 그게 다다. 그러나 우리 인간은 다르(다고 우리는 생각한)다. 우리는 **인격체**person며, 우리의 행동은 스스로 내린 **선택**의 결과(라고 우리는 생각한)다. 다른 동물은 자신의 삶을 인식하지 못한 채 살지만 우리는 **의식적**conscious이(라고 우리는 생각한)다. 우리 자신에 대해 갖고 있는 이러한 이미지는 인간을 규정하는 것은 **의식**consciousness과 **자아**selfhood와 **자유의지**free will며, 이것들이야말로 인간을 다른 모든 생명체보다 우월하게 만들어 주는 요소라는 뿌리 깊은 믿음에서 나온다.

조금 더 객관적으로 바라보면 우리는 이러한 견해가 오류임을 인정하게 된다. 우리 삶은 의식적인 자아의 활동이라기보다는 분절적인 꿈의 조각들 같아 보인다. 신경이 쓰이는 중요한 문제들 중에 우리가 통제할 수 있는 문제는 거의 없다. 삶에서 가장 중차대한 의사 결정 중 많은 부분이 우리가 의식할 새도 없이 내려진다. 그런데도 우리는, 우리가 할 수 없는 것을 인류는 할 수 있다고 주장한다. 인류는 자기 존재를 의식적으로 통제할 수 있다고 말이다. 이는 신에 대한 비이성적 믿음 대신 인류에 대한 비이성적 믿음을 선택한 사람들이 가진 신념이다. 그런데 기독교와 휴머니즘의 공허한 신념을 버리고 나면 우리는 어떻게 될까? 신, 불멸, 진보, 휴머니티를 읊어대는 이 배경 음악을 꺼버리면 우리는 어떻게 삶을 이해하고 삶에서 의미를 찾을 수 있을까?

2.
쇼펜하우어의 수수께끼

휴머니즘을 처음 비판한 사람은 아르투어 쇼펜하우어였다.(그리고 아직까지 그를 능가한 사람은 없다.) 이 까탈스런 독신자(쇼펜하우어는 1833년, 프랑크푸르트가 [만하임에 비해] "홍수가 적고", "더 나은 카페가 있고", "괜찮은 치과의사와 덜 엉망인 내과의사가 있다"며 프랑크푸르트로 가기로 결정했다. 그리고 숨질 때까지 28년간 프랑크푸르트에 살았다)는 우리가 스스로를 생각하는 방식에 문제를 제기했다.(아직도 우리는 이 문제를 풀지 못했다.)

백 년 전만 해도 쇼펜하우어는 매우 영향력이 있었다. 토머스 하디

Thomas Hardy, 조지프 콘래드Joseph Conrad, 레오 톨스토이Leo Tolstoy, 토머스 만Thomas Mann과 같은 작가들이 쇼펜하우어의 철학에 깊은 영향을 받았고, 쇤베르크Schoenberg나 키리코Chirico 같은 음악가와 화가의 작품도 그의 사상에 많이 젖어 있었다. 오늘날 쇼펜하우어의 저작이 그리 널리 읽히지 않는다면, 현대의 대사상가들 중에는 자신의 시대정신에 그토록 반反하려는 사람이 거의 없기 때문일 것이다

쇼펜하우어는 19세기 중반부터 유럽을 휩쓸었던 보편적 해방이라는 개념을 비웃었다. 정치적인 용어로 말하자면 그는 반동적 자유주의자였다. 국가를 자기 생명과 재산을 보호하는 장치로만 여겼다. 또 당대의 혁명 운동들을 공포와 경멸의 감정을 가지고 바라봤다. 1848년의 유명한 시위 때는 시위대에게 발포하려는 당국에게 〔시위대를 잘 볼 수 있도록〕 오페라용 망원경을 빌려 줬을 정도다.[•] 쇼펜하우어는 당대의 정통 철학도 비웃었다. 이를테면 유럽에서 가장 존경받는 철학자이자 마르크스 등에게 이루 말할 수 없는 영향을 준 헤겔을 국가 권력을 옹호하는 사람 정도로밖에 보지 않았다.

일상인으로서 쇼펜하우어의 생활은 조심성 있고 조용했다. 그는 인간의 생활에서 일어날 수 있는 여러 가지 위험에 예민했다. 침대 옆에

[•] 1848년 프랑스의 2월 혁명은 유럽 여러 지역으로 확산되었는데, 3월부터 독일 연방 곳곳에서도 메테르니히의 빈 체제에 반대하는 민중 시위(3월 혁명)가 벌어져 이듬해까지 계속되었다. 1848년 9월 프랑크푸르트에서 열린 봉기에서 쇼펜하우어는 좋은 사격 위치를 찾으려고 집에 들어온 진압 세력에게 시위대를 잘 볼 수 있도록 오페라용 망원경을 빌려 줬다.

장전된 총을 놓고 잤으며 이발사가 목 부분을 면도하지 못하게 했다. 사람들과 어울리는 것도 좋아했지만 혼자 있는 것을 종종 더 좋아했다. 결혼은 하지 않았지만 성적으로 매우 활발했던 것으로 보인다. 그가 숨졌을 때 발견된 종이뭉치에 쓰여진 에로틱한 일기는 유언 집행자가 태워버렸지만 유명한 에세이 「여성에 대하여On Women」 때문에 쇼펜하우어는 여성혐오자라는 평판을 갖게 되었고, 지금까지도 계속 그렇게 알려져 있다.

쇼펜하우어는 습관을 중시하는 사람이었다. 프랑크푸르트에서 보낸 말년에 그는 매우 규칙적으로 생활했다. 일곱 시쯤 일어나서 정오까지 글을 쓰고, 30분간 플룻을 불고 나서, 늘 같은 곳에 가서 점심을 먹었다. 방에 돌아와서 네 시까지 책을 읽고, 두 시간 동안 산책을 했다. 산책이 끝나는 장소는 도서관이었는데, 여기서 『런던 타임스』를 읽었다. 저녁에는 연극이나 공연을 보고, 〈잉글리셔 호프〉라는 호텔에서 가벼운 저녁 식사를 했다. 쇼펜하우어는 이러한 일상을 거의 30년 동안 지속했다.

쇼펜하우어의 밋밋한 일상에서 사건이라 할 만한 몇 안 되는 에피소드 중 하나는 소음을 지독히 싫어하는 그의 성격 때문에 일어났다. 재봉일을 하는 어느 중년 여성이 그의 방문 밖에서 〔다른 여자들과〕 떠드는 소리에 화가 나서 그 여성을 밀쳤는데 그만 계단으로 굴러 떨어진 것이다. 부상을 입은 여성은 쇼펜하우어를 상대로 소송을 걸었다. 쇼펜하우어는 패소했고, 그 여성의 남은 인생 동안 분기마다 배상금을

지급해야 했다. 그 여성이 사망했을 때 쇼펜하우어는 사망 확인서에 라틴어로 이렇게 적었다. "이 늙은 여인은 죽었다. 부담도 떠났다Obit anus, abit onus." 자아의 실재는 믿지 않았지만 쇼펜하우어는 자신의 인생을 자신에게 쏟았다.

하지만 쇼펜하우어가 널리 읽히지 않는 이유는 그의 인생 때문도 성격 때문도 아니다. 그 이유는 그의 철학에 있다. 쇼펜하우어의 철학이 (적어도 유럽 안에서는) 다른 무엇보다도 휴머니즘적 희망을 전복하고 있기 때문이다.

쇼펜하우어는 철학이 기독교적 편견에 사로잡혀 있다고 생각했다. 그는 기독교적 편견이 칸트에 미친 영향을 분석하는 데 오랜 세월을 들였다. 쇼펜하우어는 칸트를 누구보다 존경했지만, 칸트의 철학은 세속 버전의 기독교라며 혹독하게 공격했다. 칸트의 철학은 18세기 유럽 많은 지역에서 번성한 진보적 사상가들의 운동인 계몽주의의 주요 흐름 중 하나다. 계몽주의 사상가들은 전통적인 종교를 비판하면서 그 대신 인류에 대한 믿음을 세우려고 했다. 그런데 쇼펜하우어가 계몽주의 역시 기독교의 핵심적인 오류를 되풀이한다며 칸트를 비판한 것이다.

기독교에 따르면 인간은 신이 창조했고 자유의지를 가진다. 휴머니즘에 따르면 인간은 자기 결정권을 갖는 존재다. 어느 쪽이건, 인간은 다른 동물들과 크게 다르다. 이와 대조적으로, 쇼펜하우어는 우리가 가장 근본적인 부분에서 동물과 차이가 없다고 보았다. 우리는 각자가 개인으로서 다른 사람들과, 그리고 다른 동물들과 구별된다고 생각한다. 하지만 [쇼펜하우어에 따르면] 개별적 개인/개인성은 환상이다. 동물과 마찬가지로 우리는 보편적인 '의지Will'의 구현이다. 세상 모든 것을 살아있게 하는 기반인, 역동적이고 맹목적인 에너지의 구현인 것이다.▪

쇼펜하우어는 유럽의 주요 사상가 중에서 인도 철학에 대해 조금이라도 알고 있는 첫 번째 사람이었다. 그리고 그는 (기독교와 휴머니즘의 뼈대인) 자유롭고 의식적인 개인이라는 개념은 우리가 진정으로 어떤 존재인가를 감추는 오류라는 인도 철학의 핵심 내용을 받아들인 유일한 사람이다. 그러나 어쨌든 쇼펜하우어의 사상은 [인도 철학을 본떴다기보다는] 칸트에 대한 비판적 작업을 통해 그가 독자적으로 도달한 결론이다.

칸트는 독단적 교조주의의 혼수상태에 빠져있던 자신을 데이비드 흄David Hume이 일깨워 주었다고 언급한 바 있다. 분명히 칸트는 이 18세기 스코틀랜드 철학자[흄]의 깊은 회의주의에 놀라운 충격을 받았을 것이다. 전통적인 형이상학은 신의 존재, 의지의 자유, 영혼의 불멸을 증명하겠다고 장담했다. 그런데 흄은 외부 세계라는 것이 진짜로 존재하는

▪ 쇼펜하우어의 '의지'는 계획하고 목적에 따라 의도한다는 의미에서의 의지와는 다르다. 쇼펜하우어는 생명을 추동하는 더 근원적이고 맹목적인 에너지야말로 존재하는 모든 것과 세계를 성립시키는 실재라고 보았고, 이를 '의지'로 칭했다.

지 어떤지조차 우리는 확실하게 알 수 없다고 보았다. 사실 우리는 우리 자신이 존재하는지조차 알 수 없으며, 스스로를 잘 살펴보면 각자가 〔단일하고 일관된 자아라기보다는〕 감각의 꾸러미에 불과하다는 사실을 알게 된다. 그래서 흄은, 우리는 아무 것도 모르므로 고대 그리스의 회의주의를 본받아 본성과 습관이 삶을 이끌게 해야 한다는 결론을 내렸다.

흄의 회의주의가 교조주의적 혼수상태에 있던 칸트를 흔들어 깨웠는지는 모르지만, 칸트가 다시 혼수상태에 빠져 코를 골기까지는 오래 걸리지 않았다. 칸트는 우리가 '물자체'(things in themselves; thing in itself)를 알 수 없으며 우리가 경험하는 것은 '현상' 뿐이라는 흄의 견해를 받아들였다. 우리는 경험 뒤에 있는 실재, 그러니까 칸트가 물자체의 '본체계'▪라고 부른 것은 알 수 없다. 그러나 칸트는 흄이 내린 회의주의적 결론은 받아들이지 않았다. 칸트에 따르면, 내가 현상계에 속한 유기체일 뿐이라면 '자유로운 선택을 통해 얻는 경험'이라는 것은 존재할 수가 없다. 내가 도덕 원칙에 따라 살 수 있는 것은, 내가 시공간 외부의 본체계에 속해 있어야만 가능하다.

철학자들이 대체로 그랬듯이, 칸트도 당대의 통념을 떠받치기 위해 애썼다. 그런데 쇼펜하우어는 그 반대로 했다. 세상은 우리가 이해할

▪ noumenal world of things in themselves, 혹은 예지계라고도 한다. 현상계, 혹은 감각계 phenomenal world와 대비되는 개념이다.

수 있는 대상이 아니라는 흄과 칸트의 주장을 받아들이면서, 쇼펜하우어는 '세상'과 '세상을 알고 있다고 생각하는 개인 주체'는 둘 다 마야 maya, 즉, 실재에 기반을 두지 않은 꿈과 같은 구성물이라고 결론 내렸다. 도덕성은 절대 법칙이 아니다. 도덕성은 느낌이다. 다른 이들의 고통을 보고 공감과 동정을 느끼는 감정이다. 도덕성은 개별적인 자아가 궁극적으로 허구이기 때문에 가능한 것이다. 이 점에서 쇼펜하우어의 사상은 〔인도의〕 베단타 철학 및 불교 철학과 맥이 통한다. 이 두 철학은 상이하지만, 개인의 자아는 환상이라는 핵심적인 통찰에서는 공통점을 갖는다.

쇼펜하우어는 칸트 철학의 회의주의적인 측면을 받아들인 후, 그것을 칸트에 대항하는 논리로 사용했다. 칸트는 우리가 현상계the world of phenomena에 '사로잡혀' 있으며 물자체를 알 수 없다고 했다. 쇼펜하우어는 한 발 더 나가서 우리 자신도 현상 세계the world of appearance에 '속해' 있다고 보았다.

칸트와 달리 쇼펜하우어는 자신의 생각이 이끄는 대로 갈 준비가 되어 있었다. 칸트는, 우리가 자율적이고 자유롭게 선택하는 자아라는 생각을 받아들이지 않는다면 우리가 겪는 도덕적 경험이라는 것을 설명할 수 없다고 주장했다. 이에 대해 쇼펜하우어는 우리가 실제로 경험한 것들은 우리가 자유롭게 선택한 결과가 아니라 신체적 필요에 의해 추동된 것이라고 주장했다. 두려움, 배고픔, 그리고 무엇보다도 성욕과 같은 것 말이다. 쇼펜하우어는 특유의 생생한 문체로 다음과 같이 말했다. 성은 "인간이 행하는 거의 모든 활동과 노력의 궁극적인 목적이다. (…) 〔사랑은 (…) 가장 진지하고 심각한 직업을 수행할 때도 매순간 끼어들며, 가장 고결한 사람들까지도 뒤흔든다.〕 사랑〔성〕은 연애편지와 머리카락을 성직자의 설교나 철학자의 원고에 어떻게 끼워 넣어야 하는지도 알고 있다." 성적 사랑에 사로잡혀 있을 때, 우리는 그것이 충족되기만 하면 행복해질 수 있다고 생각한다. 하지만 이것은 신기루다. 성적 열망은 인간의 종 재생산을 위한 것일 뿐, 개인의 행복이나 자율성에는 무관심하다. 우리의 경험이 우리를 자율적인 존재로 여길 수밖에 없도록 만든다는 것은 사실이 아니다. 오히려 그와 반대로, 자신을 잘 들여다보면 우리가 자율적인 존재가 아니라는 사실을 알게 된다.

쇼펜하우어는 철학이 시작된 이래로 사상가들을 괴롭혀왔던 형이상학적 문제에 대해 자신이 결정적인 답을 가지고 있다고 생각했다. 시간, 공간, 인과론 등을 둘러싼 당대의 통념과 싸우는 데 칸트에 대한 자신의 비판을 활용하면서, 쇼펜하우어는 다른 세계관을 제시했다. 이 세계관에서 서로 구별되는 개체는 존재하지 않고, 차이와 다양성도 존재하지 않으며, 그가 '의지'라고 부르는 것의 끊임없는 분투만이 존재한다.

이것은 놀랍고 흥미로운 생각이다. 하지만 쇼펜하우어의 사상을 세계의 본질을 알려 주는 궁극적인 진리로 간주할 필요는 없다. 그보다는 인간에 대한 진리를 설명해 주는 하나의 은유로 이해하면 좋을 것이다. 우리는 이성이 우리의 삶을 이끈다고 믿고 싶어한다. 하지만 이성 그 자체도 (쇼펜하우어가 흄의 견해를 받아들여 주장했듯이) 단지 '의지'가 추동하는 힘에 밀려 움직이는 하인이다. 지식인들은 세계에 대한 불편부당한 관찰자가 아니고 적극적인 참여자다. 지식인들은 우리가 분투하는 데 도움이 되는 세계관을 만들어 나간다. 의지의 하인으로서 일하는 지성이 만들어 낸 상상의 구성물 중에서 가장 기만적인 것은 아마도 우리 인간에 대한 견해일 것이다. 우리 각자가 일관되고 통합된 개체로서의 개인이라는 견해 말이다.

칸트는 개인 정체성이라든가 자유의지, 도덕적 자율성 등과 같이 우리가 소중히 여기는 개념들이 회의주의적 의심에 녹아내리는 것을 막으려고 노력했다. 그런데 쇼펜하우어는 이런 개념들이 실제 경험이라는 정밀 검사를 통과하지 못한다는 사실을 보여 주었다. 그럼으로써 쇼펜하우어는 칸트의 철학을 파괴하고, 그와 함께 기독교와 휴머니즘 모두의 기반이 되는 '인간 주체'라는 관념도 파괴했다.

3.
니체의 '낙관주의'

쇼펜하우어는 "역사가 말해 주는 것은 사실상 인류의 길고 무겁고 혼란스런 꿈일 뿐"이라고 말했다. 니체Nietzsche는 쇼펜하우어의 이런 역사관이 비관주의라고 공격했다. 하지만 역사는 의미를 갖지 않는다고 말한 쇼펜하우어의 견해는, 훗날 '신은 죽었다'고 말했을 때 니체가 도달한 최종 결론과 같은 것이다.

니체는 뿌리 깊이 종교적인 사상가였다. 니체가 기독교 신념과 가치에 가했던 끊임없는 비판이야말로 그가 그 종교를 떨쳐 버릴 수 없었다는 사실을 보여 준다. 비할 데 없이 무신론적이고, 기독교의 가치를 지치지도 않고 비판한 이 철학자〔니체〕는 성직자 집안 출신이었다. 니체는 1844년 루터파 목사의 아들로 태어났으며, 친가와 외가 할아버지도 모두 목사였다. 니체는 스물넷의 젊은 나이에 바젤 대학의 고전 언어 학장으로 임명 되었지만, 건강이 나빠져 전도유망했던 교수로서의 직업을 포기해야 했다. 이후 나머지 인생은 떠돌면서 소박하고 은둔하는 생활을 했다. 니체는 좋은 날씨와 마음의 안정을 찾아 유럽 여기저기를 돌아다니면서 작은 여관들에 묵었다. 고독한 삶의 방식과 신사다운 태도 덕분에 그에게는 '작은 성인'이라는 꼬리표가 붙었다. 놀랍고 대단한 여성인 루 살로메Lou Andreas-Salome와의 복잡하고 애매모호한 관계를 제외한다면 연인도 없었고 성생활도 거의 없었던 것 같지만, 어떻게 하다 보니 매독에 걸렸다. 1889년 1월, 토리노의 카를로 알베르토 광장에서 짐마차를 끌던 말이 채찍질 당하는 모습을 보고 정신착란을 일으킨 것은▪ 아마 매독이 뇌에 미친 영향 때문인 것 같다. 그 이후

▪ 니체는 그 말을 부둥켜안은 채 정신을 잃고 쓰러졌다.

니체는 정신이 온전하지 못했고, 1900년 사망할 때까지 정신과 신체 모두가 반쯤은 마비된 상태로 살았다.

니체의 머리속에서 이 졸도 사건은 이미 예견되어 있었다. 그는 이전 해 5월에 이와 비슷한 꿈을 꾸고는 그에 대한 편지를 썼다. 〔말을 안아 준〕 니체의 몸짓은 도스토예프스키Dostoevsky의 소설 『죄와 벌Crime and Punishment』의 주인공 라스콜리니코프를 따라한 것일 수도 있다.(니체는 이 소설을 매우 높이 평가했다. 소설에서 라스콜리니코프도 학대당하는 말을 팔로 부둥켜안는 꿈을 꾼다.) 아니면, 말이 잔인한 대우를 받는 것을 보고 그 말에게 용서를 구하려는 행동이었는지도 모른다.(니체는 이러한 잔인함이 동물은 감정이 없는 기계 기관에 불과하다고 본 데카르트 같은 철학자들의 오류에서 나오는 것이라고 생각했을 것이다.).

동물이 학대당하는 모습을 보고 니체가 정신을 잃었다는 것은 아이러니다. 쇼펜하우어에 맞서면서, 니체는 가장 훌륭한 사람들은 잔혹성에 대한 취향을 개발해야 한다는 주장을 종종 폈으니 말이다. 쇼펜하우어는 철학에서 니체의 첫사랑이었지만, 이미 초기 저작인 『비극의 탄생The Birth of Tragedy』에서 니체는 쇼펜하우어가 가장 우월한 미덕이라고 여겼던 동정을 인생의 즐거움을 망가뜨릴 정도까지 허용해서는 안 된다고 주장했다. 그리고 이후의 저작들에서는 동정이 우월한 미덕이 아니라 나약함의 신호라고 주장했다. 동정이 윤리의 핵심으로 자리 잡는다면 그 결과는 '더 많은 고통'일 터였다. 비참함은 전염이 되고, 행복은 의심의 대상이 될 테니 말이다. 쇼펜하우어는 우리가 "'의지'

에서 멀어짐으로써", 자신의 생존과 후생만을 신경 쓰게 하는 에너지에서 멀어짐으로써, 다른 생명체에 동정심을 가질 수 있다고 보았다. 그러나 니체가 보기에 이러한 동정의 도덕은 생生에 반反하는 것이었다. 삶은 잔혹하긴 하다. 하지만 '의지'를 부정하기보다는 그것을 찬양하는 편이 낫다. 『비극의 탄생』에서 니체는 고대 그리스의 디오니소스 신앙으로 되돌아간다. 고대 그리스의 신神 디오니소스는 "무한히 먼 곳에 존재함과 즉각적으로 현재에 존재함, 행복과 공포, 끝없는 생명력과 가장 잔혹한 파괴라는 상반되는 것들과 역설적인 것들을 나타내는 야생의 영혼"인데, 그리스인들은 겨울이 지나고 삶이 새로 태어나는 것을 기념하기 위해 디오니소스의 죽음과 재탄생을 의미하는 축제를 벌였다. 이렇게 삶의 모든 잔혹성까지도 디오니소스적으로 긍정하는 것이 쇼펜하우어의 '비관주의'에 대한 니체의 대답이었다. 하지만 정작 동정심으로 무너진 쪽은 쇼펜하우어(니체는 이 냉정하고 유쾌한 철학자를 "플룻을 연주하는 염세주의자"라고 비꼬았다)가 아니었다. 세상의 고통에 대한 예민한 감수성으로 생애 내내 괴로워한 사람은 니체였다. 정신이 이상해지기 직전 며칠 동안 니체는 친구들에게 도취된 듯한 편지들을 써 보냈는데, 서명에 '디오니소스'와 '십자가에 못박힌 자'를 번갈아 사용했다.

니체가 말을 감싸 안고 쓰러진 사건에는 또 다른 아이러니가 있다. 니체와 달리 쇼펜하우어는 기독교에 등을 돌리고 다시는 되돌아보지 않았다. 쇼펜하우어가 거부한 기독교 신념 중 핵심은 인류 역사가 의미를 가진다는 믿음이었다. 기독교에 따르면, 인간은 역사 속에 존재한다는 점에서 다른 동물이 갖지 못하는 의미를 갖는다. 그리고 인간이 역사를 가질 수 있는 것은, 다른 동물과 달리 어떻게 살 것인가를 자율적으로 선택할 수 있기 때문이다. 신은 자기 모습을 본떠 인간을 만들면서 이러한 자유를 인간에게 부여했다.

진정으로 기독교를 떠나려면 인류 역사에 의미가 있다는 개념을 포기해야 한다. 고대의 그리스 로마 문화는 인류의 역사에 궁극적인 의미가 있다고 여기지 않았다. 다른 지역의 문화권에서도 마찬가지였다. 그리스와 로마에서는 인류 역사란 성장과 쇠퇴를 반복하는 일련의 자연적인 순환이었다. 인도에서는 인류 역사란 무한히 반복되는 꿈의 집합이었다. 인류 역사가 반드시 의미를 가진다는 관념은 기독교의 편견에 불과하다.

인간도 동물이라는 것을 인정한다면, '인류'의 역사 같은 것은 존재할 수 없다. 개별적인 사람들의 인생은 존재할 수 있지만 말이다. 인간이라는 종의 역사를 이야기한다면, 이는 각 인생들의 알 수 없는 총합을 뜻하는 것일 뿐이다. 다른 동물들과 마찬가지로 어떤 사람의 삶은 행복하고 어떤 사람의 삶은 비참하다. 그 이상의 의미는 없다.

역사에서 의미를 찾으려는 시도는 구름의 모양에서 규칙성을 찾으려는 시도와 같다. 니체는 이 사실을 알고 있었지만 받아들일 수는 없었다. 그는 기독교적 희망의 딜레마에 사로잡혀 있었다. 마지막까지 신자였던 니체는, 인간이라는 동물이 무언가 의미 있는 것을 만들 수 있다는 불합리한 생각을 결코 포기하지 않았다. 그는 이제까지 없었던 의미를 인류 역사에 부여하기 위해 '초인Superman'이라는 터무니없는 인물을 만들어 냈다. 그럼으로써 인류가 긴 잠에서 깨어나기를 바랐다. 뻔한 결과지만, 이는 인류의 혼돈스런 꿈에 악몽 하나를 추가하는 역할을 했을 뿐이다.

4.
하이데거의 휴머니즘

하이데거Heidegger는 인간과 비교하면 동물은 '세계 빈곤'으로 존재한다고 언급했다.[*] 동물은 단지 환경에 반응하면서 존재할 뿐이지만, 인간은 자신이 살고 있는 세계를 만들어 낸다는 이유에서다. 하이데거는 왜 이런 믿음을 가졌을까? 인간이 동물과 달리 세계 만물의 체계에서 불가결한 존재라고 보는 편견을 버리지 못했기 때문이다.

저서『휴머니즘에 대한 편지*Letter on Humanism*』에서 하이데거는 자신이 당시까지 서구 철학에서 지배적이었던 인간 중심적 사고방식을 전복했다고 주장했다. 과거에는 철학자들이 인간만을 신경 썼지만 이제

---

[*] 하이데거는 돌은 '세계 없음'으로 존재하고, 동물은 '세계 빈곤'으로 존재하며, 인간은 '세계를 형성하면서" 존재한다고 설명했다.

인간은 한 쪽에 내려놓고, '존재'를 탐구해야 한다는 것이다. 하지만 하이데거는 기독교가 '신'에게 기댄 이유와 같은 이유에서 '존재'에 기댔다. 세계에서 인간만이 갖는 중요한 위치를 확고히 증명하기 위해서 말이다.

니체처럼, 하이데거도 후後일신론 철학자postmonotheis였다. 다른 말로, 기독교 신자는 아니되 기독교적 희망은 버릴 수 없었다. 역작인 첫번째 저서 『존재와 시간Being and Time』에서 하이데거는 종교에 의존하지 않고서 인간 존재에 대한 견해를 제시하겠다고 했다. 하지만 그가 내세운 개념들(현존재/터-있음thrownness, Dasein ; 낯섬/집없음/섬뜩함 uncanniness, Unheimlichkeit ; 죄책감/죄지음guilt, Schuld 등)은 모두 기독교 개념의 세속적 형태였다. 우리는 세상에 '내던져'졌고, 그 세상은 우리에게 항상 '낯선/섬뜩한' 공간이며, 그 세계 안에서 우리는 결코 진정한 고향에 도달할 수 없다. 그리고 우리는 무엇을 하든 죄책감/죄지음을 벗어날 수 없다. 우리는 선택의 근거를 마련해 줄 기반이 없는 상태에서 선택을 해야 하는 저주를 받았으며, 이런 선택은 어떻게 된 게 늘 잘못된 선택이다. 이는 인간의 타락과 원죄라는 기독교적 관념을 하이데거가 실존주의 철학으로 재활용한 것이다.

후기 저술에서 하이데거는 자신이 '존재'를 고찰하기 위해 휴머니즘을 버렸다고 주장했다. 하지만 사실은 기독교도들이 '신'에게서 찾으려고 하는 것을 '존재'에서 찾으려고 했다는 점에서, 하이데거는 니체보다 휴머니즘에서 더 멀리 벗어나지 못했다. 물론, 하이데거는 '존재'가 의미하는 바를 분명히 제시하지 않았고, 종종 그것이 완전히 규정될 수 없는 무엇인 듯 서술했다. 하지만 '존재'가 정확하게 무엇을 의미하건 간에, 하이데거에게 존재는 인간에게 세계에서 유일한 위치를 부여해 주는 것이었음이 분명하다.

하이데거에게 인간은 '존재'가 스스로를 드러내는 장소다. 인간이 없으면 존재는 침묵한다. 독일의 신비주의자인 마이스터 에크하르트 Meister Echardt와 안겔루스 실레지우스Angelus Silesius도 (하이데거는 이들의 저술을 면밀히 연구한 것으로 보인다) 비슷한 말을 했다. 에크하르트와 실레지우스에 따르면, 인간이 신을 필요로하는 만큼이나 신도 인간을 필요로 한다. 인간은 세상의 중심이며, 그 밖의 모든 것은 부차적이다. 다른 동물들은 귀머거리-벙어리며, 신은 인간을 통해서만 이야기하고 인간을 통해서만 자신의 이야기를 드러낼 수 있다.

하이데거는 모든 살아 있는 것을 인간과의 관계를 통해서만 고찰했다. 다른 생명체들 사이의 차이는 그것들과 인간의 차이에 비하면 아무것도 아니었다. 연체동물이나 쥐나 박쥐나 고릴라나 그게 그거였다. 오소리와 늑대도 게나 모기와 다르지 않았다. 이것들은 모두 '존재를 드러낼' 능력이 없는 '세계 빈곤'으로 존재하기 때문이다. 이런 생각은 해묵은 인간 종 중심주의의 독단을 세속적 그노시스주의(Gnosicm, 영지주의) 용어로 덧칠한 것일 뿐이다.

하이데거는 "사유의 구불구불한 경로"를 높이 평가했지만, 이는 그 경로가 '고향/본질'로 다시 이끌어 줄 것이라고 믿었기 때문이었다.

하이데거가 지속적으로 나치와 관계를 맺는 과정에서, 이러한 '고향/본질'의 추구는 잡종적 사고를 증오하고 의지의 무지막지한 단일화를 숭배하는 방향으로 발전했다. 하이데거가 나치를 지지한 것은 기회주의적 행동인 측면도 있었다. 이를테면, 1933년 5월, 나치 당국의 도움으로 프라이부르크 대학의 총장이 된 하이데거는 그 직위를 이용해서 히틀러의 정책을 지지하는 연설들을 했다. 그 중 1933년 11월의 연설에서는 "히틀러 총통 자신이, 그리고 오직 그만이, 현재와 미래 독일의 현실이며 법칙"이라고 말했다. 그러면서 하이데거는 (오랜 친구이자 예전 스승이었던 에드문트 후설Edmund Husserl을 비롯해) 유대인 제자, 동료와의 관계를 끊었다. 기회주의적인 행동을 했다는 측면에서 보자면, 하이데거는 당시의 다른 독일 학자들과 별로 다르지 않았다.

하지만 하이데거와 나치의 관계는 단지 권력을 두려워하거나 숭배했기 때문에 생겨난 [기회주의적인] 태도의 결과라고만 해석할 수는 없다. 그보다는 하이데거의 사상에서 핵심을 차지하는 어떤 열망을 보여 준다. 니체는 자신과 같은 방랑자를 위해 글을 썼고, 어디에도 속하지 않았기 때문에 여러 가지를 의심하고 문제 제기할 수 있었다. 이와 달리 하이데거는 늘 어디엔가 소속되기를 필사적으로 열망했다. 하이데거에게 사유는, 우리를 어디로 이끌지 모른다는 점에서 매력을 찾을 수 있는 모험이 아니었다. 사유는 긴 우회로였다. 그 우회로 끝에는 더 이상 생각하지 않아도 되는 평화로운 상태가 놓여 있을 터였다. 프라이부르크 대학 총장 연설을 들은 카를 뢰비트Karl Löwith는 그래서 지금 소크라테스 이전 철학을 공부해야 하는 것인지 나치 돌격대에 참여해야 하는 것인지 잘 알 수 없었다고 말했다.

하이데거는 자신의 후기 철학이 휴머니즘에서 멀리 벗어났다고 주장했다. 하지만 가장 말년의 사상을 제외하면, 그의 철학은 인간을 중심에 두지 않는 다른 문화권의 철학적 전통에는 관심을 보이지 않았다. 그는 단호하게 유럽의 전통을 부여잡았다. 유럽 철학만이 '존재의 문제'를 제대로 제기할 수 있다고 믿었기 때문이다. 같은 맥락에서 하이데거는 오직 그리스어와 독일어만이 진정으로 '철학적'인 언어라고 주장했다. 나가르주나, 장자, 도겐, 제이 총 카파, 아베로에스, 마이모니데스 등이 보여 주는 정교한 사상은 인도, 중국, 일본, 티베트, 아랍, 유대인 사상가들이 그리스어나 독일어로 쓰지 않았기 때문에 철학이 아니라는 듯이 말이다. 〔하이데거가 보기에〕외래의 목소리들을 숨아 없애 버리고 태고의 순수함으로 돌아감으로써 철학은 다시 한 번 '존재'의 목소리가 될 수 있을 터였다. 그리고 역사의 신비한 기호를 읽어 냄으로써 철학자들은 '존재'가 인류에게 명한 바가 무엇인지 알 수 있게 될 터였다. 하이데거는 1930년대에 자신이 독일에서 한 작업이 바로 이것이었다고 주장했다. 이토록 자기 자신을 옹호하고 이렇게 착각이 심한 철학자도 드물 것이다.

말년의 저술에서 하이데거는 **초연함/내맡김**gelassenheit에 대해 설명했다. 이것은 의지하기willing에서 벗어난 사고방식과 삶의 방식을 말한다. 이는 동아시아 철학, 특히 도교가 하이데거에게 미친 영향을 보여 주고 있는 것인지도 모른다. 하지만 그보다는, 이미 오래 전에 쇼 펜하우어가 예술의 원천이라고 설명한 '의지하기로부터의 초연함'을 뜻하는 것일지 모른다. 예술(특히 무엇보다도 음악) 안에서 우리는 '의 지'를 구성하는 실질적인 관심과 노력을 잊는다. 쇼펜하우어는 그럼으 로써 우리가 자신을 잊고, 자아가 없는 상태에서 행하는 명상의 관점 으로 세상을 보게 된다고 주장했다. 하이데거가 말년에 도달한 사상은 (이는 하이데거의 사상 중 진정으로 휴머니즘에서 멀리 벗어난 유일한 사상이 다), 먼 우회로를 돌아서 쇼펜하우어로 돌아왔을 뿐이다.

5.
사자와의 대화

　루트비히 비트겐슈타인Ludwig Wittgenstein은 "사자가 말할 수 있다 고 해도, 우리는 그 말을 이해할 수 없을 것"이라고 말했다. 이에 대해 동물 보호주의자이자 동물원 소유자며 도박사인 존 아스피널John Aspinall은 "비트겐슈타인은 사자와 많은 시간을 보내지 않았던 것이 틀림없다"고 촌평했다.

　하이데거와 마찬가지로, 비트겐슈타인은 유럽 철학의 오랜 전통 안 에 있는 휴머니스트였다. 플라톤부터 헤겔에 이르기까지 [서구] 철학자 들은 세계가 인간 사고의 거울인 것처럼 세계를 해석했다. 하이데거나 비트겐슈타인 같은 더 후기의 철학자들은 한 술 더 떠서 세계가 인간 사고에 의해 구성된 것이라고 주장했다. 이 모든 철학에서, 세계는 인간이 그 안에 등장한다는 사실 때문에 중요성을 갖는다. 〔이 철학자들 보기에는〕 인간이 등장하기 전까지 세계라는 것은 사실상 존재하지 않는다.

비트겐슈타인은 자신의 후기 사상이 정통 철학을 초월했다고 믿었지만, 근저에는 가장 뿌리 깊은 철학 전통, 즉 관념론이 자리 잡고 있었다. 관념론자들에게는 '사고thought'야 말로 궁극적 실재다. 마음과 정신에서부터 독립적으로 존재할 수 있는 것은 없다. 사실상 이는 세계가 인간의 발명품이라는 의미다. 유아론이 오직 나만이 존재한다는 믿음이라면, 관념론은 오직 인간만이 존재한다는 믿음이라고 할 수 있다.

비트겐슈타인은 두 개의 서로 다른, 그리고 서로 상반된 사고 체계를 만들어 낸 특이한 (아마도 유일한) 철학자다. 『논리 철학 논고*Tractatus Logico-Philosophicus*』에 드러나는 초기 철학에서 비트겐슈타인은 사고와 언어가 세계의 논리 구조를 거울처럼 비출 수 있음을 설명하려고 했다. 그런데 『철학적 탐구*Philosophical Investigation*』에 드러나는 후기 철학에서는 언어가 세계의 거울이 될 수 있다는 생각을 폐기했다. 대신, 언어에서 떨어져 독자적으로 존재하는 세계가 있다는 개념이 말이 안 된다는 결론에 이른다. 따라서 그는 『논리 철학 논고』에서 제시했던 신념(상당 부분 쇼펜하우어에 토대를 두고 있다), 즉 언어로 표현될 수 없는 무언가가 존재하고, 그것에 대해 우리는 침묵해야 한다는 생각을 포기한다. 후기 비트겐슈타인에게는 말해질 수 없는 것은 존재하지 않는다.

비트겐슈타인이 제시한 논리는 힘 있고 정교하지만, 어쨌든 언어학적 용어로 표현된 관념론일 뿐이다.

비트겐슈타인은 우리가 사자와 이야기할 수 없다는 것을 기정사실로 간주했다. 인간이 다른 동물들과 대화하는 것이 일반적인 상황이었다고 해도, 비트겐슈타인은 인간이 동물의 말을 이해할 수 없다고 했을 것이다. 그는 "인류의 공통된 행위는, 모르는 언어를 이해하기 위해 우리가 활용하는 준거틀"이라고 말했다. 하지만 다음과 같이 말하는 것이 더 옳을 것이다. 동물들의 공통된 행위는, 인간이 내는 투박하고 야만적인 소음을 이해하기 위해 우리가 활용하는 준거틀이라고 말이다.

6.
포스트모더니즘

포스트모더니즘 사상가들은 본성이라는 것은 존재하지 않으며, 단지 우리가 만들어 낸 부유하는 세계만이 존재한다고 말한다. 인간 본성을 이야기하면, 반동적이고 교조적이라고 치부한다. 가짜 절대자는 이제 제쳐 두고서 세계는 우리가 만들어 낸 것이라는 점을 받아들이자고 말한다.

포스트모더니즘 사상가들은 자신의 상대주의를 일종의 우월한 겸손함으로 과시한다. 인간이 진리를 주장할 수 없음을 겸허하게 받아들이

자는 것이다. 그러나 포스트모더니즘 식의 진리 부정은 사실 가장 심한 교만이다. 자연 세계가 우리의 믿음과는 별개로 독자적으로 존재한다는 사실을 부정함으로써, 인간의 야망을 제약하는 어떤 것도 암묵적으로 거부하고 있기 때문이다. 인간의 신념이야말로 실재하는 것들의 최종 결정자라고 봄으로써, 포스트모더니즘 사상가들은 인간의 의식에 나타나지 않은 채 존재하는 것은 없다는 주장을 효과적으로 펴고 있다.

'진리란 존재하지 않는다' 는 주장이 요즘 유행일지는 모르지만, 새로운 생각은 아니다. 이미 2천5백 년 전에 그리스 최초의 소피스트인 프로타고라스Protagoras는 '인간이 만물의 척도' 라고 주장했다. 그는 종으로서의 인류가 아니라 개별적인 인간들을 말한 것이었지만, 어쨌든 의미하는 바는 동일하다. 무엇이 실재고 무엇이 아닌지는 인간이 결정한다는 것이다. 그러니까, 포스트모더니즘은 인간 종 중심주의의 최신 유행 버전인 셈이다.

7.
동물적 믿음

철학자들은 우리가 불확실한 세상을 쿵쿵거리며 돌아다니는 동물과는 다르다는 것을 증명하기 위해 늘상 애써 왔다. 그러나 플라톤, 스피

노자, 데카르트, 버트런드 러셀 등 숱한 철학자의 작업을 거친 지금에
도 우리는 내일 태양이 떠오른다고 믿는 근거를 다른 동물보다 더 많
이 알고 있지는 않다.

8.
플라톤과 알파벳

새들이 주고받는 신호와 늑대가 영역 표시를 위해 남기는 흔적은 인
간의 노래보다 결코 덜 언어적이라고 할 수 없다. 인간만이 가진 특이
한 점이 있다면 그것은 언어 능력 자체가 아니라 언어를 기록으로 응
결할 수 있다는 점이다.

재고 개수나 빚의 액수를 세던 단순한 출발에서부터 기록은 인간에
게 시간을 뛰어넘어 생각과 경험을 보존할 수 있는 능력을 주었다. 구
전 문화에서는 이것이 기억의 위력으로 달성되었지만, 기록을 발명함
으로써 인간의 경험은 기억에서 사라져도 보존될 수 있게 됐다. 『일리
아드』는 여러 세대에 걸쳐 구전 노래로 전해졌겠지만, 기록이 없었다
면 우리는 오늘날 〔『일리아드』가 기록된 덕분에〕 알고 있는 고대의 세계관
을 알 수 없었을 것이다.

기록은 인공적인 기억을 만들어 내고, 인간은 기록을 통해 자기 경
험을 특정한 세대나 삶의 방식을 넘어서까지 확장시킬 수 있다. 한편,

기록은 인간으로 하여금 추상의 세계를 만들어 그것을 실재로 착각하게 만들기도 한다. 기록의 발전으로 인간은 자신이 더 이상 속해 있지 않은 자연 세계에 대해 논하는 철학을 만들 수 있었다.

문자의 가장 초기 형태는 자연 세계와 많은 연관성을 가지고 있었다. 수메르의 상형 문자는 감각적인 현실들을 형상화한 것이었다. 그러나 표음문자가 발달하면서 이 연관성이 끊어졌다. 문자는 인간이 다른 동물과 공유하는 외부 세계를 더 이상 지칭하지 않게 되었다. 그때부터 문자 기호들은 되돌아가 인간의 말을 가리키게 됐고, 곧 모든 인식의 원천이 됐다.

프리츠 마우트너Fritz Mauthner나 비트겐슈타인 등 20세기 철학자들이 언어를 미신적으로 숭배한다며 플라톤 같은 철학자들을 공격했을 때, 그들은 표음문자가 야기한 부산물을 비판한 것이었다. 구전 문화에서는 플라톤주의 같은 철학이 생겨나기 어려웠을 것이다. 마찬가지로 수메르에서 생겨난다는 것도 상상하기 어렵다. 순수 이데아가 상형 문자로 어떻게 표현될 수 있겠는가? 궁극의 실재로서 추상체가 어떻게 여전히 감각의 영역을 환기시키는 문자로 표현될 수 있겠는가?

중국에서는 플라톤주의와 비슷한 철학이 나오지 않았다는 것에 주목할 필요가 있다. 일반적인 생각과는 달리, 한자는 원래 표의 문자가 아니었다. A.C. 그레이엄*은 한자를 "그래픽적 풍부함과 표음적 빈곤함의 결합"이라고 설명했는데, 이러한 언어 형태는 중국인의 사상을 플라톤 철학 같은 추상적인 사고로 이끌지 않았다. 철학 사상에서 플라톤은 실재론자로 분류된다. 추상적 언어가 영적이고 지적인 실체를 지칭한다고 보는 것이다. 반면, 오랫동안 중국 사상은 유명론이었다. 가장 추상적인 용어도 세상에 존재하는 다양한 사물에 붙인 이름표에 불과하다는 것이다. 그래서 중국 사상가들은 관념을 사실로 헛갈리는 일이 거의 없었다.

플라톤은 유럽 사상에 진, 선, 미라는 세 가지 유산을 남겼다. 이 세 가지 추상적 개념을 위한다는 명분으로 전쟁이 일어나고, 폭압적인 전체 정치가 생기고, 문화가 약탈되고, 사람들이 학살됐다. 피비린내 나는 유럽 역사의 상당 부분이 알파벳이 낳은 사고의 오류에서 나왔다고도 말할 수 있을 것이다.

9.
개인 예찬에 반대한다

휴머니즘을 믿는다는 것은 다양한 생명체와 풍부한 생태계를 가진 지구가 인간이 등장하기 전까지는 아무런 가치를 지니지 않았다고 믿는 것이다. 가치는 인간의 열망과 선택의 그림자니 말이다. 위격을 갖

는 개인들persons*만이 본질적인 가치를 갖고 있다. 기독교에서는 개인성을 믿는 것이 용인될 수 있을 것이다. 세상의 모든 가치 있는 것은 하나의 성스러운 위격에서 나오고, 그 위격체가 자기 이미지를 본떠 인간을 만들었으니 말이다. 하지만 기독교를 제쳐 놓고 생각해 본다면, 위격체로서 개인이란 개념은 의심스럽다.

위격체로서 개인은 스스로 자기 삶을 선택함으로써 삶의 주인이 될 수 있다고 믿는 자다. 그러나 인류 역사상 대부분의 사람들은 이런 식으로 자기 삶을 선택하며 살지 않았고, 가장 잘 살아 온 사람들도 자기 삶을 선택 가능한 것으로 보지 않았다. 『오디세이*Odysseay*』나 『바가바드 기타*Bhagavad-Gita*』**의 주인공들이 자신을 위격으로서의 개인이라고 생각했는가? 『캔터베리 이야기*Canterbury Tales*』의 등장인물들이 그랬는가? 일본의 에도 시대 무사들이나, 중세 유럽의 왕자와 음유시인, 르네상스의 시대의 사교계 여성이나 몽고의 유목민은 개인의 자율성이라는 근대적 이상에 부합하는 데 실패했으니 그들은 결핍된 삶을 살았다고 생각할 텐가?

이 단어의 기원이 보여 주듯이,*** 위격체로서 개인이 되는 것은

---

* person은 개인이라는 뜻 이외에 삼위일체설에서 '위격' 이라는 의미를 가진다. 삼위일체설에 따르면 신격(하느님)의 하나됨 안에 성부, 성자, 성령의 세 위격이 있다. 해당 본문에서의 person은 신에게 자유의지를 부여 받은 존재로서의 인간을 가리키기에 '위격체로서의 개인' 으로 번역했다.
** 『베다』, 『우파니샤드』와 더불어 힌두교 3대 경전 중 하나다.

인류의 본질이 아니라 가면 중 하나일 뿐이다. 위격체로서의 개인들은 유럽에서 지난 몇 세대에 걸쳐 내려온 가면을 쓰고서는, 그게 자신의 얼굴인 줄 아는 사람들이다.

10.
의식의 빈곤

'의식consciousness' 은 만물의 체계에서 우리가 생각하는 것보다 훨씬 작은 비중을 차지한다. 플라톤은 인간이 가장 의식적인 순간에 인식하는 것이 궁극의 실재라고 생각했다. 또 지식은 의식적 지각이 있어야만 존재할 수 있다는 생각은 데카르트 이래 자명한 진리로 여겨져 왔다. 하지만 인식과 지각은 의식하는 능력이 있어야만 존재하는 것이 아니며, 자각self-awareness이 있어야만 존재하는 것은 더더욱 아니다. 감각과 인식은 동식물의 세계 어디에나 존재한다.

식물은 "매우 민감한 감각을 가지고 있으며, 어떤 것들은 아주 가벼운 접촉도 감지할 수 있다.(사람이 손가락으로 느끼는 것보다 더 잘 감지한다.) 또한 식물들은 모두 시각을 가지고 있다." 가장 오래되고 단순한

■■■ 위격체로서의 개인 즉, '퍼슨person' 의 어원은 라틴어로 '가면' 을 뜻하는 '페르소나persona' 에서 찾을 수 있다.

미생물체도 인간과 비슷한 감각 능력을 가지고 있다. 호염성 세균은 지구상에 거의 처음 생명체가 생겼을 때부터 존재했는데, 로돕신이라는 화합물로 빛을 감지하고 그에 반응할 수 있다. 로돕신은 사람의 눈에도 들어 있는 일종의 색소로, 우리가 눈으로 보는 것을 가능하게 해 주는 화합물이다. 그러니까 우리는 고대 진흙 속의 미생물과 동일한 눈을 통해 세상을 바라본다고 할 수 있다.

〔물질과 정신을 구분하는〕 오랜 이분법에 따르면 물질에는 지능이 결여되어 있고 지식은 정신에만 존재할 수 있다. 그러나 사실 지식은 정신을 필요로 하지 않으며 신경계조차도 필요로 하지 않는다. 지식은 모든 살아있는 생명체에게서 발견된다. 마굴리스는 이렇게 말했다.

작은 포유류는 다가올 지진이나 폭우를 알린다. 나무는 매미 나방 애벌레가 나뭇잎을 공격할 거라고 경고하는 휘발성 물질을 분비한다. (…) 멸종한 늑대나 공룡들도 자기들끼리 이해 가능한 사회적 의사소통을 했다. (…) 가이아 (Gaia, 생리적으로 조절되는 지구)는 인간이 진화하기 한참 전부터 자기 수용적인 의사소통을 해 왔다.

박테리아는 자신을 둘러싼 환경에 대해 알고 있으며 그 지식에 반응해 행동한다. 이를테면 화학적 차이들을 감지해서 설탕에는 가까운 쪽으로, 산성 물질에서는 먼 쪽으로 헤엄친다. 이보다 고도로 발달한 생물의 면역 체계는 학습과 기억의 메커니즘을 가지고 있다. "살아 있는 시스템은 인지하는 시스템이다. 살아가는 과정은 인지의 과정이다. 이것은 모든 생명 조직에 해당된다. 신경계를 가지고 있는 조직이건 아니건 간에 말이다."

의식과 지각이 고도로 발달한 생물체라 할지라도 스스로 자각하지 않은 상태에서 지각하거나 사고하는 경우가 많다. 사람도 마찬가지다. 우리는 우리가 감각 기관을 통해 알게 되는 것들 중 오직 일부만을 의식적인 상태에서 지각하고 대부분은 무의식 상태에서 이뤄지는 지각을 통해 받아들인다. 의식의 표면에 있는 것은 우리가 이미 알고 있는 것의 희미한 그림자일 뿐이다.

의식은 항상적이지 않고 변화한다. 그리고 그 변동은 우리의 생존에 필수불가결하다. 우리는 태고부터 계속된 스물네 시간 주기의 리듬에 따라 잠이 들며, 밤에는 꿈이라는 가상의 세계에 산다. 그리고 낮에 하는 활동은 대부분 의식하지 않은 채 일어난다. 행동의 가장 깊은 동기들은 의식의 검토망에 잡히지 않는다. 우리의 정신 작용 대부분은 우리가 모르는 사이에 일어나며 삶에서 가장 창조적인 정신 작용도 의식하지 못한 채 지나간다. 우리 삶에서 중요한 것 중에서 의식적인 지각을 필요로 하는 것은 거의 없다. 중요한 많은 것들이 사실 의식하지 못한 상태에서 발생한다.

플라톤과 데카르트는 의식이야말로 인간을 다른 동물과 구별할 수 있는 특징이라고 말한다. 플라톤은 궁극의 실재는 영적인 것이라고 믿었으며, 동물 중에서 인간만이 희미하게나마 그 실재를 지각할 수 있다고 생각했다. 데카르트는 인간을 생각하는 존재로 규정했다. 그는 자신이 존재한다는 것을 자신이 생각한다는 사실 때문에 알 수 있다고 했으며(나는 생각한다, 고로 존재한다Cotigo, ergo sum), 동물은 단지 기계 기관에 불과하다고 보았다. 하지만 고양이, 개, 말도 자기 환경을 의식하거나 지각할 수 있다. 그들 역시 행동하거나 행동에 실패함으로써 스스로를 경험한다. 그들도 생각과 감각을 가지고 있다. 영장류학자들의 연구 결과에서 알 수 있듯이, 인류와 진화상으로 가장 가까운 친척인 영장류는 우리가 인간만이 가지고 있다고 생각하기 쉬운 여러 정신 능력을 보유하고 있다. 딱히 인간만이 고유하게 의식적 지각을 가지고 있다고 볼 근거는 없다.

동물이 인간과 다른 점이 있다면, 자아에 대한 인식이 부족하다는 것이다. 이 점에서 동물들은 불행하지만은 않다. 자기 인식은 능력이기도 하지만 그만큼 장애기도 하다. 가장 뛰어난 피아니스트라도 자신이 연주할 때 모든 동작을 하나하나 인식하고 있지는 않다. 가장 훌륭한 장인은 자신이 어떻게 작업을 하는지 모를 수도 있다. 우리 모두 스스로를 가장 적게 의식하고 있을 때 능력이 가장 많이 발휘되는 경험을 해 본 적이 있다. 많은 문화권에서 자각을 뒤흔들거나 없애려고 하는 시도가 있었던 것은 아마도 이런 이유에서였을 것이다. 이를테면 일본의 궁수들은 과녁에 대해서도 자기 자신에 대해서도 더 이상 생각하지 않게 될 때라야 비로소 과녁을 맞출 수 있다고 배운다.

주로 동양 전통 문화에서 발전한 명상은 흔히 의식을 각성시키는 법이라고 알려져 있지만, 사실 명상은 의식적 지각 없이 존재하는 방법이다. 약물, 단식, 신점, 춤 등은 잘 알려진 사례들이다. 고대에는 건축도 감각을 체계적으로 교란시키려는 목적으로 사용되었다. 레베카 스톤 밀러Rebecca Stone Miller는 고대 안데스 예술을 이렇게 설명했다. "'차빈Chavin'은 매우 복잡다단하고 '바로크적'인 신비스런 양식이다. 의도적으로 해독하기 어렵고 옆길로 새게 만들었으며, 궁극적으로는 보는 사람을 대안적 실재(또 다른 세계)로 인도하기 위해 설계되었다." 현대 건축 중에는 일상의 인식과 지각을 바꾸려는 의도를 가진 경우가 드물다.(가우디Gaudi가 그런 드문 경우 중 하나다.) 하지만 20세기 미술 영역에서 가장 성공적인 몇몇 실험 예술은 바로 그것을 시도했다. 이를테면 초현실주의자들은 세상을 새로이 보려면 무의식 상태에서의 시각을 회복해야 한다고 생각했다. 지오르지오 데 키리코Giorgio de Chirico나 막스 에른스트Max Ernst 같은 예술가들은, 새로운 기법을 알게 되었기 때문에 일상적으로 보이는 대로 그리지 않은 것이 아니라, 아주 오래 전에는 아마도 평범한 것이었을 (태고의) 시각을 회복하기 위해 새로운 기법을 사용했다. 인류 초기 예술에는 의식적 지각으로 굴절되지 않은 감각이 어떤 것이었을지를 짐작케 하는 흔적이 남아 있다. N. K. 샌더스N.K. Sanders는 이렇게 설명했다. 후기 구석기 시대 예술가들은 "역사를 가지고 있지 않았다. 그들의 정신이 지적으로 텅 비어서 문명의 경험으로 채워지기를 기다리고 있었다는 뜻이 아니다. 그 예술가의 마음은 성찰하는 존재로서 지내 온 수백만 년 동안의 삶으로 이미 채워져 있었다. 오늘날의 우리는 이 중 대부분에 닿을 수 없다."

역하 지각(subliminal perception, 의식적 지각이 없는 상태에서의 지각)은 비정상이 아니라 정상이다. 우리가 지각하고 인식하는 세상 대부분의 것들은 의식적인 관찰에서 오는 것이 아니라 무의식 중에 일어나는 지속적인 스캐닝 과정을 통해 일어난다. 정신분석학자 안톤 에렌츠바이크Anton Ehrenzweig는 이렇게 설명했다. "무의식적 시각은 (…) 의식적으로 골라내는 정보보다 더 많은 것을 모을 수 있으며 백 배나 오래 지속된다는 사실이 밝혀졌다. (…) 무의식적 시각의 분화하지 않은 구조는 (…) 의식적 시각보다 우월한 스캐닝 능력을 보여 준다." 이는 예술론을 다룬 책에 나온 말이지만, 과학 연구도 비슷한 결론을 말해 준다. 이를테면 20세기 초의 신경학자 오토 포츨Otto Pötzl의 연구에 따르면, 알아차리거나 의식적으로 기억하기에는 너무 짧은 영상들을 사람들에게 보여 주었더니 이 영상들이 그들의 꿈에 나타났다. 또한, 맹시 현상▪은 뇌가 손상되어 시각을 잃은 사람들도 자신의 시각 영역을 벗어나 있는 사물을 묘사하고 다룰 수 있음을 보여 준다.

이러한 사례들은 비정상 경험에 대한 과학 연구에서 나온 것이지만, 역하 지각은 우리 삶에서 드물게 일어나는 일이 아니다. 지속적으로, 도처에서 일어나는 일이다. 〈서브리미널 프로젝션 컴퍼니Subliminal

---

▪ 광원이나 시각적 자극을 정확히 느끼는 시각 장애인의 능력을 말한다.

Projection Company)같은 회사의 경우는 역하 지각을 활용해, 너무 짧아서 의식에는 등록되지 않는 메시지들로 소비자 행동에 영향을 주고자 했다. 역하 광고[■]는 분명히 효과가 있다. 그래서 40년 전쯤 많은 나라에서 역하 광고를 법으로 금지한 것이다.

우리가 의식의 필터를 거쳐서 보는 세계는 역하 지각이 받아들이는 것 중 극히 일부일 뿐이다. 우리의 감각은 삶이 더 쉽게 흘러갈 수 있도록 검열을 받는다. 그런데 우리는 모든 활동에서 의식하지 않은 채 받아들이는 시각 정보에 의존한다. '아는 것'을 '의식적 지각을 통해 배우는 것'이라고만 생각하는 것은 큰 오류다. 정신의 삶도 신체의 삶과 마찬가지다. 의식적 지각에만 의존한다면 삶은 완전히 실패하고 말 것이다.

11.
로드 짐, 뛰어내리다

조지프 콘래드Joseph Conrad의 소설 『로드 짐 *Lord Jim*』에는 뱃사람이라는 영웅적인 이상에 사로잡힌, 영국인 목사의 아들이 나온다. 그는

■ 서브리미널 애드Subliminal Ad. 시청자가 무의식 상태에서 영향을 받도록 잠재 의식에 소구하는 광고 기법을 말한다.

뱃사람의 생활에 뛰어들지만 곧 환상은 깨진다. "그가 상상 속에서 그렇게나 잘 알고 있던 세계는, 막상 와 보니 희한하게도 모험의 불모지였다." 하지만 그는 되돌아가지 않고 바다 생활을 계속해 20대 중반에 낡은 증기선 '파트나' 호의 일등 항해사 자리에 지원한다. 800명의 순례자를 싣고 메카로 가던 도중, 파트나 호는 수면 아래에 있던 장애물과 충돌해 가라앉을 위기에 처한 것 같았다. 순례자들이야 그들 운명대로 되건 말건, 독일인 선장과 직위가 높은 유럽인 선원들은 구명보트를 탔다. 짐은 처음에는 아무 것도 하지 않고 이 모든 일을 구경꾼처럼 바라만 보았다. 그러나 결국에는 그도 뛰어 내렸고, 곧 구명보트 속에 있는 자신을 발견했다.

나는 뛰어내렸어. 그는 눈길을 돌리면서 스스로에게 말했다.
그런 것 같아 보여, 라고 그는 덧붙였다.

알고 보니 파트나 호는 손상되지 않았고, 배에 탔던 이슬람 순례자들은 모두 안전하게 항구에 도착했다. 하지만 짐의 삶은 그 후로 영원히 바뀌었다. 선장은 사라졌고, 짐 혼자서 공개 청문회에 서는 불명예를 감당해야 했다. 개인적으로는 용기와 봉사라는 선원의 윤리를 저버렸다는 죄책감에 시달렸다. 이후 몇 년간, 짐은 떠돌면서 익명으로 살고자 했다. 그러다가 북서 수마트라의 외진 곳 '파투산'에 도착했다. 세상에서 떨어져 있는 성전을 찾은 느낌이었다. 그는 "투안 짐(로드 짐)"이 되어 이 곳 원주민에게 평화를 가져다주는 지배자로 정착했다. 하지만 여러 가지 사건들 때문에(그리고 그의 성격 때문에), 일은 그의 뜻대로 되지 않았다. 젠틀맨 브라운이 이끄는 사악한 해적 떼가 파투산에 쳐들어 왔다. 짐은 브라운이 섬을 떠나도록 협상을 했지만, 브라운은 연로한 원주민 추장의 아들(짐의 친구이기도 하다)을 살해했다. 짐은 파투산 거주자의 안전을 위해 생명을 걸겠다고 맹세해 왔다. 그는 슬픔에 빠진 추장에게 갔고, 그 맹세를 지켰다. 추장이 쏜 총에 맞아 숨진 것이다.

로드 짐의 인생은 그가 대답할 수 없는 질문들로 뒤덮여 있었다. 그는 스스로 뛰어내렸는가? 아니면 상황과 사건들이 그를 그렇게 몰아갔는가? '도덕성'을 논하려면, 우리 자신이 우리 행동의 주인이라는 전제가 필요하다. [구명보트로] 뛰어 내린 것에 대해 짐에게 책임을 물을 수 있으려면, 그 때 짐은 다른 선택을 할 수도 있어야 했다. 이것이 '자유의지'의 의미다.(자유의지가 무언가를 의미한다면 말이다.) 그런데 짐의 행동은 자신의 자유의지에서 나온 행동인가? 그가, 아니면 다른 누구라도, 그걸 어떻게 알 수 있는가?

'자유의지'라는 개념을 반박하는 근거는 많고, 그 중에는 결정적인 것들도 있다. 우리의 행동이 상황에 몰려 발생한 것이라면, 우리는 그 때 다르게 행동할 수 없었다. 그렇다면 그 [어쩔 수 없는] 경우의 행동에 대해 우리는 책임을 질 수 없다. 자신의 행동을 스스로 결정했을 때만 자유로운 주체라고 할 수 있다. 하지만 우리 자신부터가 우연과 필연의 산물이다. 이를테면 어떤 상태로 태어날지를 선택할 수 없다. 그러므로 우리는 우리 행동에 책임을 질 수 없다.

이만 해도 자유의지라는 개념을 반박하기에 충분히 강한 근거지만, 최근의 과학적 연구 결과는 자유의지 개념을 더 심하게 반박하는 근거를 제시한다. 벤저민 리벳Benjamin Libet은 '0.5초 지연'이라는 현상을 설명했다. 그에 따르면 우리의 행동을 유발하는 내부의 충동은, 우리가 그 행동에 대해 의식적인 결정을 내리기 0.5초 전에 일어난다고 한다. 우리는 먼저 의식적으로 생각을 하고 나서, 그 **다음에** 행동한다고 생각하지만, 사실 거의 대부분의 삶에서 우리의 행위는 무의식중에 촉발된다. 뇌는 〔우리가 모르는 사이에〕 우리에게 행동할 준비를 갖추게 하고, 그 다음에 우리는 그 행동을 경험한다. 리벳의 연구팀은 이렇게 설명한다.

(…) 분명히 뇌는 행동을 촉발하기로 '결정'한다. 혹은 적어도, 그 행동을 촉발할 준비를 한다. 그런데 이는 그러한 결정이 내려진다는 것을 우리가 인식하기 이전에 벌어진다. (…) 뇌가 일으키는 촉발은 〔의식의 영향을 받지 않기 때문에〕 자율적이고 자발적이라고 볼 수 있다. (…) 그것은 **무의식 중에** 시작될 수 있으며, 보통 실제로 그렇게 시작된다.

우리가 의식적으로 결정을 내리고 나서 그 다음에 행동한다는 통념과 다른 방식으로 행동하는 이유 중 하나는 의식의 대역폭(의식이 1초당

처리할 수 있는 정보)과 관련이 있다. 일상에서 받아들이고 반응해야 하는 정보를 일일이 의식하기에는 대역폭이 너무 좁은 것이다. 살아 있는 생명체로서, 우리는 아마도 초당 1,400만 비트 정도의 정보를 처리할 것이다. 그런데 의식의 대역폭은 18비트 정도다. 일상에서 살아가기 위해 사용하는 정보 중 백만 분의 1 정도만이 의식에 감지되는 셈이다.

신경 과학 분야의 연구 결과들에 따르면, 우리는 우리 행동의 결정자가 될 수 없다. 리벳은 '비토'라는 개념으로, 자유의지의 가능성을 희미하게나마 남겨 놓기는 했다. 비토는 뇌가 촉발한 행위를 막는 의식의 능력을 말한다. 그런데 문제는, 우리가 비토를 행사하고 있는지를, 그리고 언제 행사하는지를, 결코 알 수 없다는 점이다. 우리가 인식하는 경험은 대체로, 아니 아마도 항상, 모호하다.

막 행동을 하려 하는 그 시점에도, 우리는 우리가 곧 무엇을 하게 될 것인지를 예측하지 못한다. 하지만 나중에 되짚어 생각해 볼 때는, 이미 하기로 결정되어 있는 경로에서 한 단계 밟은 것을 의사 결정으로 여길지 모른다. 우리는 우리의 생각들이 때로는 그냥 떠올랐다고 여기기도 하고, 때로는 우리가 의식적으로 떠올렸다고 여기기도 한다. '자유'의 느낌은 이 두 가지 시각 사이를 왔다 갔다 하는 과정을 통해서 온다. 자유의지는 관점의 속임수다.

행위자의 관점과 관찰자의 관점 사이를 끊임없이 왔다 갔다 하는 과정을 벗어나지 못하면서 로드 짐은 자신이 무슨 행동을 했는지 확실히 알 수 없었다. 그는 이 불확실함을 끝내 줄 무언가를 의식에서 끄집어 낼 수 있기를 바랐다. 자기 자신의 특성과 성격을 찾고자 했다. 그러나 헛된 탐색이었다. 쇼펜하우어가 말했듯이(콘래드는 쇼펜하우어의 저작을 많이 읽었다), 우리의 특성이나 정체성이 무엇이든 간에, 의식적 지각으로는 거기에 희미하게 밖에 다가갈 수 없기 때문이다.

개인의 정체성은 흔히 의식에 달려 있다고 여겨진다. 하지만 이를 우리가 삶을 의식적으로 되돌아본다는 의미로만 이해하는 것으로는 충분하지 않다. 오래전 읽은 소설에서보다 살면서 경험한 것에서 더 많이 배운다는 사실을 우리는 모두 알고 있다. 하지만 [경험을 포함해도] 우리가 배워서 아는 것은 매우 적다. 중요하거나 흥미로운 사건은 우리의 기억에 인상을 남기지만, 나머지 수천 가지 사건은 기억되는 하나를 위해 잊혀진다. 나이가 들수록, 우리가 살면서 마주치는 많은 것들이 흔적을 남기지 않고 사라진다. (…) 외부 세계와 관계를 맺으면서 우리는 스스로를 지각하는 주체로, 인식하는 자아로, 진정한 자아로 생각하는 버릇이 생겼다. (…) 그러나 이것은 진정한 자아가 아니라 뇌의 기능에 불과하다. 굳이 진정한 자아를 말한다면, 그러니까 우리 깊은 곳에 있는 본성을 말한다면, 이것은 의식의 뒤에 존재하고, 아무것도 모른 채 그저 의지하고willing 있거나 의지하지 않고not-willing 있을 뿐이다…….

'의식하는 나knowing-I'는 그것이 찾고자 하는 '행동하는 자아acting self'를 찾아낼 수 없다. 쇼펜하우어가 모든 인간이 갖고 태어난다고 생각한(콘래드도 종종 이렇게 생각했다), 바꿀 수 없는 특성이란 존재하지 않는지도 모른다. 하지만 우리는 우리의 행위를 설명하기 위해서 자신을 들여다보며 그 안에서 답을 찾으려고 한다. 그러나 우리가 찾아내는 것은, 오래 전 읽은 소설 내용에 대한 기억처럼 단편적인 조각일 뿐이다.

로드 짐은 자신이 왜 뛰어내렸는지를 결코 알 수 없다. 그것은 그의 운명이다. 그래서 그는 자신의 삶을 "깨끗한 서판처럼" 새롭게 시작할 수 없다. 로드 짐에 대한 이야기의 마지막은 이 소설의 영민하고 동정심 있는 서술자인 말로우의 말로 맺는 것이 좋겠다.

나로 말하자면, 종잡을 수 없는 어둠 속에 외로운 촛불과 함께 홀로 남아 있었다. 나는 우리의 하찮은 발걸음을 선함과 악함으로 몰아넣는 장엄함을 매번 주시하기에는 너무 늙었다. 그래도 결국 우리 둘 중 진정으로 빛을 가진 사람은 그였다는 생각에 나는 미소지었다. 그리고 슬퍼졌다. 깨끗한 서판이라고 그가 말했던가? 우리의 운명이 지워지지 않는 글자로 돌에 미리 새겨져 있는 게 아니라는 듯이?

12.
우리의 가상 자아

우리는 우리의 행동이 스스로 내린 의사 결정을 드러낸다고 생각한다. 하지만 대부분의 삶에서 우리가 우리 의지로 결정하는 일은 거의 없다. 일어나거나 잠이 들고, 꿈을 기억하거나 잊고, 생각을 떠올리거나 없애는 것들은 그러기로 결정해서 할 수 있는 일이 아니다.

길에서 누군가를 만나 인사를 할 때, 우리는 그냥 행동하는 것이지 그 행위의 뒤에 〔결정을 내리는〕 행위자는 없다. 행동은 무의식에서 벌어지는 반응들의 마지막 단계며, 무한에 가까울 정도로 복잡한, 습관과 능란함의 구조에서 생겨난다. 우리 삶에서 대부분의 행동은 의식적으로 지각되지 않는 상태에서 일어난다. 인식하려고 할 수도 없다. 아무리 지각력을 고도로 발달시킨다 해도 우리 자신을 투명하게 인식할 수는 없다.

프로이트는 억압된 기억을 의식으로 끌어올리면 우리가 삶을 더 많이 통제할 수 있다고 주장했다. 억압된 기억들이 〔무의식 속에서〕 닿을 수 없는 상태로 남아 있는 한 강박증이나 계속되는 말실수 등을 저지르게 되는데, 강박 행동 뒤에 자리 잡은 기억을 되살려 내면 이를 고칠 수 있다는 것이다.

프로이트는 정신 작용의 상당 부분이 무의식 상태에서 진행된다는 사실을 알고 있었다. 무의식에 있는 억압된 생각을 의식으로 가져오면 삶을 더 잘 헤쳐 나갈 수 있다는 주장은 어쩌면 맞는 말일 수도 있다. 하지만 일상생활에서 이뤄지는 지각과 행동의 근저에 있는 의식 이전의 정신 행위는 그런 식으로 되살릴 수 없다. 프로이트가 설명한 무의식과 달리, 이것들〔의식 이전의 정신 행위〕이야말로 의식적인 지각을 가능하게 해 준다.

'의식하는 나' 가 생겨나는 과정에서 의식은 사실 아주 작은 역할 밖에 하지 않는다. 이러한 견해를 받아들이면 '자기 삶을 통제' 하는 것이 불가능해질까 봐 우리는 이를 받아들이려고 하지 않는다. 행동이란 의식적으로 생각한 결과 나오는 것이라고 믿고 싶어한다. 하지만 삶의 큰 부분은 생각하지 않은 채 진행된다. 자기 자신이 '의식적인 주체' 라는 느낌은 여러 [내면적] 충동 사이 갈등의 결과로 나온 산물이다. 무엇을 해야 할지 알 때는 사실 거의 그것을 의식하지 않고 있다. 우리가 습관이나 본능의 지배를 받는다는 의미가 아니라 삶에서 마주치는 것들에 그때그때 대처하면서 살아간다는 뜻이다.

우리가 친구의 죽음에 대처하는 방식은 떨어지는 판자를 피하려고 옆으로 비켜서는 것과 비슷하다. 물론 슬픔과 위로를 어떻게 표현해야 할지 고심할 것이다. 하지만 슬픔과 위로를 잘 표현했다면, 그것은 우리가 이성의 능력을 향상시켰기 때문이 아니라 상황에 더 능숙하게 대처하는 법을 터득하게 되었기 때문이다.

우리는 스스로를 통합된 단일체, 의식적인 주체라고 생각하며, 우리의 삶은 그러한 일관된 주체가 행하는 행위들의 합이라고 생각한다. 그러나 최근의 인지 과학과 고대 불교의 가르침은 이런 통상적인 자아 개념이 환상이라는 데 의견이 일치한다. 인지 과학과 불교 모두, 인간의 자아란 매우 복잡하고 분절적이라고 본다.

현대 과학과 불교의 유사성을 짚어낸 인지 과학자 프란시스코 바렐라

Francisco Varela는 과학과 불교가 말하는 자아를 이렇게 설명했다.

우리의 미세한 세계들과 미세한 정체성들은 한데 뭉쳐 단일하고 통일된 자아를 이루고 있기보다는 불연속적으로 번갈아가면서 생겼다 사라졌다 한다. 불교식으로 말하자면 자아는 자성(自性 , self-nature)이 공空하며 (…) 손에 잡히는 어떤 실재성도 결여하고 있다. 이 가르침이 진실임은 직접적인 관찰로 알 수 있다.

인지 과학도 불교의 가르침과 마찬가지로 자아가 환상이라고 본다. 우리의 인식은 분절적이며, 깊이를 알 수 없는 풍부함에서 *끄집어 낸* 일부분에 불과하다. 하지만 어떤 것을 *끄집어 낼지* 결정하는 내면의 누군가는 존재하지 않는다. 우리의 자아 역시 그 자체로 분절적이다.

얼핏 짐작하는 것과 달리, 인식은 하나의 '상태' 에서 다른 상태로 매끄럽게 흐르지 않고 한정된 시간에 생겼다 없어지곤 하는 분절적인 행동 패턴이 되풀이되는 와중에 생긴다. 현대 신경 과학과 인지 과학이 알려 주는 이 같은 사실은 매우 중요하다. 이러한 발견은, 인지 주체의 정상적인 행위를 설명하기 위해 중앙에서 통제하는 〔우리 내부의〕 호문쿨루스homunculus적 특징을 찾으려는 강박에서 우리를 벗어나게 해 주기 때문이다.

우리 삶이 호문쿨루스(내면에서 지침을 내리는 작은 사람)의 인도를 받는다는 생각은 스스로를 외부의 시각에서 바라볼 수 있는 우리 능력 때문에 생겨난다. 우리는 우리의 행동에 자아를 투사한다. 그러면 그 행위들이 일관된 무언가에 연결되어 있다고 설명할 수 있기 때문이다. 이렇게 해서 발견해 내는 일관성은 종종 허구다. 설령 상상이 아니라 실제라 하더라도, 누군가가 일관성 있게 지휘하고 있어서 일관성이 생긴 것은 아니다. 우리의 행위는 상당한 정도의 질서를 보여 주지만, 내면의 누군가가 그렇게 질서를 지우고 있지는 않다. R.A. 브룩스[*]는 이렇게 설명했다.

중앙 집중적인 발현이 없듯이 중앙 집중적인 시스템도 없다. 각각의 활동은 인식과 행동을 바로 연결한다. 중앙 집중적인 발현이나 중앙 집중적인 통제라는 개념을 주입하는 것은 외부의 관찰자지, 그 개체가 그런 속성을 가지고 있는 것은 아니다. 이 개체는 경쟁적인 행위들의 모음일 뿐이다. 그것들의 상호 작용이 만드는 국지적인 혼돈 속에서, 관찰자의 눈에 어떤 통합된 행동 패턴으로 보이는 것이다.

위의 내용은 로봇 행동을 설명하는 인공 지능 이론이지만, 사람에게도 적용된다. 실제로는 지각과 행동의 불연속적인 광경만 있을 뿐인데

---

[*] Rodeney A. Brooks, MIT 로봇 공학 교수. 대표 저서인 *Flesh and Machines : How Robots Will Changes Us*는 한국에 『로봇 만들기』라는 제목으로 출간된 바 있다.

도, 우리는 중앙 집중적으로 일관되게 통제하는 무언가가 있으리라는 생각에 사로잡혀 있다.

인간의 자아는 어떤 본질적인 일관성이 표현된 것이 아니다. 인간의 자아란 곤충의 세계에서 발견되는 것과 별로 다르지 않은, 생명 조직상의 패턴일 뿐이다. 약 80년 전, 남아프리카 공화국의 시인이자 자연학자인 유진 마레Eugine Marais는 흰 개미의 삶을 다룬 획기적인 책 『흰 개미의 영혼The Soul of the White Ant』을 펴냈다. 이 책에서 마레는 개미가 개별 개미로서가 아니라 집단으로서 영혼을 가지고 있다고 주장했다. 흰 개미의 영혼은 개별 개미의 특성이 아니라 개미 공동체 전체에 속해 있다는 의미다. 출간 당시 이 주장은 논쟁을 불러일으켰지만, 이후에 이를 뒷받침하는 연구들이 많이 이뤄졌다.

개미 공동체에서 효율성이 높은 일개미를 따로 옮겨 놓는 실험을 했더니, 이들은 일을 덜 하고 약탈을 더 많이 했다. 한편 효율적인 일개미들을 제거하고 난 원래의 공동체에서는 효율성이 떨어지던 일개미들이 전보다 효율적으로 일을 했다. 그러나 옮겨 놓았던 일개미들을 다시 돌려놓으니, 이들은 다시 원래의 행동으로 돌아왔다.

이 곤충 집단에서 놀라운 것은, 분리된 부분이 개별 개미들이며 전체 공동체에 어떤 중앙집권적인 '자아'가 있는 것은 아니라는 사실을 쉽게 알 수 있다는 점이다. 하지만 그러면서도 전체가 사실상 하나의 단일한 개체로, 마치 중심에 어떤 조정자가 있는 것처럼 행동하고 있음을 알 수 있다.

개미의 세계에서 관찰되는 것은 우리에게서도 찾을 수 있다. 바렐라는 이렇게 설명했다. "**자아 없는 자아**, 혹은 가상 자아: 단순한 국지적인 요소의 행위에서 발생하는 전체적인 긴밀한 패턴으로, 이것은 마치 중앙에서 누군가가 조정을 하는 것처럼 보이지만, 사실 어디서도 발견되지는 않는" 것이다. 개미 공동체와 마찬가지로, 사람의 인식과 행위는 그것들을 이끄는 자아가 있는 것 같은 패턴을 보이지만, 사실 그런 자아는 존재하지 않는다.

우리는 오류에 싸인 채 애를 쓴다. 우리는 자신이 일관되고 단일한 개체라고 믿으면서 행동한다. 하지만 우리는 분절된 것들의 연속체기 때문에 세상을 살아 갈 수 있는 것이다. 우리는 자신이 '영속적인 자아'라는 생각을 없앨 수는 없지만, 실은 영속적인 자아가 아니라는 사실 또한 알고 있다.

13.

아무도 씨

영국의 작가이자 학자인 고로니 리즈Goronwy Rees는, 자신의 삶을 되돌아보니 분절적인 에피소드만 발견할 수 있을 뿐임을 깨달았다. 그러고는 '개인의 정체성'이라는 개념에 의심이 생겼다. 리즈는 이렇게 말했다.

사람들이 '성격'이라는 것을 자신이 당연히 갖고 있다고 생각하는 것이 나는 늘 놀라웠다. 그러니까 동물이나 식물의 일대기처럼 객관적으로 묘사할 수 있는, 안정적이고 독특한 역사를 가진 '개인의 특성'이라는 것을 가지고 있다고 생각하는 것 말이다. 나는 나 자신에게서 그런 성격을 발견해 본 적이 없는데…….

리즈의 삶은 장편이라기보다는 단편 모음집이었다. 기억이 우연히 엮어 놓은, 감각들의 꾸러미였다.

히틀러가 권력을 잡기 전에 실레지아에서 야생고양이를 사냥한 기억, 2차 대전 때 파편이 날아와 무릎을 날려 버리는 것을 믿을 수 없어 하던 포격 장교를 본 기억, 전쟁이 끝나고 폐허가 된 독일을 떠돌 때 사람들이 근처에서 꺾어온 나뭇가지로 독일 공군이 버리고 간 격납고를 임시 거처로 만든 것을 본 기억, 거의 죽을 뻔한 사고를 당하고 나서 병원에서 회복되던 기억. 그는 잊혀진 시간의 황무지 속에서 반짝거리는 장식품 조각들을 줍듯이 이런 기억들을 떠올렸다.

리즈는 "나는 내 인생에서 한번도 '안정적으로 지속되는 개인적 특성'이라는 것을 갖고 있다는 감정을, 그 부러운 감정을 가져본 적이 없다. 나는 T. H. 그린T. H. Green이 말한 '영속적이고 자기결정적이며 생각하는' 존재라는 느낌을 가져본 적이 없다"고 말했다. 리즈는 스코틀랜드의 회의주의 철학자 데이비드 흄(흄도 자신을 되돌아 볼 때 영속적인 자아란 것을 발견할 수 없었다고 언급한 바 있다)의 말을 인용했다. "몇몇 형이상학자들을 제외한다면 (…) 나는 대부분의 인간은 인식할 수 없이 빠르게, 지속적으로 흐르면서 하나에서 다른 하나로 이어지는 감각과 인식들의 꾸러미일 뿐이라고 주장하겠다." 흄에게 자아는 연속성을 연기하는 예행연습일 뿐이었다.

마음은 일종의 극장이다. 몇몇 지각이 그 무대에 차례로 등장한다. 무한히 다양한 상황 속에서 무한히 다양한 포즈로 지나가고, 다시 지나가고, 사라져 들어가고, 합쳐진다. 어느 한 시점에도 단일성simplicity은 없으며, 여러 다른 상황을 관통하는 동일성identity도 없다. 단일성과 동일성의 자연적 특성이 무엇이든 간에 말이다. 극장에 비유하는 것을 오해하지 않길 바란다. 마음을 구성하는 것은 차례로 등장하는 지각들일 뿐이다. 그리고 우리는 그런 광경이 표현되는 장소나 배경을 구성하는 물질 등에 대해 아무 것도 아는 바가 없다.

스스로에게서 단일성이나 동일성을 발견하지 못한 흄의 경험은 리즈의 경험이기도 하다. 리즈의 딸은 회고록에서 자기 아버지를 "아무도 씨Mr. Nobody, 개인적 특성을 가지지 않은 사람, '자아'라는 의식이 없는 사람"이라고 표현했다. 이는 리즈가 스스로를 생각한 방식이었다. 리즈는 (딸이 붙인 '아무도 씨'라는 별명에서 보듯이) 정도가 심했는지도 모르지만, 이런 생각 자체는 비정상이 아니다. 리즈가 스스로에 대해 느낀 자아의 비연속성을 사실 우리 모두 느낀다. 우리는 감각의 꾸러미일 뿐이다. 일상에서 마주치는 '단일하고 일관된 자아'라는 것은 환상, 마야에 속해 있다. 우리는 자신을 '동일성'(자아 정체성)을 가진 존재로 인식하도록 프로그램되어 있다. 실제로는 끊임없이 변화하는 존재일지라도 말이다. 우리는 자아라는 환상을 가지고 살아야 하는 것이다.

우리는 매순간 세계를 계속해서 관찰하고 있을 수 없다. 그렇게 하면 행동을 할 수 없기 때문이다. 우리 자신에게서 끊임없이 발생하는 변화들도 일일이 관찰할 수 없다. 그것들을 관찰하는 자아가 눈 깜짝할 사이에 왔다 갔다 하기 때문이다. 자아 관념은 의식이 조밀하지 않고 성기기 때문에 오는 부작용이다.(내면의 세계는 너무 미묘하고 순간순간 지나가는 것이어서 성긴 의식으로는 알 수가 없다.) 그런데 자아 관념에는 또 다른 원천이 있다. 언어는 짐승과 새의 놀이에서 시작한다. 자아라는 환상도 그렇다.

원숭이 두 마리가 노는 모습을 관찰하면서 그레고리 베이트슨[*]은 이렇게 기록했다.

(…) 이 놀이라는 현상은, 참여하는 개체들이 어느 정도의 메타 커뮤니케이션, 즉 '이것은 놀이다' 라는 메시지를 전달하는 신호를 교환할 수 있어야만 가능하다. (…) 이것을 확장하면, '이것은 놀이다' 라는 진술은 다음과 같이 설명할 수 있다. '우리가 지금 하고 있는 행동은 그 행동이 **실제 상황에서 의미하는 것**

---

[*] Gregory Bateson, 1904~1980. 문화 인류학자. 저서 *Steps to an Ecology of Mind*는 한국에 『마음의 생태학』이라는 제목으로 소개됐다.

을 지칭하지 않는다.'

베이트슨은 이렇게 결론지었다.

놀이에서 꼬집거나 깨무는 행동은 실제 상황에서 꼬집거나 깨무는 행동이 의미하는 바를 지칭하지 않으며, 꼬집거나 깨무는 행위 자체도 허구적이다. 놀이를 하는 동물들은 실제로는 자신이 표현하는 바를 의미하지 않고 있을 뿐만 아니라, 실제로 존재하지 않는 무언가에 대해 의사소통을 한다.

갈까마귀들은 고릴라 떼를 덮치면서 공격하는 척하는 놀이를 한다. 또 음식을 숨겨 놓는 은닉처를 만드는 척 하고는 사실은 음식을 다른 곳에 숨겨 놓는다. 갈까마귀들은 언어 능력에 따라오는 속임수 능력을 보여 준다. 이 점에서 갈까마귀는 인간과 다르지 않다. 인간이 갈까마귀와 다른 점은, 자신의 삶을 돌아보면서 가상의 자아를 불러내기 위해 언어를 사용한다는 점이다.

영속적인 자아라는 환상은 언어와 함께 생겨난다. 우리는 어린 시절에 부모가 해 준 이야기들을 통해 자아에 대한 개념을 얻는다. 또 우리의 기억은 신체적인 현상들과 묶이기도 하지만, 우리의 이름과도 묶인다. 우리는 내면의 독백을 통해 우리 자신의 과거를 이야기로 만들고 여러 종류의 가능한 미래를 구성하기 위해 언어를 사용해 우리에게 앞날이 있다는 개념을 만들어 낸다. 우리는 언어를 이용해 허구의 자아를 만들어 거기에 과거와 미래, 그리고 심지어 사후까지 투사한다. 하지만 우리가 죽음 이후에도 지속된다고 생각하는 자아는 실은 살아있는 동안에도 유령이나 마찬가지다.

우리가 만든 허구적인 자아는 부서지기 쉬운 구조물이다. 자아 관념은 최면이나 혼수상태, 혹은 꿈을 꿀 때 분해되거나 변형되며, 열이 나거나 광기에 사로잡혔을 때 약해지거나 파괴된다. 또 우리가 행동에 집중할 때는 중지된다. 명상이나 환각 상태일 때는 자아를 잊을 수도 있다. 하지만 자아 관념은 언제나 되돌아온다. 신비주의자들이 추구하는 '자아의 해체'는 죽음으로써만 가능하다.

'나〔자아〕'는 순간적인 것이지만, 우리의 삶은 그 '나'의 지배를 받는다. 우리는 이 존재하지도 않는 것을 우리에게서 없앨 수 없다. 현재에 대한 정상적 인식에서 자아 관념은 무너뜨릴 수 없는 것이다. 자아 관념은 태고부터 존재하는 인간의 오류며, 그 자아의 힘으로 우리는 꿈속에서처럼 삶을 살아간다.

<h1 style="text-align:center">14.</h1>

<h2 style="text-align:center">궁극적인 꿈</h2>

불교 명상에서, 숙련된 사람은 순수한 정신 집중을 통해 감각을 뒤덮고 있는 습관의 베일을 벗겨 낸다. 불교도들은 의식의 정화〔주의 집

중)를 통해 현실에 대한 통찰을 얻을 수 있다고 믿는다. 일상적인 의식으로 단순해지고 입맛에 맞게 바뀌어 버리는 찰나적이고 덧없는 세계에 대한 통찰 말이다. 삶을 수월하게 하기 위해 우리 마음은 감각을 검열한다. 그러나 그 때문에 우리는 그림자의 세계에 살고 있다. 현대 불교의 수행 지도자인 구나라타나Gunaratana 스님은 이렇게 말했다. "우리의 지각 습관은 놀랄 만큼 멍청하다. (…) 우리는 실제로 들어오는 감각 자극의 99퍼센트를 걸러 내버리고, 나머지들을 추상적인 정신적 대상으로 고착시킨다. 그리고 나서 그 대상들에 대해 습관적인 방식으로 반응한다."

'개오' ▪라는 불교의 이상은, 우리가 진화하는 과정에서 과거와 맺었던 연결을 끊어 버릴 수 있다고 암묵적으로 전제하고 있다. 다른 동물들은 꿈 속에서 살지만 우리는 그 꿈에서 스스로 깨어날 수 있다. 환상에서 깨어나, 더 이상 고통받을 필요가 없다. 그러나 이는 또 다른 구원의 교리일 뿐이다. 기독교보다는 좀 더 세련되긴 하지만, 우리에게 남겨져 있는 동물로서의 유산을 떼어 내는 것이 목적이라는 점에서는 기독교와 다르지 않다.

동물적 환상에서 〔우리가〕 깨어날 수 있다는 관념이야말로 가장 커다란 환상이다. 명상을 하면 사물을 신선하게 볼 수 있을지는 모르지만, 사물 그 자체를 드러나게 할 수는 없다. 진화 심리학과 인지과학에 따

▪ 開悟, 불도를 깨우침.

르면 우리는 [다른 동물과 같은] 오래된 생명의 후손이며, 아주 작은 부분만이 인간 고유의 특성이다. 우리에게는 인류가 남긴 유산을 훨씬 넘어서는 흔적들이 있으며, 우리의 뇌와 척수에는 훨씬 더 오래된 세계의 흔적들이 새겨져 있다.

아무리 깊은 명상도 우리 존재의 비실재성만을 상기시킬 뿐이다. 우리가 자아라고 여기는 것이 환상임을 깨닫는다는 것은 이를 통해 뭔가 다른 것을 본다는 의미가 아니다. 그보다는 꿈을 온전히 받아들인다는 의미다. 자아가 분절된 조각임을 깨닫는 것은 [환상에서] 깨어나 실재에 접한다는 의미가 아니라, 자각몽lucid dream으로 깨어난다는 의미다. 끝이 없는 가짜 깨어남인 셈이다.

도교는 꿈에서 깨어날 수 없는 현실을 인정한다. 중국의 토착 사상인 도교는 민속 마술과 종교 의식, 수행자나 연금술사가 장수나 불멸을 추구하기 위해 행했던 명상이나 성적 수행 등 다양한 전통을 포함하고 있다. 가장 널리 알려진 도교 경전인 『노자』는, 서구에서는 신비주의자들이나 아나키스트들의 지침서로 많이 읽혀 왔다. 하지만 사실 『노자』는 논리와 시의 경계를 허무는 문장들로 구성된 격언집이며, 난세에 나라를 다스리고 개인적인 생활을 해나가는 법을 담은 탈도덕적 지침서이다. 또 다른 도교 저작인 『장자』(이 책의 일부는 실제로 기원전 4세기 중국에 살았던 철학자이자 시인인 장자가 한 말을 담고 있다)가 신비주의자들의 경전에 더 가깝다. 그러나 『장자』가 드러내는 신비주의는 서구나 인도에서 발견되는 어느 것과도 다르다.

장자는 신비주의자인만큼이나 회의주의자였다. 불교의 핵심인 현상과 실재 사이의 극명한 이분법이 장자에게는 존재하지 않는다. 따라서 일상적인 존재의 환상을 초월하려는 노력도 없다. 장자도 인간의 삶을 꿈이라고 보았다. 하지만 꿈에서 깨어나려고 하지 않았다. 장자에 나오는 유명한 '나비의 꿈'을 보면, 그가 꿈에서 나비였는데, 깨고 나서 자신이 나비가 되는 꿈을 꾼 인간인지, 인간이 되는 꿈을 꾸고 있는 나비인지 알 수가 없었다고 한다.

예전에 나 장자는 나비가 되어 훨훨 날아다니며 즐겁게 노니는 꿈을 꾸었다. 나는 내가 장자라는 사실을 몰랐다. 그리고 갑자기 꿈에서 깨어 다시 장자가 되었다. 하지만 나비가 된 꿈을 꾼 장자였던 것인지, 장자가 되는 꿈을 꾸는 나비였던 것인지 알 수 없었다. 하지만 장자와 나비 사이에는 무슨 다른 점이 있어야 하지 않겠는가! 우리는 이것을 탈바꿈이라 부른다.

A. C. 그레이엄에 따르면, 부처와 달리 장자는 꿈에서 깨어나기를 추구하기보다 더 명료히 꿈꾸려 했다. "불교도는 '꿈에서' 깨어나려고 한다. 반면 장자는 '꿈으로' 깨어나려고 한다." 깨어나 삶이 꿈이라는 진실을 알게 되는 것은 꿈에서 멀어지는 게 아니라 꿈을 끌어안는 것을 의미한다.

'인생은 꿈'이라는 사실이 어떤 성취도 영속적일 수 없음을 의미한다면, 그것은 또한 삶이 꿈들의 경이로움으로 가득 찰 수도 있다는 의미며, 우리가 일상에서의 논리와는 다른 논리를 따라 사건들 사이를 저절로 떠돌아다닌다는 의미고, 두려움과 후회도 희망이나 열망만큼이나 비현실적이라는 의미다.

장자는 구원이라는 개념을 인정하지 않는다. 자아도 없고 자아라는 꿈에서 깨어남도 없다.

꿈을 꿀 때 우리는 꿈꾸고 있다는 사실을 모른다. 꿈을 한참 꾸고 있을 때, 우리는 꿈 안에서 해석을 한다. 깨고 나서야 꿈을 꾸고 있었음을 안다. 궁극적으로 깨어날 때만 우리는 이것이 궁극적으로 꿈이었다는 사실을 알 수 있을 것이다.

우리는 환상을 없앨 수 없다. 환상은 우리의 자연스러운 상태다. 왜 그 사실을 받아들이지 않는가?

15.
실험

현대 철학자들은 철학이 우리에게 어떻게 살아야 하는가를 가르쳐준다고 주장할 만큼 대담하지는 않지만, 어쨌든 철학이 무엇을 가르치는지는 말해야 한다. 이런 질문에 몰리면 그들은 철학이 사고를 명징하게 해 준다는 견해를 댈지도 모르겠다. 물론 명징한 사고는 가치 있는 목표다. 하지만 그건 역사학이나 지리학이나 물리학을 공부해도 얻을 수 있다. 명징한 정신은 그것만을 위한 학문을 따로 필요로 해서는 안 된다.

중세에는 철학이 기독교에 지적 발판을 제공했고, 19세기와 20세기에는 철학이 진보라는 신화에 복무했다. 그런데 오늘날에는 철학이 종교에도 정치적 신념에도 복무하지 않게 되면서, 다루는 주제가 없는 학문, 매력적인 교리가 없는 학풍이 되었다.

고대 그리스 철학자들은 마음의 평화라는 실질적인 목적이 있었다. 소크라테스에게 그랬듯이, '철학'은 단순히 지식을 추구하는 학문이 아니었다. 철학은 삶의 방식이자, 변증법적 논쟁의 문화이자, 정신 훈련의 무기였다. 그리고 이 모든 것의 목표는 진리가 아니라 평온함이었다. 피론(Pyrrho, 고대 그리스의 회의주의 철학자)은 내면의 평화를 위한 철학을 발견하기 위해 인도까지 갈 필요가 없었다.＊ 고대 그리스인들이나 당대의 인도 사람들이나 마찬가지였다. 상카라나 나가르주나에게도, 소크라테스나 플라톤에게도, 철학의 목적은 세상에서 해방된 평온함이었다. 중국의 양주楊朱나 장자莊子에게도 마찬가지였다.

진리가 행복을 가져다주지 않을 수도 있다는 점을 철학자들이 간과

＊ 피론은 알렉산더 대왕의 군대에 종군해 인도에 출전, 인도 철학을 접했다.

해 왔다면, 그것은 철학에서 진리가 가장 중요했던 적이 거의 없었기 때문일 것이다. 그렇다면, 우리는 철학이 스스로 주장하는 권위를 마땅히 가질 만한 자격이 있는지 의심해 봐야 한다. 철학이 사유의 다른 방식들보다 판단을 내리는 위치에 있기에 더 나은지를 물어야 한다. 우리가 행복을 추구한다면, 그것은 단순히 평온함 속에서 발견될 수 있는 것인가? 러시아의 작가 레오 셰스토프Leo Shestov는 스피노자Spinoza가 추구한 마음의 평화와 파스칼이 이야기한 구원을 위한 투쟁을 이렇게 대조했다.

철학은 어느 것도 방해할 수 없는 잠 속에 지고의 선이 있다고 여긴다. (…) 그래서 철학은 그렇게도 주의 깊게, 이해가 안 가는 것, 신비로운 것, 비밀스러운 것을 없애고자 한다. 그래서 철학은 자신이 이미 답을 내놓은 질문들을 필사적으로 피한다. 반면 파스칼은 우리를 둘러싼, 설명할 수 없고 이해할 수 없는 것들에 더 나은 존재를 위한 약속이 깃들어 있다고 본다. 파스칼에게는 알지 못하는 것을 아는 것으로 단순화하거나 환원하려는 모든 노력이 불경하다.

고대 스토아 철학자들처럼, 스피노자도 내면의 불안정에서 놓여나고자 했다. 하지만 마음의 평화라는 필요의 지배를 받는 존재가 뭐 그리 존경할 만하단 말인가? 셰스토프가 제기하는 문제의 핵심을 짚기 위해 파스칼의 두려움과 희망을 우리가 공유할 필요는 없다. 핵심이 진리가 아니라 행복과 자유라면, 왜 철학자들이 최종적으로 판단하는 자가 되어야 하는가? 왜 신념이나 신화가 동일한 권리와 권위를 가지면 안 되는가?

예전에는 철학자들이 진리를 추구하는 척 하면서 마음의 평화를 추구했다. 아마도 우리는 다른 목적을 가질 수 있을 것이다. 이를테면 어떤 환상을 포기할 수 있고 어떤 환상을 결코 포기할 수 없는지를 발견하는 것 말이다. 여전히 (그리고 과거보다 더) 우리는 진리를 추구하겠지만, 환상 없는 삶에 대한 희망은 버릴 것이다. 이제 우리의 목적은 우리가 이길 수 없는 환상들이 뭔지를 알아내는 것이다. 없앨 수 있는 환상은 무엇이며, 없애고는 살 수 없는 환상은 무엇인가? 이것이 제기되고 있는 물음이며, 이루어지고 있는 실험이다.

"인간이 가장 고결한 생명체라는 주장은
다른 생명체들이 그 주장에 이의를 제기한 적이
없기 때문에 나온 말인가 보다."
– G. C. 리히텐베르크

1.

삶의 가격과 도자기

우츠Utz는 조국이 최악의 시기를 겪는 동안, 조국과 자신은 관계 없다는 듯 살았다. 그에게는 체코슬로바키아가 나치에 점령당한 사건이나 그 이후에 공산 정권 치하에 들어가게 된 상황은 도자기 수집품을 늘릴 수 있는 기회였을 뿐이다. 우츠가 사람들과 만나는 이유는 모두 도자기 수집을 위해서였다. 도자기에 푹 빠진 우츠는 콜렉션을 늘리는 데 도움만 된다면 어느 정권에라도 기꺼이 협력할 준비가 되어 있었다.

우리 대부분에게 우츠의 삶은 기이해 보일 것이다. 하지만 우츠의 삶에서 잘못된 점이 정확히 무엇인가? 여러 가지 면에서 우츠의 인생이 가련하기는 했다. 깊은 우정도, 반려의 사랑도, 대의명분에 대한 충성도 없었다. 하지만 이런 점이 대부분의 사람들의 인생과 뭐 그리 다른가? 우츠가 다른 사람들에 비해 기이한 점은 도덕관념이 없다는 점, 즉 탈도덕amoral이라고 말하고 싶을지 모르겠다. 이를테면 우츠는 좋은 도자기를 얻을 수 있다면 최악의 독재자에게 협력하는 것을 비롯해 무슨 짓이라도 할 사람이다. 하지만, 다시 한번 말하는데, 그가 당시 대부분의 동료 시민과 어떻게 다르단 말인가? 나치 점령기와 공산 통치기에 그들도 사람들이 으레 그러하듯 권력과 어두침침한 동거를 하지 않았는가?

당신이 대부분의 사람들과 마찬가지라면, '도덕성'은 무언가 특별하며 다른 모든 것을 넘어서는 가치라고 생각할 것이다. 좋은 도자기도 좋지만 도덕성과 상충된다면 도자기의 가치는 포기할 수 있다고 말이다. 아름다움은 좋은 것이지만 비도덕한 행동을 대가로 해서 얻어진다면 좋지 않다고 생각할 것이다. 다른 말로, 도덕성은 극도로 중요하다고 생각할 것이다. 하지만, 당신이 대부분의 사람들과 같으면서도 그들과 달리 스스로에게 정직하다면, 도덕성은 당신의 삶에서 마땅히 차지해야 한다고 배워온 것보다 훨씬 작은 역할만을 차지한다는 사실을 깨닫게 될 것이다.

도덕적 가치가 다른 모든 가치보다 우선한다는 믿음, 혹은 그렇게 믿는 척하는 것은 다양한 원천에서 나왔지만, 가장 주된 원천은 기독교라고 볼 수 있다. 성경은 도덕성이란 인간 세상을 넘어서는 어떤 곳에서 왔다고 말한다. 즉, 신이 명령한 것은 옳고, 신이 금지한 것은 그르다. 그리고 도덕성은 신의 의지에 기반하고 있기 때문에 좋은 도자기나 좋은 외모 따위의 다른 무엇보다 중요하다. 그른 일을 한다면, 그러니까 신에게 불복한다면, 벌을 받는다. 도덕적 원칙이란 삶을 잘 살아가기 위한 경험 법칙이 아니다. 반드시 지켜야만 하는 지상 명령이다.

이것은 오래 전에 뒤집힌, 다소 원시적인 견해처럼 보일 수도 있겠다. 하지만, 틀림없이 오래된 견해이기는 한데 아직도 널리 믿어지고 있는 생각이다. 계몽주의 휴머니스트들은 오래 전의 기독교도만큼이나 도덕성이 가장 중요하다는 데 공감한다. 철학자들은 누가 왜 도덕적이어야 하는지 묻기를 무척 좋아하지만, 어쨌든 그들도 도덕적인 사람이 되는 것이 다른 어떤 사람이 되는 것보다 좋다는 점에 대해서는 결코 의문을 품지 않는다.

부르스 채트윈Bruce Catwin의 소설 『우츠Utz』가 주는 교훈이 있다면, 우리 삶에서 도덕이 중요한 위치를 차지한다는 말이 허구라는 점이다. 우리는 자기 삶에 대해 스스로에게 그리고 다른 사람들에게 이야기할 때 도덕성이라는 개념을 사용하지 않으면 담을 수 없는 어떤 의미를 부여하기 위해 도덕이라는 말을 사용한다. 하지만 그렇게 하면서, 우리가 정말로 어떻게 살아가는지에 대한 진실을 가려 버린다.

이제껏 도덕 철학은 그럴 듯한 허구를 만드는 연습을 해왔지만, 평범한 소설보다도 인간의 삶을 개연성 있게 그리지 못했다. 진실에 다가가고자 한다면 우리는 [도덕 철학이 아니라] 다른 곳을 알아 봐야 할 것이다.

진실이 담긴 이야기 한 대목이 여기 있다. 나치 수용소에 수감된 열여섯 살짜리 수감자가 간수에게 강간을 당했다. 아침 점호 때 모자를 쓰지 않고 있는 사람은 즉시 총살당한다는 규칙을 아는 그 간수는 강간당한 수감자의 모자를 훔쳤다. 그가 총살당해 죽고 나면 강간 사실을 덮어 버릴 수 있을 터였다. 그 수감자도 모자를 찾아야만 살 수 있다는 사실을 알고 있었다. 그래서 자고 있는 동료 수감자의 모자를 훔쳤고, 살아 남아서 이 일을 밝힐 수 있었다. 동료 수감자는 총살당했다.

모자를 훔친 수감자 로먼 프리스터Roman Frister는 동료의 죽음을 이렇게 묘사한다.

장교와 간수가 행렬 아래로 걸어갔다. (…) 나는 그들이 죄수 숫자를 세는 동안 1초, 2초, 시간을 세고 있었다. 어서 끝나기를 바랐다. 그들이 4열까지 왔다. 모자 없는 그 사람은 살려 달라고 애원하지 않았다. 죽는 자와 죽이는 자 모두가 게임의 규칙을 알고 있었다. 말은 필요 없었다. 경고 없이 총성이 울렸다. 짧고 건조한 '쿵' 소리가 메아리도 없이 울렸다. 총알 하나가 뇌에 박혔다. 그들은 항상 뒷머리에 총을 쏜다. 전쟁 중이니까 탄약은 아껴 써야 했다. 그가 누군지 알고 싶지 않았다. 나는 살아나서 기뻤다.

도덕은 이 어린 수감자가 어떻게 행동했어야 마땅하다고 가르칠까? 물론 인간의 생명은 값을 매길 수 없이 소중하다고 말할 것이다. 좋은

말이다. 그런데, 그렇다면 로먼 프리스터는 〔동료의 목숨을 위해〕 자신의
생명을 포기했어야 한다는 의미인가? 아니면, 생명은 값을 매길 수 없
을 만큼 소중하니까 자기 목숨을 구하기 위해서는 무슨 일을 해도 정
당하다는 의미인가? 도덕은 어디에나 적용할 수 있는 절대적인 것이
라고들 한다. 하지만 로먼 프리스터의 이야기에서 알 수 있듯이, 도덕
은 정상적인 상황에서만 적용할 수 있는 편의품이다.

2.
미신으로서의 도덕

'도덕'이 절대 법칙이라는 생각은 성경에 뿌리를 두고 있다. 구약에
따르면, 좋은 삶은 신의 의지에 따라 사는 삶이다. 그러나 유대인에게
주어진 법칙이 인류 모두에게 보편적으로 적용된다는 말은 없다. 신의
법칙이 모든 사람에게 동일하게 적용된다는 생각은 기독교의 발명품
이다.

흔히 기독교의 광범위한 확산을 유대교의 발전으로 해석한다. 하지
만 사실 그것은 퇴보다. 모두를 구속할 수 있는 단 하나의 법칙이 있다
면, 그 하나를 제외한 모든 삶의 방식은 죄짓는 삶이어야 한다.

(구약에 나오는 것처럼) 어떠한 삶의 방식이 성문화, 체계화되었다는
의미에서라면, 윤리를 일종의 법칙이라고 할 수도 있을 것이다. 하지

만 '모든 사람에게 적용되는 법칙'이 말이 되는가? 이런 의미의 도덕 개념은 그저 하나의 추한 미신이 아닐까?

3.

거룩하지 않은, 인류의 삶

1만 년쯤 전 해수면이 상승하면서 타스마니아 원주민들은 호주 본토에서 떨어져 나와 고립된 채 살게 됐다. 호주 원주민들과의 교류가 없어지면서 바느질, 낚시, 불 피우기 등의 기술이 사라졌고, 이들은 호주 원주민들보다도 단순하게 살았다. 1772년 유럽 정착민들을 태운 배가 타스마니아에 도착했을 때, 타스마니아 원주민들은 유럽인들을 알아 보지 못했던 것 같다. 자신들로서는 전혀 예상치 못한 광경을 처리할 능력이 없어서, 그들은 그냥 원래 삶의 방식으로 돌아왔다.

타스마니아 원주민들은 유럽에서 온 사람들에게서 스스로를 지킬 수 없었다. 1830년이 되면 그들의 숫자는 약 5,000명에서 72명으로 줄어든다. 그동안 그들은 노예 노동, 성노예, 고문, 사지 절단 등에 사용됐다. [유럽인들은 타스마니아 원주민을] 해충이라도 되는 듯 잡아 죽였고, 가죽은 벗겨 정부 공물로 팔았다. 남자들을 죽이고 나서 여성 생존자들 목에 남편의 머리를 걸고 도망치라고 했다. 죽지 않은 남자들은 보통 거세를 당했다. 아이들은 죽을 때까지 때렸다. 타스마니아의 마지막 남성인 윌리엄 란너William Lanner가 1869년에 죽었을 때, 타스마니아 왕립 학회 회원인 조지 스토켈George Stokell 박사는 무덤을 열고 란너의 가죽을 벗겨 담배 파우치를 만들었다. 몇 년 뒤 마지막 '순혈' 원주민 여성이 숨지고서야 이 학살은 끝이 났다.

인종 학살은 예술이나 기도만큼이나 인간 특유의 것이다. 인간이 특이하게 공격적인 종이어서가 아니다. 어떤 원숭이들은 서로를 폭행해 죽이는 비율이 사람들보다 높다.(전쟁을 계산에 넣지 않았을 경우다.) 하지만 E. O. 윌슨이 언급했듯이, "망토 개코원숭이가 핵무기를 가지고 있다면 세계를 일주일 안에 파괴할 것이다." 대량 살상은 기술 진보의 부작용이다. 돌도끼 이래로, 인간은 자신의 도구를 서로를 죽이는 데 사용해 왔다. 인간은 꺼지지 않는 살해 욕망을 지닌, 무기 만드는 동물이다.

고대사는 인간이 가지고 있는 대량 살상 취향을 보여 준다. 재레드 다이아몬드는 이렇게 적었다.

그리스와 트로이의 전쟁, 로마와 카르타고의 전쟁, 아시리아와 바빌로니아와 페르시아의 전쟁은 공통된 결말을 보였다. 패배한 쪽은 성별 구분 없이 무차별 학살되거나, 아니면 남자는 학살당하고 여자는 노예가 되었다.

더 근대에 와서도 대량 학살은 결코 줄어들지 않았다. 1492년부터 1990년 사이에 수만 명에서 수천만 명의 목숨을 앗아간 대량 살상이 적어도 36건 있었다. 또 1950년 이래로 거의 20건에 가까운 대규모 학살이 있었다. 그 중 적어도 세 건은(방글라데시, 캄보디아, 르완다) 백만 명이상의 희생자를 냈다.

타스마니아를 식민화한 선한 기독교도들은 인류의 삶은 거룩하다는 믿음을 가지고 있었지만, 이 깊은 믿음은 그들이 레벤스라움▪을 향해 돌진하는 것을 막지 못했다. 그리고 한 세기 후, 기독교의 힘은 유럽이 가장 광범위한 대량 학살의 장소가 되는 것을 막지 못했다. 홀로코스트가 무지막지한 범죄인 것은 희생자 수가 많아서가 아니었다. 무엇과도 비교할 수 없는 홀로코스트의 특이점은 하나의 문화 전체를 말살하겠다는 홀로코스트의 목표였다. 히틀러는 프라하에 〈유대 문화 박물관〉, 그러니까 멸종된 사람들의 박물관을 세울 작정이었다.

나치의 이 프로젝트는 아서 쾨슬러Arthur Koestler의 전쟁 소설『도착과 출발Arrival and Departure』에 잘 드러난다. 쾨슬러는 당시 유럽의 여러 곳에서 실제로 논의되던 나치의 철학적 기반을 설명하고 있다. 나치의 목적을 잘 드러내 주는 연설 한 토막을 보자.

우리는 무언가를 시작했다. 무언가 위대하고 상상할 수 없는 거대한 것을 말

▪ Lebensraum, 생존권, 한 국가가 자급자족하는 데 필요한 자원과 영토는 인구가 늘고 능력이 증대되면 자연히 늘어가므로 생존하기 위해서는 그에 필요한 생존 권역을 확장해야 하고 그것이 국가의 권리기도 하다는, 제국주의적 침략주의를 정당화하는 말. 히틀러가 사용했다.

이다. 이제 인간에게 더 이상 불가능이란 없다. 우리는 처음으로 인종의 생물학적 구조에 도전할 수 있게 되었다. 새로운 종류의 호모 사피엔스를 육종하기 시작했다. 유럽의 모든 집시를 박멸하거나 불임으로 만드는 과업을 실질적으로 완수했다. 유대인 일소는 1,2년 안에 완수할 것이다. 나는 개인적으로 집시 음악을 좋아하고 똑똑한 유대인과 대화하는 것이 즐겁기도 하지만, 우리는 인간의 염색체에서 방랑 유전자를 제거해야 한다. 그것의 반사회적이고 무정부주의적인 속성도 함께 말이다. (…) 이제 최초로 우리는 피하 주사, 수술용 칼, 불임 도구들을 우리의 혁명을 위해 사용하기 시작했다.

인간 살해에 대한 이러한 비전은 나치만 가지고 있었던 것이 아니다. 정도는 덜하지만, 인간의 가능성에 대한 이와 동일한 견해가 1930년대 많은 진보적 지식인들 사이에 퍼져 있었다. 국가 사회주의에서 긍정적인 점을 찾아낸 사람도 있었다. 조지 버나드 쇼George Bernard Shaw에게 나치 독일은 반동적 독재 정권이 아니라 유럽 계몽주의의 적자였다.

나치즘은 온갖 관념과 사상이 들어 있는 넝마 주머니였다. 여기에는 근대 과학을 거부하는 신비주의 철학도 포함되어 있었다. 그러나 그렇다고 이를 계몽주의에 명백하게 반反하는 것으로 이해한다면 잘못이다. 히틀러는 계몽주의가 관용과 개인의 자유에 헌정된 운동인 한에서는 계몽주의를 싫어했다. 하지만 그와 동시에, 니체와 마찬가지로 히틀러도 계몽주의가 품었던 인류에 대한 무지막지한 희망을 갖고 있었다. 적극적 우생학(양질의 인간 종을 육종하는 것)과 소극적 우생학(열등한 인간 종을 멸종시키는 것)을 통해 인류는 앞으로 어마어마한 과업을 이룰 수 있는 역량을 갖게 되리라 생각했다. 낡은 도덕 전통을 깨뜨리고 과학에 의해 정화된 인류는 지구의 주인이 될 터였다. 나치즘에 대한 버나드 쇼의 견해도 그리 이상하고 억지스러운 것은 아니었다. 이것은 히틀러가 자기 자신이라 생각했던 자아상, 즉 두려움 없는 진보주의자이자 모더니스트라는 이미지와도 맞아떨어졌다.

버나드 쇼는 소비에트와 나치 독일 둘 다 진보적 정권으로 보았다. 진보 정권으로서, 이들 정권은 방해가 되는 잉여인간을 죽일 수 있는 권한을 가졌다고 주장했다. 생애 내내 이 위대한 극작가는 수감의 대안으로 대규모 사형 집행을 옹호했다. 사회적으로 쓸모없는 사람들을 가둬 두느라 공공의 자산을 낭비하느니 차라리 죽이는 편이 낫다는 것이었다.

이는 버나드 쇼 특유의 농담이 아니었다. 1930년 8월 소련을 방문했을 때 그의 75번째 생일을 맞아 모스크바에서 파티가 열렸다. 그 파티에서 버나드 쇼는 반쯤 아사 상태인 청중들에게 이렇게 말했다. 자신이 러시아에 간다는 것을 안 친구들이 통조림을 잔뜩 실어 주었는데, (버나드 쇼가 농담하기를) 소련 국경에 들어오기 전에 폴란드에서 창밖으로 다 던져 버렸다는 것이다. 버나드 쇼는 소련 사람들의 상황을 속속들이 알고 있으면서 그들을 조롱했다. 그는 소련의 기아가 체제가 만든 문제라는 점을 알고 있었다. 그러나 그는 진보의 대의를 진전시킨다면 대량 살상이 정당화될 수 있다는 확신을 갖고서, 희생자들의 상황을 익살의 소재로 삼았다.

대부분의 서구 학자들은 버나드 쇼만큼도 상황을 바로 보지 못했다. 그들은 근현대의 대규모 살상이 진보 정권에서 일어나고 있다는 사실을 (그리고, 아마도 모든 인간 역사에서 일어났다는 사실을) 인정할 수 없었다. 1917년부터 1959년 사이 6천만 명이 넘는 사람들이 소련에서 살해됐다. 이러한 대량 살상은 쉬쉬하며 벌어진 일도 아니었다. 그것은 공공 정책이었다. 헬러와 네크리치▪는 이렇게 설명한다.

소련 사람들이 시골에서 자행되는 대량 학살을 알고 있었다는 데는 의문의 여지가 없다. 사실 아무도 그 사실을 숨기려 하지 않았다. 스탈린은 "부농, 대지주 계급을 일소할 것"을 공공연히 이야기했고, 그의 부하들도 모두 그를 따라 이야기했다. 기차역에서 시민들은 마을에서 쫓겨난 여자와 어린이들 수천 명이 굶어 죽어 가는 모습을 볼 수 있었다.

왜 서구의 학자들이 소련의 진실에 눈뜨는 데 그렇게 오래 걸렸는가. 정보를 알아내기 어려워서가 아니었다. 이주자 중 생존자들이 남

▪ Aleksandr Moiseyevich Nekrich, 1920~1993. 소비에트 러시아의 역사가. 스탈린 정권에 비판적인 책을 써서 공산당에서 축출된 후 1976년 미국으로 망명했다. 1982년 미국에서 미하일 헬러 Mikhail Heller와 함께 『권력의 유토피아 *Utopia in Power: The History of the Soviet Union from 1917 to the Present*』를 출간했다.

긴 수백 권의 책들을 통해서도 분명히 알 수 있었고, 소련 당국의 언급을 통해서도 알 수 있었다. 문제는, 이것이 서구의 〔진보적〕 학자들이 받아들이기에 너무나 불편한 사실이었다는 점이다. 마음의 평화를 위해, 그들은 자신이 알고 있거나 짐작하고 있는 것들을 부정했다. 자신들의 종말을 가져올 커다란 배를 알아볼 수 없었던 타스마니아 원주민들처럼, 당시의 비앙 팡상[*]도 진보의 추구가 대량 학살로 끝났다는 사실을 바로 볼 수 없었다.

질 엘리엇Gil Elliot은 "인간이 일으키는 죽음의 규모는, 우리 시대의 핵심적인 도덕적, 실질적 사실이다"라고 말했다. 20세기가 다른 시대와 다른 특이한 점은 학살이 많이 자행되었다는 데 있지 않다. 학살이 이토록 대규모로, 그리고 세계를 개선한다는 거대한 프로젝트를 위해서 이뤄졌다는 점에 있다.

진보와 대량 살해는 함께 간다. 기아와 역병으로 숨지는 사람의 숫자는 줄었지만, 폭력으로 숨지는 사람의 수는 늘었다. 과학과 기술이 발달하면서, 살해의 테크닉도 발달했다. 더 나은 세상을 만든다는 희망이 자라면서, 대규모 살해도 증가했다.

---

[*] bien pensants, 문자 그대로는 '올바른 생각을 하는 자들'이라는 뜻이지만 보수주의자, 혹은 유행하는 사상을 별 비판 없이 받아들이는 사람들을 뜻한다.

4.
양심

1899년 4월 23일 일요일 오후, 2천 명이 넘는 조지아 주의 백인이 뉴 먼이라는 마을에 모였다. 흑인 샘 호스Sam Hose의 사형을 구경하기 위해서였다. 모인 백인들 중에는 특별 유람 열차를 타고 온 사람도 있었다. 가족 전체가 구경을 하러 온 경우가 많았다. 부모들은 학교에 양해를 구하고 아이들을 결석시켰다. 사람들은 미처 이 장관을 구경하러 오지 못한 사람들에게 엽서를 보냈고, 기념사진도 많이 찍었다.

남편이 이런 행사에서 숨졌다는 애기를 듣고, 임신 8개월이던 흑인 여성 메리 터너Mary Turner는 잘못한 자들을 찾아내 벌을 받게 하리라 맹세했다. 그러나 한 무리의 군중이 메리 터너에게 본때를 보여 주러 몰려왔다. 그들은 터너의 발목을 한데 묶은 후, 나무에 거꾸로 매달았다. 아직 살아 있는 터너의 배를 칼로 가르자, 태아가 자궁에서 떨어져 나왔고 누군가가 아기의 머리를 박살냈다. 그리고 수백 개의 총알이 터너의 몸을 향해 발사됐고, 그녀는 숨졌다.

이런 광경을 보면서 웃고 있는 사진 속의 아이들은 남은 인생 동안 후회로 괴로워했을까? 아니면 옛 시절에 대한 추억과 남모르는 만족에 젖어 당시의 일을 회상했을까?

위대한 친절의 행위를 한 사람이 거의 용서받지 못한다는 것은 잘 알려져 온 사실이다. 그런데, 고칠 수 없는 악행으로 고통 받는 사람들도 마찬가지다. 유대인들이 홀로코스트(라는 불편한 진실을 이야기하는 것)에 대해 언제 용서받을 수 있을까?

도덕은 이렇게 가르친다. "들리지 않을 때도 있을 것이다. 하지만 양심은 언제나 잔인함과 불의에 맞서서 이야기한다." 사실을 말하자면, 양심은 잔인함과 불의를 찬양한다. 희생자들이 조용히 묻혀 있는 한은 말이다.

5.

비극의 죽음

헤겔은 비극이란 옳음과 옳음의 충돌이라고 언급했다. 진지하게 따라야 할 의무들이 서로 상충되어, 무엇을 하든 간에 잘못을 저지를 수밖에 없는 경우가 비극인 것은 사실이다. 그렇다고 해도, 비극은 도덕과는 아무런 관련이 없다.

하나의 장르로서 비극이 성립된 것은 호머로 거슬러 올라가지만 비극은 오늘날 우리가 읽는 『일리아드』에 쓰여진 노래에서 태어나지 않았다. 비극은 자연의 순환을 기리는 고대의 축제(디오니소스를 기리는 주신제)에서 반신반수의 가면을 쓴 사람들*과 함께 왔다. 비극은 디오니

---

* 디오니소스의 시종인 사티로스로 변장한 광대들이 군중들 사이를 휘젓고 다니며 논다.

소스의 탄생과 죽음을 노래하는 주신 찬가의 합창에서 나왔다. 김부타스*는 종교 의례에 가면을 쓴 자들(티아소스나 트라고)이 나오던 것에서 이들이 무대 위에 등장하는 것으로, 그리고 비극의 탄생으로 이어졌다고 설명했다.

비극은 도덕이 아니라 신화에서 태어난다. 프로메테우스나 이카루스는 비극의 주인공이다. 하지만 이들이 등장하는 신화는 도덕적 딜레마와 관련이 없다. 그리스의 위대한 비극들도 마찬가지다.

에우리피데스**가 그리스 극작가 중 가장 비극적인 작가라고 한다면, 그것은 그가 도덕적 충돌을 다뤘기 때문이 아니라, 이성이 삶을 이끌 수 없다는 사실을 이해했기 때문이었다. 그는 소크라테스가 닦은 철학의 기본 신념을 거부했다. (E.R. 도즈E.R. Dodds의 설명을 빌리자면) "지성적 실수와 마찬가지로, 도덕적 실수는 우리가 가진 이성을 사용하지 못해서 발생하며, 도덕적 실수가 발생했다면, 그것은 반드시 지적인 실수고 지성적 과정을 통해 바로잡을 수 있다"는 소크라테스의 신념 말이다.

호머와 마찬가지로, 에우리피데스에게 지知와 선善과 행복이 하나이자 동일하다는 신념은 낯설었다. 비극은 인간의 의지가 운명에 부딪

힐 때 발생하는 것이었다. 그런데 소크라테스는 세상사에 대한 이 오래된 견해를 파괴했다. 〔소크라테스에 따르면〕 이성은 우리가 재앙을 피하게 해주고, 아니면 그 재앙이 중요치 않음을 알려 준다. 이것이 니체가 소크라테스는 '비극의 죽음'을 야기했다고 썼을 때 의미한 것이다.

비극의 핵심은 옳은 것과 옳은 것의 충돌이 아니다. 비극은 인간이 용기나 지성으로 고칠 수 없는 환경에 복종하기를 거부할 때 생긴다. 비극은 가능성 없는 도박에 도전하는 사람에게 찾아온다. 그의 목적이 얼마나 가치 있는지는 여기서 중요치 않다. 시시한 잡범의 인생도 비극적일 수 있다. 세계를 호령하는 정치가의 삶도 시시할 수 있다.

오늘날에는 기독교도와 휴머니스트들이 합세해 비극을 불가능하게 만들었다. 기독교에서 비극은 축복이 가면을 쓰고 나타난 것에 불과하다. 〔기독교는〕 (단테가 묘사한 바를 빌면) 세계는 신성한 코미디고 모든 고통이 사라지는 내세가 있다고 한다. 휴머니즘은 모두가 행복한 삶을 살 수 있는 시대가 올 것이라고 한다. 여기서 비극은 그날이 올 때까지 불행한 상황에서도 잘 살아나갈 수 있는 방법을 알려 주는 교훈이다. 하지만 극단적인 고통에 의해 인간이 숭고해지는 것은 설교 아니면 연극에서나 있는 일이다.

〔소비에트〕 수용소 생존자인 구스타프 헤를링Gustaw Herling은 바를람 샬라모프Varlam Shalamov를 "솔제니친Solzhenitsyn을 포함해 그 이전까지 나왔던 모든 수용소 문학이 고개 숙이고 절을 해야 할" 작가라고 칭송했다. 샬라모프는 겨우 스물두 살이던 1929년, 모스크바대 법대생

시절에 처음으로 체포되었고, 〈솔로프키Solovki 수용소〉(원래 정교회 수도원이었는데 소비에트 수용소로 바뀌었다)에서 3년간 강제 중노동형을 선고받았다. 1937년에 또 체포되어서 북동 시베리아의 〈콜리마Kolyma 수용소〉에서 5년형을 선고받았다. 이 혹한의 수용소에서는 매년 수감자의 3분의 1, 또는 그 이상이 숨져서 적게 잡아도 총 3백만 명가량이 목숨을 잃었다.

샬라모프는 〈콜리마〉에서 17년을 보냈다. 체홉 스타일의 간결한 문체로 쓰여진 그의 책 『콜리마 이야기*Kolyma Tales*』에는 솔제니친의 작품이 갖고 있는 교훈적인 어조는 없다. 하지만 가끔씩 드러나는 혼잣말 같은 간결한 문장들에서, 그리고 행간에서, 그가 전하고자 하는 메시지를 읽을 수 있다. "'나라면 다르게 행동할 수 있다'고 생각하는 사람은 인생의 진짜 바닥에 내려가 보지 않은 사람이다. 그는 '영웅들이 없는 세계'에서 숨을 거둘 필요가 없었던 사람이다."

〈콜리마〉는 도덕이 더 이상 존재하지 않는 곳이었다. 샬라모프는 비극과 필요가 인간 사이에 깊은 유대를 만들어 준다는 생각을 '동화'라고 표현했다. 〈콜리마〉에서는 삶을 구할 수 있을 만큼 강한 우정과 공감으로 맺어진 유대는 존재하지 않았다. 샬라모프는 "비극과 필요가 사람들을 한데 뭉치게 하고 우정이 생겨나게 만든다면, 그 때의 필요는 아직 절박하지 않은 것이고, 그 때의 비극 역시 그렇게 크지 않은 것이다"라고 말했다. 얼핏 생각하면, 삶에서 모든 의미가 빠져나갔으니 수감자들은 그 삶을 더 이상 지속할 이유가 없었을 거라고 생각하기 쉽다. 하지만 수감자 대부분은 자신이 선택하는 방식으로 삶을 끝낼 수 있는, 가끔씩 찾아오는 그런 기회를 붙잡기에는 너무나 약했다. "죽고자 하는 의지를 잃지 않으려면 서둘러야 할 때가 있다." 그러나 추위와 배고픔으로 망가진 그들은 무의미한 죽음으로 무감각하게 나아갔다.

샬라모프는 "거기에는 우리가 알아서는 안 되고, 보아서도 안 되며, 보았다면 죽는 것이 나은, 그런 일이 아주 많다"고 언급했다. 수용소에서 살아 돌아온 후, 그는 자신이 본 것을 잊지 않으려 애쓰면서 나머지 인생을 보냈다. 모스크바로 돌아오는 길에 느낀 소회를 그는 이렇게 기록했다.

수년간 계속되던 꿈에서 막 깨어난 것 같았다. 그러자 갑자기 나는 두려워졌고 온몸에 식은땀이 나는 것을 느꼈다. 우리에게 잊을 수 있는 능력과 잊고자 하는 열망이 얼마나 강한지, 그 능력과 열망에 공포를 느꼈다. 나는 모든 것을 잊을 준비가 되어 있으며, 지난 20년간의 내 삶을 지워 버릴 자세가 되어 있다는 사실을 깨달았다. 그러나 이것을 깨달았을 때 나 자신을 이겨냈다. 나는 내가 본 모든 것을 잊어버리도록 스스로를 놔두지 않으리라는 걸 알았다. 그리고는 평정을 되찾고 잠이 들었다.

최악의 경우에 인간의 삶은 비극적이지 않고 무의미하다. 영혼은 부서지지만 삶은 계속된다. 의지가 실패하면서 비극의 가면도 부서져 내린다. 남는 것은 고통뿐이다. 최후의 슬픔은 이야기될 수 없다. 죽은 자가 말을 할 수 있다면 우리는 그들을 이해할 수 없을 것이다. 현명하게도, 우리는 계속해서 가짜 비극 놀이를 고수한다. 진실이 드러나면 우리를 눈멀게 만들 뿐이다. 체스와프 미워시*가 말했듯이 "형벌을 피한 자는 신의 눈으로 세상을 보려 하지 않는다."

샬라모프는 1951년에 〈콜리마〉에서 석방되었지만 그 지역을 떠나는 것은 허용되지 않았다. 1953년에는 시베리아를 떠날 수 있게 됐지만, 큰 도시에 사는 것은 허락되지 않았다. 1956년에야 모스크바로 돌아왔는데, 이미 아내는 그를 떠났고 딸은 그를 거부한 뒤였다. 노인원에서 외롭게 살던 그는 일흔 다섯 번째 생일에 (눈도 안 보이고, 귀도 거의 안 들리며, 말하는 것도 아주 힘든 상태였다) 가끔씩 찾아오던 어느 친구에게 짧은 시 몇 편을 받아쓰게 했고, 이 시들은 해외에서 출판되었다. 그 때문에 그는 노인원에서 쫓겨나게 되었다. 샬라모프는 〈콜리마〉로 다시 잡혀 가는 줄 알았던 모양인지 기를 쓰고 저항하다가 정신병원에 수용되었다. 사흘 후인 1982년 1월 17일, 그는 "창문에 쇠창살이 있는 작은 방에서, 안을 들여다 볼 수 있는 작은 구멍이 뚫려 있고 푹신푹신한 것으로 덧대어진 문을 향한 채" 숨졌다.

---

* Czeslaw Milosz, 1911~2004. 폴란드의 시인이자 수필가.

6.
정의와 유행

소크라테스 철학과 기독교는 정의justice란 시간을 초월하며 영원하다는 생각을 권장한다. 그러나 사실 이 생각보다 더 영원하지 않은 것도 별로 없을 것이다.

존 롤스John Rawls의 정의론은 한 세대 동안 북미 철학을 지배했다. 롤스는 정의에 대해 말할 때, 윤리학에서 논쟁의 여지가 있는 개념은 빼고 누구나 받아들일 수 있는 도덕적 직관인 '공정함fairness'에만 토대를 두고 설명하려 했다. 이 겸손한 자세에서 나온 정의론은 기존의 도덕적 통념에 경건하게 주석을 달아 놓은 것이 되었다.

롤스의 추종자들은 자신의 도덕적 직관을 면밀히 살펴보려 하지 않는다. 이것도 나쁘지는 않을 것이다. 그러나 면밀히 관찰한다면 도덕적 직관이 〔영원한 것이 아니라〕 역사를 가진다는 것, 그것도 종종 짧은 역사를 가진다는 사실을 깨닫게 될 것이다. 이를테면, 오늘날 우리 모두는 불평등이 나쁘다고 생각한다. 한 세기 이전의 사람들은 모두 게이 섹스가 나쁘다고 생각했다. 도덕적인 문제에 대해 사람들이 갖고 있는 직관은 매우 강렬한 느낌을 주지만, 사실 극히 얕고 쉽게 변하는 것이다.

롤스의 이론이 토대를 두고 있는 평등주의적 신념은 한때 도덕의 핵심으로 간주됐던 성도덕의 법칙과 다를 바가 없다. 가장 보편적이지 않고 가장 영원하지 않은데도, [보편적이고 영원한] 도덕의 핵심으로 추앙받는다는 점에서 말이다. 사회의 통념이 달라지면, 현재 통용되는 평등주의에 대한 신념도 새로운 통념에 기반한 이론으로 대체될 것이다. 그리고 그 새 이론이 영원한 도덕적 진리라고 여겨질 것이다.

정의는 관습의 산물이다. 관습이 불안정한 곳에서는 그 관습에 기반한 정의의 원칙도 곧 낡게 된다. 정의의 개념들은 모자의 유행이 지속되는 시간만큼만 영원무궁하다.

7.
좋은 가문에서 자란 모든 영국인이 알고 있는 것

조지 버나드 쇼는, 좋은 가문에서 자란 영국인은 세상에 대해 아무것도 모르고 단지 옳고 그름의 차이만을 안다고 언급한 바 있다. 모든 도덕 철학자들에게도 잘 들어맞는 말일 것이다. 버나드 쇼가 말한 좋은 가문의 영국인처럼, 도덕 철학자들도 자신이 아는 게 없는 것이 미덕이라고 생각한다.

8.
정신분석과 도덕상의 행운

우리는 누구나 선해질 수 있다는 신념을 계몽주의 사상가들에게서 물려받았다. 그러나 20세기의 가장 위대한 계몽주의 사상가〔프로이트〕는 이런 결론을 내리지 않았다. 좋은 사람이 되느냐 아니냐는 운에 달렸다는 것이 프로이트가 연구한 내용의 핵심이었다.

프로이트는 어린 시절에 겪은 우연한 사건들에 따라 어떤 사람이라도 친절할 수도 잔인할 수도 있으며, 정의 관념을 가질 수도 결여할 수도 있다고 설명했다. 우리 모두 이것이 진실임을 알고 있지만, 이는 사실 우리가 믿는다고 '말하는' 내용과는 상반된다. 우리는 누구라도 선함을 성취할 수 있다고 믿는 척하기를 포기할 수 없다. 그것을 포기한다면, 아름다움이나 지성처럼 선함도 운이 좋아야 얻는 것임을 인정해야 한다. 일상의 삶에서 '의지의 자유'가 환상에 불과하다는 사실을 받아들여야 한다. 우리가 부인해 왔던 생각, 즉 선함은 행운에 불과하다는 생각을 인정해야 한다. 이 불편한 진실에 직면하게 만듦으로써, 프로이트는 '도덕' 개념에 니체보다 더 큰 타격을 가했다.

9.

최음제로서의 도덕

죄책감은 별 볼일 없을지도 모르는 악덕에 양념을 더할 수 있다. 향락만으로는 얻을 수 없는 흥분을 추구하기 위해 기독교도로 개종한 사람들이 있다. 가톨릭으로 전향해서 얻은 죄책감이라는 감정을 최음제로 이용한 그레이엄 그린[*]을 보라. 이제껏 도덕이 우리를 더 나은 사람으로 만들어 준 경우는 거의 없었다. 도덕은 오히려 우리의 죄악을 풍성하게 해 줬다.

포스트 기독교도들은 죄지음의 쾌락을 거부한다. 그들은 김빠진 쾌락에 향을 치기 위해 불안한 양심의 가책을 이용하는 것을 부끄러워한다. 그래서 그들은 삶의 기쁨을 상당히 결여하게 되었다. 한때 기독교였던 사람들에게는, 쾌락은 부도덕하게 행동하는 짜릿함과 혼합될 때에만 강렬할 수 있기 때문이다.

---

[*] Graham Greene, 1904~1991. 영국의 소설가이자 극작가. 성공회에서 가톨릭으로 개종했다. 현대인의 신앙을 주제로 한 작품을 많이 남겼다.

10.
신중함에 대한 집착

소크라테스 이래로, 철학자들은 지치지도 않고 인간이 왜 도덕적이어야 하는가를 물었다. 하지만 이보다 흥미로운 질문은 왜 인간이 〔미래를 생각하며〕 신중하게 살아야 하는가다. 왜 자신의 미래가 어떠할지에 신경을 써야 하는가?

철학자들은 항상 이 신중함에 관심을 가져왔다. 소크라테스 이래로 그들은 진정으로 신중한 사람은 항상 도덕적으로 행동한다는 명제를 증명하기 위해 노력했다. 그보다는 자기 이해self-interest의 개념에 대해 질문하는 것이 더 나은 일이었을 텐데.

왜 현재의 목적보다 미래의 목적이 더 중요해야 하는가? 미래는 멀리 떨어져 있을 뿐 아니라 가설적인 상상의 상황이다. 게다가 미래는 어쩌면 현재의 것들보다 추구할 가치가 적을 수도 있다. "왜 젊은이가 나이 든 이후에 생길 이해관계를 따지느라 솟아나는 열정을 억눌러야 하는가? 왜 50년 후에 나와 같은 이름을 가지고 있을지도 모르는 이 알지도 못할 노인네가 다른 어떤 상상의 인물보다 지금의 나에게 더 중요한 사람이어야 하는가?"(산타야나)

노년에 대한 그의 견해에 꼭 동의하지 않더라도, 조지 산타야나의 질문을 반박할 수는 없을 것이다. 미래의 나에게 신경을 쓰는 것은 현재의 나에게 신경 쓰는 것보다 더 이성적이거나 합리적이지는 않다.

미래의 내가 신경 쓸 가치가 덜하다면, 오히려 비이성적인 것이다.

11.
도덕의 발명자, 소크라테스

소크라테스는 플라톤이 만들어 낸 '질문하는 합리주의자' 라는 이미지와 거리가 먼 사람이었을지도 모른다. 어쩌면 철학을 (자신도 포함해서) 아무도 심각하게 여기지 않는 게임이나 스포츠라고 생각하는 유쾌한 소피스트였을지도 모른다. 하지만 소크라테스의 영향 때문에 윤리학은 더 이상 위험한 세계에서 잘 살아나가는 데 필요한 기술을 의미하지 않게 됐다. 그 이전의 호머에게는 윤리학이 그런 의미였다. 그러나 이제 철학은 무엇으로도 파괴할 수 없는 초월적인 선을 추구하는 행위, 다른 모든 것을 능가하는 유일하게 강력한 가치이자 그것을 따르는 사람들을 비극에 빠지지 않게 보호해 주는 선을 추구하는 수단이 되었다.

호머의 노래가 불리던 그리스 세계에서는 사람들의 삶이 운명과 우연의 지배를 받는다는 생각을 당연하게 여겼다. 호머에게 인간의 삶이란 우연한 일들의 연속이었다. 모든 좋은 것들은 운에 달려 있었다. 그런데 소크라테스는 이 오래된 비극적인 견해를 받아들일 수 없었다. 소크라테스는 미덕과 행복이 동일하다고 보았다. 진정으로 선한 사람은 무엇으로도 해할 수 없다고 말이다. 이렇게 그는 선을 무엇으로도 파괴할 수 없는 것으로 자리매김했다. 삶에서 여러 가지 좋은 것들(건강, 아름다움, 쾌락, 우정, 그리고 삶 자체)의 위에 이것들 모두를 능가하는 '선'이 있었다. 이런 생각은 플라톤에 이르러 모든 가치들이 조화로운 영적 전체로 한데 합쳐지는 신비로운 통합체인 '선의 이데아Form of the Good'라는 개념이 되고, 이는 이후에 기독교에서 '신'이라는 개념이 된다. 그러나 윤리란 우연적인 것들을 모두 넘어서는 가치에 대한 것이며, 어떤 상실이나 불운도 극복하고 널리 퍼질 것이라는 믿음은 소크라테스에게서 나온 생각이다. '도덕'을 발명한 사람은 소크라테스다.

우리는 도덕이 다른 모든 것들에 우선하는 특별한 가치며 모든 사람이 복종해야 하는 절대 법칙이라고 여긴다. 도덕 개념은 부분적으로는 기독교에서, 부분적으로는 그리스 고전 철학에서 물려받은 편견들로 이루어져 있다.

그러나 호머의 세계에서는 도덕 개념이 존재하지 않았다. 물론 옳고 그름에 대한 개념은 있었지만 모두가 따라야 하는 절대 법칙이라든가, 다른 모든 것들을 압도하는 강력하고 특별한 법칙이라는 개념은 없었다. 윤리학은 용기나 지혜 같은 미덕에 대한 것이었다. 하지만 가장 용감하고 가장 현명한 사람도 패배와 좌절로 몰락할 수 있었다.

우리는, 적어도 겉으로는, 도덕이 종국에는 승리하는 세상에 산다고 믿고 싶어한다. 하지만 실제로는 믿지 않는다. 마음 깊은 곳에서는 그 무엇도 운명과 우연에서 우리를 지켜 주지 못한다는 사실을 알고 있

다. 이런 점에서 우리는 그리스 고전 철학자들보다 소크라테스 이전의
고대 그리스인들과 더 비슷하다.

12.
비도덕적인 도덕

　인간은 도덕관념에서 보자면 비난해야 마땅할 조건에서 번성한다.
한 세대의 평화와 번영은 이전 세대들의 부정과 불의를 바탕으로 존재
한다. 자유 사회의 섬세한 감수성들은 전쟁과 제국의 열매다. 개인도
마찬가지다. 신사답고 부드러운 성격은 온실에서 자란다. 가혹한 운명
에 맞서야 하는 사람은 다른 사람에 대한 본능적인 신뢰가 강하지 않
다. '다른 모든 것을 넘어서는 가치'는 일상의 삶을 견디지 못한다. 다
행히도, 우리는 그런 가치를 우리가 이야기하는 만큼 중요하게 여기지
는 않는다. 우리가 중요하다고 생각하는 것의 많은 부분이 〔도덕에 비추
어 보자면〕 사악하거나 그르다고 볼 수 있는 것에서 나온다. 도덕관념
그 자체도 마찬가지다.

　마키아벨리Machiavelli의 『군주론*The Prince*』은 비도덕을 설파한다고
오랫동안 비난을 받았다. 『군주론』은 권력 투쟁에서 명예를 지키고자
하는 사람은 실패하게 될 거라고 말한다. 권력 싸움에서 승리하고 권
력을 유지하려면, 비르투virtu, 즉 대담함과 위선의 기술이 필요하

다.(마키아벨리의 주장은 모든 사람이 군주가 되고 싶어하는 오늘날에도 격렬한 논쟁을 불러일으킨다.) 홉스Hobbes의 『리바이어던Leviathan』은 미덕이 전쟁, 무력, 속임수에 있다는 주장을 편다고 비판을 받았다. 하지만 베르나르 드 만데빌레Bernard de Mandeville의 『꿀벌의 우화The Fable of the Bees』가 주는 교훈을 보자면, 번영은 욕심, 허영, 시기와 같은 악덕에서 나온다. 니체가 아직도 사람들을 충격에 빠뜨릴 힘이 있다면, 그것은 사람들이 가장 존중하는 미덕들은 그들이 가장 비난하는 동기들(잔인함, 원한 의식 등)이 승화된 것임을 보여 줬기 때문일 것이다.

이러한 사상가들의 저작을 보면 숨겨진 진실이 명확해진다. 좋은 삶과 도덕은 별 관계가 없을 뿐 아니라, 오히려 삶은 '비도덕' 덕분에 번성한다.

도덕 철학자들은 늘 이런 진실을 회피해 왔다. 아리스토텔레스는 여러 미덕들은 한꺼번에 차고 한꺼번에 기운다는 중용the Mean의 원리를 설파하면서 진실을 회피하기 시작했다. 아리스토텔레스에 따르면 덕 있는 남자는 (아리스토텔레스는 남자에 대해서만 이야기했다는 사실을 잊지 말자) 용기와 신중함, 정의와 동정, 이 모든 것들을 골고루 다 가지고 있다. 하지만 사실 여러 덕목들은 서로 상충할 수도 있다. 아리스토텔레스도 아마 알고 있었을 것이다. 이를테면 강고한 정의감은 동정을 몰아낼 수 있다. 더 나쁜 경우, 덕은 악덕에 의존할 수도 있다. 용기는 종종 무분별함과 함께 간다. 덕과 악덕에 대해 말하자면, 인간은 일관되지 않다.

대체로 도덕 철학이란 소설의 한 분파다. 그런데 철학자들은 아직 위대한 소설을 쓰지 못했다. 놀랄 일은 아니다. 철학은 삶의 진실에 별 관심이 없으니까.

13.

선택이라는 물신

우리는 스스로 선택한 삶을 사는 것보다 중요한 것은 없다고 생각한다. 옛 사람들보다 우리가 자유에 더 높은 가치를 부여하기 때문이 아니다. 좋은 인생이란 스스로 선택한 인생이라는 생각을 가지고 있기 때문이다.

소크라테스 이전의 그리스인들은 우리 삶이 여러 가지 제약 때문에 한계를 갖는다는 점이야말로 우리를 인간적으로 만들어 주는 조건이라고 생각했다. 필멸의 존재로, 주어진 시간과 공간에서, 강하거나 약하게, 기민하거나 굼뜨게, 용감하거나 소심하게, 아름답거나 못생기게 태어나는 것, 비극을 당하거나 피해가는 것, 이 모든 것은 주어지는 것이지 선택하는 것이 아니다. 소크라테스 이전의 그리스인들이 이런 것들이 없는 인생을 상상했을지는 몰라도 그것을 인간의 삶이라고는 생각하지 않았을 것이다.

그들이 옳았다. '선택한 삶'이라는 이상은 우리가 실제 사는 방식과 맞아떨어지지 않는다. 우리는 삶의 결정자가 아니다. 우리에게 깊은 흔적을 남기는 사건들은 그중 일부조차도 우리가 결정한 것이 아니다. 삶에서 가장 중요한 것들 대부분은 우리가 선택한 것이 아니다. 태어난 시간과 장소, 부모, 모국어, 이 모두는 우연이지 선택이 아니다. 우리에게 가장 운명적인 관계를 형성하는 것들은 우연적으로 떠돌아다니는 사건들이다. 우리 각자의 삶은, 우연이 만들어 내는 일련의 사건들이다.

'개인의 자율성'은 우리의 상상이지 실제로 우리가 사는 방식이 아니다. 그런데 우리는 모든 것이 일시적이고 잠정적인 시대에 내던져졌다. 신기술은 우리의 삶을 날마다 바꾼다. 우리는 과거의 전통은 되살릴 수 없고, 미래에 대해서는 아는 바가 없다. 우리는 마치 우리에게 자유와 자율성이 있는 척하며 살도록 강요받는다.

〔자율적인〕 선택에 대한 믿음은, 실제로는 우리 삶이 임시변통으로 꾸려진다는 사실을 반영한다. 그럴 수밖에 없다는 것은 우리가 자유롭지 않다는 증거다. 선택은 물신이 되었다. 그런데 물신의 특징은 선택에 의한 것이 아니라는 점이다.

14.
동물적 미덕

윤리의 기원을 찾고자 한다면, 다른 동물들의 삶을 관찰해 보라. 윤리의 뿌리는 동물적 미덕에 있다. 인간들은 다른 동물들과 공유하는 미덕이 없으면 잘 살 수 없다.

이는 새로운 견해가 아니다. 2천5백 년 전에 아리스토텔레스는 인간과 돌고래 사이의 유사성을 관찰했다. 인간처럼, 돌고래도 선하게 살기 위해 목적의식적으로 행동한다. 또, 권력과 기술을 행사하는 데서 즐거움을 느낀다. 호기심이나 용기 같은 특질을 보이기도 한다. 인간이 윤리적인 삶을 살 수 있는 유일한 동물은 아니다. 이 점에서, 아리스토텔레스의 견해는 니체와 비슷하다. 니체는 이렇게 언급한 바 있다.

> 분별력, 겸손함, 용기(간단히 말해서 우리가 **소크라테스적 미덕**이라고 부르는 모든 것)와 마찬가지로 정의의 시작은 **동물적인 특성**이다. 먹을 것을 찾고 적을 피하라고 가르치는, 동물적 본능의 결과인 것이다. 가장 고결한 사람도 단지 그가 먹는 음식과, 무엇이 자신에게 해가 되는지를 판단하는 기준이 좀 더 고상하고 섬세한 것일 뿐임을 생각한다면, 모든 '도덕적 현상은 동물적이다' 라는 말은 전혀 부적절하지 않을 것이다.

하지만 서구의 지배적인 견해는 이와 다르다. 그에 따르면 인간은 처해 있는 상황에 단순히 반응하기만 할 뿐인 다른 동물과 다르다. 우리는 스스로의 동기와 충동을 살필 수 있고, 우리가 하는 행동의 이유를 설명할 수 있다. 자기 인식이 더 발달하면, 우리의 행위가 우리가 내린 선택의 결과가 되도록 할 수 있다. 우리가 완전히 깨어 있을 때, 우리의 모든 행위는 우리가 그 이유를 알고서 선택한 결과일 것이다. 그 때가 되면 우리는 우리 삶의 진정한 결정자가 될 것이다.

근사한 상상 같아 보인다. 실제로 그렇다. 그런데 이것은 소크라테스, 아리스토텔레스, 플라톤, 데카르트, 스피노자, 마르크스의 가르침이다. 이들에게 인간의 핵심은 '의식하는 것'이고, 좋은 삶이란 완전히 깨어 있는 개인으로 사는 삶이다.

인간이 자율적인 주체가 아니라는 사실은 도덕에 치명타를 가한다. 하지만 오히려 그것이 윤리를 가능하게 하는 유일한 기반이다. 우리가 분절적인 단편으로 구성되지 않았다면 우리는 자기기만을 할 수 없고 의지의 나약함을 겪을 수 없을 것이다. 선택이 우리의 삶을 지배한다면 우리는 저절로 생기는 관용을 드러낼 수 없을 것이다. 우리의 자아가 우리 생각만큼 고정되어 있다면, 우리는 불연속의 세계를 헤쳐 나갈 수 없을 것이다. 진짜로 우리가 하나의 자아로 이루어진 단일한 실체라면, 우리는 윤리의 궁극적인 원천인, 다른 모든 살아 있는 것들에 대한 일시적인 동정을 가질 수 없을 것이다.

서구의 사고는 **실제**와 **당위** 사이의 간극에서 오도가도 못 하고 있다. 하지만 우리는 일상을 살면서 매번 선택지를 미리 따져 보면서 최적의 선택대로 행동하지는 않는다. 그냥 당장 가능한 것들 중에서 임시변통으로 살아간다. 우리는 행위들에 대한 의미부여 없이 아침에 일어나고 옷을 입는다. 친구를 도울 때도 마찬가지다. 사람마다 각기 다른 관습을 따른다. 그러나 의도하지 않고 행동한다고 해서 습관대로만 행동한다는 뜻은 아니다. 의도하지 않은 행위는 이전에 겪어보지 않은 상황까지 포함한 모든 상황에서 발생하니 말이다.

서구 이외의 문화권을 보면, 고대 중국의 도교는 실제와 **당위** 사이에 차이가 없다고 보았다. 상황을 분명하게 바라보는 데서 나오는 행위라면 모든 것이 옳은 행위였다. 규칙과 원칙으로 인간을 속박하려 하지 않았다는 점에서 도교는 도덕주의(당대 중국에서라면 유교가 이에 해당했겠다)를 따르지 않았다. 도교에서는 자연스러운 삶을 능숙하게 사는 것이 좋은 삶이다. 좋은 삶은 특정한 목적을 가지지 않으며, 의지와 관련이 없고, 이상을 실현하고자 하는 노력으로 이루어지는 것도 아니다. 우리의 모든 행위는 좀 더 잘 되거나 좀 덜 잘 되거나 할 수 있다. 하지만 좀 더 잘 되는 것은 우리가 의지의 힘으로 행위를 잘 이끌었기 때문이 아니라 그냥 그것을 능란하게 다루고 있기 때문인 것이다. 좋은 삶이란 본성과 환경에 따라 사는 삶이다. 도교는 이것[좋은 삶]이 모든 사람에게 동일한 삶을 의미하거나, '도덕'에 반드시 부합해야 한다고 가르치지 않는다.

도교는 좋은 삶이란 자생적으로[자연스럽게 저절로] 오는 것이라고 본다. 하지만 여기서의 자생성spontaneity은 단순하게 충동에 따르는 것을 의미하지 않는다. 낭만주의와 같은 서구 전통에서는 자생성이 주관성과 관련이 있다. 그러나 도교에서의 자생성은 감정에 휩쓸리지 않고 당장 처한 상황을 객관적으로 파악해 냉정하게 행동하는 것을 말한다. 보통의 사람들은 현실을 객관적으로 볼 수 없다. 그들의 마음이 목적을 성취해야 한다는 걱정으로 가득 차 있기 때문이다. 명징하게 보는 것은 세계에 우리의 목적을 투사한다는 의미가 아니다. 자생적 행동이란 상황의 필요에 따르는 행동이다. 서구의 도덕주의자들은 그 행동의 목적이 무엇인지를 묻겠지만, 도교는 좋은 삶에는 목적이 없다고 말할 것이다. 좋은 삶이란 물살이 오가는 대로 거기에 반응하는, 소용돌이에서 수영하기와 같다고 말이다. "나는 밀물과 함께 들어오고 썰물과 함께 나간다. 물의 도道를 따를 뿐, 나의 이기심을 물살 위에 부여하지 않는다. 이것이 내가 물살 속에서 떠 있는 방법이다."(『장자』)

이런 견해에서 보자면 윤리란 고기잡이나 수영과 같이 실질적인 삶의 기술이다. 윤리의 핵심은 선택이나 의식적 각성이 아니라 무엇을 해야 할지를 아는 솜씨다. 이 솜씨는 경험을 통해서, 그리고 비워 낸 마음을 통해서 온다. A. C. 그레이엄은 이렇게 설명했다.

도교주의자들은 몸을 이완하고, 마음을 안정시키고, 이름 짓기에 의해 습관적으로 고정된 범주들의 고리를 풀고, 더 유연하게 차이와 통합을 이루도록 생각을 자유롭게 한다. 당면한 문제에 대해 '선택' 하려고 하기보다는, 충동들이 자생적으로 자신의 방향을 찾아내 문제가 스스로 해결되도록 둔다. (…) 이들은 표준화된 선과 악의 기준에 따라 선택을 내려야 할 필요가 없다. (아는 것이 모르는 것보다는 낫다는 것 정도만을 인정한 상태에서) 여러 자생적인 충동 중에서 점차로 두드러지는 것이 하나 있다면 바로 그것이 도(道, the Way)에 맞는 가장 좋은 방법임이 틀림없기 때문이다.

삶을 잘 살아가는 솜씨를 가진 사람은 거의 없다. 그래서 도교는 좋은 삶에 대한 지침을 얻기 위해 다른 동물로 눈을 돌렸다. 동물들은 야생의 환경에서 어떻게 살아야 하는지를 안다. 동물들은 생각하거나 선택할 필요가 없다. 그들이 자연스럽게 살기를 멈출 때는, 인간에 의해 속박을 당할 때뿐이다.

장자가 말했듯이, 야생 상태에 있는 말은 풀을 먹고 물을 마시며, 만족스러울 때는 목을 꼬고 서로를 쓰다듬는다. 화가 나면 상대에게 등을 돌리고 발길질을 한다. 이것이 말들이 알고 있는 것이다. 그런데 마구가 걸리고 한데 묶이게 되면 말들은 비스듬히 보는 법을, 목을 둥그스름하게 만드는 법을, 전력으로 질주하는 법을 안다. 그리고 재갈을 뱉어내고 멍에를 벗으려고 애쓴다.

도덕에 속박된 사람들에게는, 좋은 삶이란 영속적인 분투를 의미한다. 그러나 도교에서의 좋은 삶은 애를 쓰지 않고 본성에 따라 사는 삶이다. 가장 자유로운 인간은 자신이 선택한 이유들에 따라 행동하는 사람이 아니라, 선택이라는 것을 결코 할 필요가 없는 사람이다. 여러 가지 대안들을 놓고 재느라 고생하기보다는, 상황이 흘러가는 대로 자연스럽게 반응한다. 선택한 대로 살기보다 반드시 그렇게 되어 가는 이치대로 산다. 이렇게 사는 사람이야말로 야생의 동물처럼, 혹은 기계처럼, 완벽한 자유를 가지고 있다. 열자列子는 이렇게 말했다. "가장 고결한 인간은 쉬고 있을 때는 죽은 자와 같고 움직이고 있을 때는 기계와 같다. 그는 자신이 왜 쉬는지, 왜 쉬지 않는지를 모르고, 왜 움직이는지, 왜 움직이지 않는지도 모른다."

야생의 동물이나 기계처럼 되는 것이 곧 자유라는 생각은 서구의 종교와 휴머니즘 사상이 갖고 있는 견해를 거스른다. 하지만 최근의 과학 연구 결과들은 도교 사상을 뒷받침한다. A. C. 그레이엄은 이렇게 설명했다.

도교는 현대 과학이 서구의 기독교 전통을 뒤흔드는 바로 그 지점에서 현대 과학과 견해를 같이 한다. 인간은 왜소하고 우주는 광대하다는 관점, 만물은 도道에 따라 인간의 필요와는 무관하게 목적의식 없이 흘러간다는 생각, 인생은 찰나적이며 죽음 뒤에 무엇이 올지는 알 수 없다는 견해, 진보가 가능하리라는 생각 자체가 들어설 수 없는 '끊임없는 변화'라는 개념, 가치는 상대적이라는 생각, 거의 결정론이라고 할 만한 운명론, 그리고 심지어 인간 조직이 기계처럼 작동한다는 견해까지 말이다.

자율성autonomy은 내가 선택한 이유들에 따라 행동하는 것을 의미한다. 하지만 인지과학의 연구 결과에 따르면, 선택을 내리는 자아는 존재하지 않는다. 우리는 생각보다 훨씬 더 기계나 야생 동물과 비슷하다. 그렇지만 우리는 야생 동물들이 갖고 있는 '도덕관념을 초월한 무자아성'이나, 기계가 갖고 있는 '선택 없는 자동성'을 얻을 수 없다. 우리는 도덕의 부담을 덜 받으면서 더 가볍게 사는 법은 배울 수 있을지 모르지만, 순수하게 자생적인 존재로 되돌아갈 수는 없다.

인간이 다른 동물과 다르다면, 인간의 여러 본능들이 서로 상충하기 때문일 것이다. 인간은 안전을 갈구하지만 쉽게 지루해한다. 평화를 사랑하지만 폭력을 열망하기도 한다. 생각하기를 원하지만 생각이 가져오는 불안을 싫어하고 두려워한다. 이런 모든 욕구를 다 충족할 수 있는 삶은 없다. 다행히, 철학의 역사에서 알 수 있듯이, 인간은 자기기만이라는 선물 덕택에 자기 본성을 모른 채 번성한다.

도덕은 인간만이 독특하게 갖고 있는 질병이며, 좋은 삶은 동물적 미덕을 갈고 닦는 삶이다. 우리의 동물적 본성에서 나오는 윤리는 따로 근거를 필요로 하지 않는다. 하지만 그 윤리는 우리의 상충하는 욕구들 사이에서 좌초한다.

"구원은 없다고 확신하는 것도 일종의 구원이다.
사실, 이것이야말로 구원이다. 여기에서부터 출발해서,
우리는 역사의 철학뿐 아니라 우리 자신의 삶을 구성할 수 있을지 모른다.
해결책이자 유일한 출구로서의, '해결할 수 없음.'"
— E. M. 시오랑

1.

구세주들

부처는 우리가 잘 알고 있는 어떤 것으로부터, 그러니까 고통으로부터 우리를 벗어나게 해 주마고 약속했다. 이와 대조적으로, 〔기독교에서 말하는〕 인간의 원죄가 무엇이었는지를 설명할 수 있는 사람은 없고, 누구도 예수의 고통이 어떻게 인류를 원죄에서 구원한다는 것인지를 이해할 수 없다.

기독교는 유대교의 분파로 출발했다. 예수의 초기 추종자들에게 죄는 신에게 복종하지 않는 것을 의미했고 죄 지은 인류에 대한 벌은 세계의 종말이었다. 이러한 신비주의적인 믿음은 구세주라는 존재, 즉 세상에 벌을 내리고 소수의 복종하는 자들에게 구원을 가져다 줄 신성한 전령과 결합했다.

기독교를 창설한 것은 예수가 아니라 성 바오로였다. 바오로는 유대교가 가진 구세주에 대한 믿음을 그리스-로마의 신비주의 종교로 만들었다. 그러나 그는 자신이 발명한 신앙을 예수가 남긴 유산에서 떼어낼 수는 없었다. 죄와 구원에 대한 믿음은 예수의 가르침 중 핵심이었을 뿐 아니라, 그런 믿음 없이는 기독교가 제시하는 구원의 약속 자체가 무의미해진다. 죄인이 아니라면 우리는 구원을 받을 필요도 없고, 누군가가 구원을 약속한다고 해서 슬픔을 참고 견디는 데 도움이 되지도 않는다. 보르헤스Borges가 예수에 대해 쓴 시구에서 볼 수 있듯이 말이다.

밤이 내려왔다. 그는 이제 숨졌다.
파리가 딱딱한 몸 위로 기어간다.
이 자가 고통을 받은 것이 나와 무슨 상관인가?
지금 내가 고통 받고 있다면.

D. H. 로렌스D.H. Lawrence의 『탈출한 수탉*The Escaped Cock*』에서, 예수는 죽은 이들로부터 되돌아오기는 하는데, 그러고는 인류를 구원하겠다는 생각을 포기한다. 예수는 경이로움에 차 세계를 바라보면서 이렇게 자문한다. "무엇으로부터, 그리고 무엇을 향해서, 이 끝나지 않는 소용돌이를 구원할 수 있겠는가?"

인간은 실제로는 기만과 환상 속에 살고 있으면서도 자신이 자유롭고 의식 있는 존재라고 생각한다. 그런데 그와 동시에 자신이 그러하다고 믿는 바로 그 모습(자유로운 존재)에서 도망치려고 끊임없이 애를 쓴다. 인간의 종교는, (정작 인간이 한 번도 가져 본 적이 없는) 자유를 없애고자 하는 시도다. 20세기에는 좌파와 우파의 정치적 유토피아가 이 기능을 수행했다. 그리고 정치가 오락으로조차도 관심을 못 끄는 오늘날에는 과학이 인류를 구원하는 역할을 떠맡았다.

인간이 구원을 통해 벗어나야 할 무언가란 존재하지 않는다는 가르침, 구원이라는 굴레에서 인간을 자유롭게 하는 것을 목적으로 하는 비기독교적 가르침을 생각해 볼 수 있을지도 모른다. 이를테면 니코스 카잔차키스Nikos Kazantzakis의 『영혼의 자서전Report to Greco』에서 부처는 신실한 제자 아난다에게 이렇게 말한다.

구원이 존재한다고 말하는 자는 모두 노예다. 자신의 말과 행동을 매순간 재기 때문이다. 그는 떨면서 "내가 구원 받을 것인가 버려질 것인가?"를 늘상 묻는다. (…) 그러나 [진짜] 구원은 모든 구원자로부터의 구원을 의미한다. (…) 이제 너는 누가 가장 완벽한 구세주인지를 알았을 것이다. (…) 그것은 인류를 구원에서 구원할 구세주다.

듣기 좋은 생각이긴 한데, 문제는 누가 이런 생각을 필요로 하는가? 다른 동물과 같으면서도 다른 동물보다 냉혹한 인류는, 로빈슨 제퍼스[■]의 말대로 "재앙의 리듬에서, 격렬하고 변덕스런 군중에서, 어두운 산 아랫자락에서 환상에 이끌리는 군중이 추는 춤에서" 만족과 성취감을 얻는 존재인데.

일반적으로 말해서 인류는 구세주를 너무 가볍게 여기기 때문에 구세주들에게서 구원 받을 필요가 없다. 인류가 구세주를 필요로 한다기보다 구세주들이 인류를 더 많이 필요로 한다. 인류가 구세주를 찾는다면, 그것은 오락을 위해서지 구원을 위해서가 아니다.

2.
대심문관과 나는 물고기

도스토예프스키Dostoevsky의 우화 "대심문관Grand Inquisitor"을 평하며, D. H. 로렌스는 한때 자신이 대심문관의 철학을 "악마적이고 냉소적"이라고 여겨 거부했다고 밝혔다. "대심문관"에서(이 우화는 소설 『카라마조프가의 형제들The Brothers Karamozov』에서 이반 카라마조프가 동생 알료샤에게 들려주는 자작시다) 예수는 16세기 스페인 종교 재판이 열리던 시기에 세상으로 돌아온다. 예수는 '조용히, 눈에 안 띄게' 왔지만 사람들이 곧 그를 알아 봤고, 예수는 대심문관에게 끌려갔다. 종교 재판 심문이 이루어지는 고대의 궁전에서, 예수는 질문을 받았지만 대답을

■ John Robinson Jeffers, 1887~1962. 미국의 시인, 주로 고전적인 서사시를 썼다. 오늘날에는 그가 쓴 짧은 운문들도 주목을 받고 있는데 환경 운동의 대부로도 잘 알려져 있다.

거부했다.

대심문관은 예수를 비난하며 이렇게 말했다. 인간의 마음은 자유라는 선물을 감당하기에는 너무나 약하다. 인간은 자유가 아니라 빵을 원한다. 예수가 약속한 신성한 빵 말고, 배를 채워 주는 평범한 빵 말이다. 사람들은 자신을 지배하는 자가 신이기를 바라기 때문에, 빵을 주는 자면 누구든 숭배할 것이다. 대심문관은 인간의 본성에 맞게 예수의 가르침을 수정했다고 말한다. "그대의 작업을 고쳐서 '기적'과 '신비'와 '권위'에 기초한 것으로 새로 만들었다. 그러자 사람들은 누군가가 이끄는 대로 양떼처럼 따라가기만 하면 된다는 것에, 큰 고통을 준 끔찍한 선물[자유]이 드디어 사라졌다는 것에 기뻐했다."

한때 로렌스는 인간은 자유를 감당할 수 없다는 대심문관들의 주장을 "신성 모독"이라고 비난했다. 그러나 나중에는 생각이 달라졌다. 대심문관의 주장은 "기독교에 대한 궁극적인, 그리고 반박이 불가능한 비판을 담고 있다. (…) 그것은 [기독교에 대한] 치명적이고 통렬한 요약이며, 인류의 오랜 경험에서 나왔기 때문에 반박될 수 없다. 이는 현실 대 환상의 싸움인데, 예수가 서 있는 쪽은 환상이었으며 시대는 그에 대해 현실로 보복했다." 로렌스는 다음과 같은 질문을 던지며 자신의 바뀐 생각을 설명했다. "인류가 기적과 신비와 권위를 요구하며 앞으로도 계속 그러리라는 것이 사실인가?" 이에 대한 그의 답은 다음과 같다.

틀림없는 사실이다. 오늘날, 사람들은 과학, 기계, 라디오, 비행기, 거대한 배, 비행선, 독가스, 인조 견직물 등에서 기적이라는 느낌을 받는다. 이런 것들은 사람들에게 기적에 대한 믿음을 준다. 과거에 마술이 그런 믿음을 주었듯이 말이다. (…) 인간 본성에 대해 도스토예프스키가 내린 진단은 명쾌하며 반박할 수 없다. 우리는 인간이 이렇다는 것을 인정하고 받아들여야 한다.

로렌스의 말은 옳다. 오늘날 대부분의 사람들은 과학과 기술이 '기적, 신비, 권위'를 구현하고 있다고 느낀다. 과학은 인간이 가장 오래도록 가져왔던 환상이 드디어 실현될 것이라고 약속한다. 질병과 노화가 없어지고, 결핍과 가난도 사라지며, 인류는 불멸할 것이라고 말이다. 예전에 기독교가 그랬듯이, 오늘날의 과학이라는 신념도 기적을 바라는 희망을 먹고 살아간다. 하지만 과학이 인간의 운명을 바꿀 수 있다는 생각은 마술을 믿는 것이나 마찬가지다. 이런 휴머니즘의 '환상'에 대해, 시간은 나약하고 정신없고 구원받지 못한 인간이라는 '현실'을 들이대며 보복한다. 과학이 가난을 없애고 질병을 완화할 수 있다고 해도, 정작 쓰이는 곳은 독재를 정교하게 하고 전쟁의 기술을 완벽하게 하는 일일 것이다.

도스토예프스키가 대심문관의 입을 빌어 말한 진실은, 인간은 결코 자유를 추구해 오지 않았으며 앞으로도 추구하지 않으리라는 것이다. 오늘날에도 세속의 종교는 인간을 가리켜 자유로워지기를 갈망하는 존재라고 말한다. 사실 어떤 종류든 사람들은 제약과 구속을 불쾌하게 여긴다. 하지만 사람들이 복종에서 오는 편안함보다 자유에 더 많은 가치를 부여하는 일은 드물며, 하물며 대부분의 사람이 그러는 경우는 더욱 드물다. 조제프 드 메스트르[*]는, 인간은 자유롭게 태어났지만 사회에서는 언제 어디서나 속박에 묶여 있다는 루소Rousseau의 언명에 대해 이렇게 논평했다. 몇몇 사람들이 자유를 추구한다고 해서 모든 인간이 자유를 원할 것이라고 추론하는 것은, 날아다니는 물고기가 있다고 해서 나는 것이 물고기의 본성이라고 믿는 것이나 마찬가지라고 말이다.

자유로운 사회는 과거에도 있었고 미래에도 있기는 할 것이다. 하지만 매우 드물 것이다. 혼란스러운 무정부 상태나 전제 정치가 일반적이고, 자유로운 사회는 예외로 존재할 것이다. 인간의 필요 중 독재자가 충족시켜 줄 수 있는 것도 자유가 답해 줄 수 있는 것만큼이나 실제적이고 현실적이다. 때로는 독재자가 충족시켜 줄 수 있는 부분이 더 긴요한 것들이다. 독재자들은 안전을 약속하고, 일상의 지루함에서 벗어나게 해 주겠다고 약속한다. 분명히 말하자면 이것은 모호한 환상이다. 독재의 칙칙한 진실은 그 〔실현되지 않는〕 약속을 계속 기다려야만 한다는 데 있다. 그러나 사람들에게 그들이 생각할 수 있는 것 이상의 흥미로운 삶을 약속한다는 점 때문에 독재의 낭만은 끊이지 않는다. 나중에 어떻게 변질되건 전제 정치는 억압된 자들의 축제에서 시작된

---

[*] Joseph Marie de Maistre, 1753~1821. 프랑스 혁명에 반대한 프랑스의 보수주의 철학자다.

다. 독재자들은 혼란의 뒤를 이어 권력을 잡는데, 그들이 사람들에게 암묵적으로 제시하는 약속은 권태를 완화시켜 주겠다는 약속이다. 이 점에서 대심문관의 주장은 틀림없이 옳다.

대심문관의 주장 중에 옳지 않은 부분은 대심문관 자신에 대한 견해다. 그는 자신이 가장 비극적인 인간이라고, 나약한 뭇 인간들이 보지 못하는 진리를 볼 수 있는 저주를 받은 자라고, 그래서 그 진리를 감당해야 하는 무거운 책임을 진 자라고 여긴다. 그는 "스스로 의사 결정을 내리느라 끔찍한 고통과 걱정에 시달리는 오늘날의 인간들을" 구원해야 할 사명감에 싸여 있다. 그러고 나면 "모두가 행복해질 것이다. 수백만의 모든 사람들은 행복해질 것이다. 그들을 지배하는 수만 명만 빼고 말이다. 소수의 지배하는 자, 신비를 지키는 자인 우리만이 불행할 거니까." 대심문관의 이런 생각은 낭만적인 자만심에 고삐가 풀린 격이다. 대심문관이 불철주야 노력한다고 해도 인류에게 구원을 가져다 줄 수는 없다. 인류에게는 구원이 필요 없으며, 구원은 단지 대심문관 자신에게 평화를 가져다 줄 뿐이다.

사실, 물론 대심문관은 없다. 도스토예프스키가 소설 속 등장인물로 만들기 위해 모델로 삼은 사람들은 진리가 인류를 짓밟지 않도록 하는 데 자기 삶을 바치는 성인들이 아니었다. 그들은 다른 인간들과 다르지 않았고, 어쩌면 더 나빴다. 그들은 미치광이거나, 복수심에 불타 있는 사람이거나, 소심한 출세주의자들이었을 것이다. 도스토예프스키의 묘사는 인간사의 현실과 모순된다. 대심문관은 인간을 진리에서 구하려는 성스러우면서도 악마적인 절박함에서 나온 것이 아니라, 두려움과 분노와 약한 자를 괴롭히는 쾌락에서 나왔다.

과학은 인간의 지식을 향상시킬 수는 있지만 인간으로 하여금 진실을 기꺼이 받아들이게 할 수는 없다. 과거의 기독교도들이 그랬듯이, 과학자들도 권력망에 사로잡혀 있고 생존과 성공을 위해 분투한다. 과학자의 세계관은 전통적인 신념들을 누덕누덕 기운 것이다. 과학은 '기적, 신비, 권위'를 인류에게 가져다 줄 수 없다. 예전에 교회에 복무했던 사람들과 마찬가지로, 과학에 복무하는 사람들도 너무나 인간적인 속성을 가지고 있기 때문이다.

3.
다신교를 찬미하며

다신교를 믿는 사람치고, 모든 인간이 동일한 삶의 방식을 따라야 한다고 생각하는 사람은 없다. 그들에게는 인간이 늘 각자 다른 신을 숭배하는 것이 당연하기 때문이다. 모든 사람이 단 하나의 삶의 방식을 따라야 한다는 믿음은 오직 기독교에서만 뿌리를 내렸다.

다신교도에게 종교는 실천의 문제지 믿음의 문제가 아니며, 실천에는 여러 방식이 있다. 그런데 기독교도에게는 종교가 '진정한 믿음'의 문제다. 하나의 신념만이 진실하다면, 여기에서 받아들여지지 않는 다른 모든 사고방식은 잘못된 것이다.

다신교도들은 자신의 신을 지키려고 노력은 하겠지만 그 신의 뜻을 남들에게까지 전도하려 하지는 않는다. 유일신교가 없었더라도 인간은 틀림없이 가장 폭력적인 동물 중 하나이긴 하겠지만, 종교 전쟁은 없었을 것이다. 세상이 다신교의 상태로 남아 있었다면, 공산주의나 '전 지구적인 민주주의적 자본주의' 같은 것도 나오지 않았을 것이다.

종교적인 것이건 정치적인 것이건, 호전적이고 과격한 신념이 없는 세상을 상상하는 일은 즐겁다. 그런데, 즐겁지만 너무 한가하다. 다신교는 근대적 정신이 감당하기에는 너무나 섬세하고 우아한 사고방식이다.

4.

무신론, 기독교의 최후 결과

신앙을 갖지 않기로 하는 것도 신앙이 있는 사람들이 만든 게임의 규칙 안에서 움직이는 것이다. 신의 존재를 부정하는 것은 유일신의 범주를 인정하는 것이니 말이다. 유일신이라는 범주 자체가 없다면 신을 믿네 마네 하는 것 자체가 의미 없어진다. 무신론자들은 비종교적인 세계를 원한다고 말하지만, 사실 기독교적 신이 없는 세상도 여전히 기독교적인 세상이다. 비종교주의라는 것은, 순결이라는 말이 그렇

듯이, 자신이 부정하는 대상에 의해 규정된다. 따라서 무신론에 미래
가 있으려면 기독교가 부흥해야 한다. 그런데 사실은 기독교도 무신론
도 함께 쇠락하고 있다.

진리에 대한 기독교적 열정이 〔죽기 전에〕 마지막으로 꽃 피우는 것
이 바로 무신론이다. 다신론을 믿는 사람 중에 진리만을 위해 인생의
즐거움을 희생하는 사람은 없다. 그들이 소중히 여기는 것은 〔궁극의〕
실재가 아니라 세상을 능란하게 살아가는 데 도움이 되는 환상이다.
그리스인들에게 철학의 목적은 진리가 아니라 행복이었다. 진리 숭배
는 기독교적인 신념이다.

고대인들이 초기 기독교의 투박한 신념을 접하고서 소름 끼쳐한 것
은 〔기독교를〕 제대로 파악했기 때문이다. 고대 세계에서 융성하던 신
비주의 종교 중에 기독교처럼 다른 신념은 모두 틀렸다고 주장하는 종
교는 없었다. 바로 이 이유 때문에 고대인들 누구도 무신론자가 되지
않았다. 기독교는 자신만이 진리를 소유했다고 주장하면서, 비기독교
적 가르침에 단호하게 유죄 판결을 내렸다.

많은 신이 존재하는 세계에서는 신을 전적으로 안 믿는다는 것이 불
가능하다. 하나의 신을 거부하는 대신 다른 신을 믿거나, 아니면 (에피
쿠로스학파처럼) 신들은 이미 오래 전에 인간사에 끼어드는 일을 그만두
었으니 더 이상 중요치 않다고 생각할 수는 있지만 말이다.

기독교는 허구와 환상에 대해 다신교가 가지고 있던 관용을 뿌리째
흔들었다. 오직 하나의 신념만이 존재한다고 주장하면서, 기독교는

이전에는 가져 본 적이 없는 최고로 우월한 가치를 진리에 부여했다. 또한 기독교는 신앙을 갖지 않는 것을 처음으로 가능하게 만들었다. 기독교 신앙이 뒤늦게 야기한 결과는 진리의 우상화며, 이는 무신론에서 가장 완전하게 드러난다. 우리가 신이 없는 세계에 산다면, 이는 기독교 덕분이다.

5.

호머의 독수리

니체의 초인은, 인류가 그 안에서는 아무 것도 의미를 가질 수 없는 심연에 떨어졌다고 본다. 초인은 대단한 의지의 힘을 발휘해서 인류를 허무주의에서 구원한다. 예수의 뒤를 이어 차라투스트라가 세계의 구원자가 되었다.

허무주의Nihilism는 인류의 삶을 무의미에서 구원해야 한다고 보는 견해다. 기독교가 등장하기 전에는 허무주의도 없었다. 『일리아드』에서 호머는 폐허가 되는 장관을 즐기기 위해 전쟁을 일으키도록 인간을 부추기는 신들에 대해 노래했다.

(···) 아테네 여신과 은빛 활의 주인인 아폴로 신은 독수리의 모습을 하고서 아버지 제우스 신의 참나무에 높이 걸터앉아 편안히 자리를 잡고 빼곡히 모인

병사들을 바라보았다. 병사들이 곤두세운 창, 방패, 투구들이 [높은 데서 보니]
물결처럼 일렁거렸다. 서풍이 일어 바다를 뒤흔들고 솟아오른 물이 그 아래를
어둡게 만들 듯이, 아카이아와 트로이 군사들도 그렇게 평원을 까맣게 만들고
있었다.[『일리아드』, 7.58~66]

여기 어디에 허무주의가 있는가? 호머의 독수리는 인간의 삶을 구
원하지 않는다. 여기에 구원을 필요로 하는 존재란 없다.

6.
필멸을 찾아서

부처는 자아의 소멸에서 구원을 찾았다. 그러나 자아가 없다면 구원
되어야 할 것은 무엇인가?

열반이란 고통이 끝나는 것이다. 그런데 이는 살다보면 대개 큰 노
력 없이도 자연히 이루게 되는 것 이상을 약속하지 않는다. 죽음은 부
처가 고통스런 생이 끝난 이후에 도래할 것이라고 약속한 평화를 우리
모두에게 주니 말이다.

부처는 윤회에서 벗어나고자 했다. 이에 대해 E. M. 시오랑[■]은 이렇
게 언급했다.

구원을 추구한다는 것은, 우리의 자아가 정처 없이 방랑하며 부유하고 있고, 우리가 그런 방랑을 끝내고 싶어하는 경우에만 말이 된다. 그런데 이렇게 생각하지 않는 사람이라면 대체 뭘 끝내야 한단 말인가? 한 번뿐이고 찰나에 불과한 인생? 인생은 어차피 너무 짧아서 벗어나려고 애쓸 필요도 없는데?

왜 다른 동물들은 고통에서 구원받고자 하지 않을까? 아무도 그 동물들에게 윤회를 통해 틀림없이 다시 태어날 거라고 말해 주지 않아서일까? 아니면 윤회는 없다는 사실을 이미 알고 있어서 구원 따위는 생각할 필요도 없어서일까? 시릴 코널리▪▪는 이렇게 말했다. "소나 돼지가 '깨달음을 얻기 위한 팔정도'를 수행하기 위해 육신을 부정하는 모습을 상상해 보라. 우리는 그 소나 돼지가 뭔가 잘못 생각하고 있다고 여길 것이다."

불교의 가르침은 필멸의 추구다. 부처는 제자들에게 '슬픔으로부터의 자유'를 약속했는데, 그 자유는 다시 태어나지 않아도 되는 데서 온다. 하지만 자신이 필멸한다는 사실을 이미 아는 사람들은 늘 부처의 약속 가까이에 있는 셈이다. 구원이 확실한데 왜 삶의 즐거움을 거부해야 하는가?

▪ E. M. Cioran, 1911~1995. 루마니아 출신의 프랑스 수필가다. 주로 삶의 지독한 허무를 노래하는 철학 잠언집이나 에세이를 썼다.

▪▪ Cyril Connolly, 1903~1974. 영국의 문학 비평가이자 작가.

7.
죽는 동물

우리는 자신의 죽음을 그려 볼 수 있기 때문에 자신들이 다른 동물과 다르다고 생각한다. 죽음 이후에 무엇이 오는지에 대해 다른 동물보다 더 많이 아는 것도 아니면서 말이다. 죽음이란 소멸을 의미한다는 증거가 도처에 있는데도, 우리는 이것이 뜻하는 바가 무엇인지 생각할 엄두도 내지 못한다. 진실을 말하자면, 우리가 세월의 흐름을 두려워하는 것은 죽음이 무엇인지 알아서가 아니다. 세월이 흐르는 것에 저항하려 하기 때문에 죽음을 두려워하는 것이다. 다른 동물들이 인간만큼 죽음을 두려워하지 않는다면, 그것은 동물이 모르는 무언가를 인간이 알기 때문이 아니라, 다른 동물들은 세월의 부담을 지고 있지 않기 때문이다.

우리는 자살을 인간만이 가진 독특한 특권이라고 생각한다. 이는 자신의 존재를 스스로 없애는 방식에서 사람과 동물이 얼마나 비슷한지 잘 몰라서 하는 말이다. 한 세기 전만해도 ('노인의 친구' 인) 폐렴이 자신을 데려가게 두거나, 영원히 잠들게 될 때까지 아편 복용량을 조금씩 늘려가는 것은 일반적으로 이루어지던 일이었다. 때로 이런 일은 의식적으로 죽음을 향해 나아가기 위해서이기도 했지만, 대체로는 고양이가 죽음을 맞이할 조용한 장소를 찾는 것과 다를 바가 없는 본능적인 움직임인 경우가 많았다.

인류가 더 '도덕적'이 되면서, 그러한 죽음은 닿을 수 없는 것이 되었다. 〔고대〕 그리스인과 로마인은 무가치한 삶을 사느니 죽음을 택했다. 오늘날의 인간은 '선택'을 지고지순한 것으로 여기면서도 죽음을 선택하는 행위는 금지한다. 아마 인간이 다른 동물과 다른 점이 있다면, 더 치졸하고 비열하게 삶에 집착하게 되었다는 점일 것이다.

유럽 작가 중에서, 인간의 죽음이 다른 동물들의 죽음과 그리 다르지 않다고 본 몇 안 되는 사람 중 하나가 '베르나르도 소아레스Bernardo Soares'다.

인간의 삶을 잘 들여다보면, 나는 그것이 동물의 삶과 다른 점을 찾지 못하겠다. 인간과 동물 모두, 자각하지 못하는 사이에 세계로 내던져지고, 짬짬이 즐거운 일들을 누리며, 날마다 똑같은 생물학적 필요에 따라 행동한다. 둘 다 그들이 생각하는 것 이상의 것을 생각하지 않고, 그들이 살아가는 것 이상으로 살지 않는다. 고양이는 햇빛에서 뒹굴 거리고 나서 잠을 자러 간다. 사람은 (그 삶이 얼마나 복잡하든) 삶에서 뒹굴 거리고 나서 잠을 자러 간다. 둘 다, 본성의 법칙을 벗어날 수 없다.

'베르나르도 소아레스'는 포르투갈 작가 페르난도 페소아█가 허구로 만들어 낸 여러 분신 중 하나다. 어떤 진실들은 허구로서가 아니면 이야기될 수 없는 법이다.

8.

크리슈나무르티의 짐

신지론자(Theosophist, 19세기말과 20세기 초에 세계 각지에서 번성했던 초기 뉴에이지 신앙 중 하나)들은 크리슈나무르티Krishnamurti를 예수나 부처와 마찬가지로 인간을 구원할 구세주, 새로운 메시아로 받들었다. 그러나 일찌감치 크리슈나무르티는 이 역할을 공공연히 거부했다. 나중에도 그는 사람은 각자가 자신의 구원을 위해 일해야 한다는 입장을 견지했다. 어떤 구세주도 그 짐을 대신 덜어 주지는 못한다는 의미였다.

그러나 크리슈나무르티의 가르침은 그가 거부했던 신비주의 전통과 상통하는 점이 많다. 신비주의 철학은 계몽과 각성이 우리를 고통에서 구원해 줄 거라고 약속하지만, 이들이 제시하는 희망은 더 잘 놓여진 짐에 불과하다. 인간은 자신이 다른 동물과 공유하고 있는 삶을 벗어날 수 없다. 그렇게 시도할 만큼 현명하지도 못하다. 걱정과 고통은 고요함과 즐거움만큼이나 인간에게 자연스러운 것이다. 자신이 동물적 본성에서 벗어났다고 믿는 바로 그때 인간은 인간만의 특성을 보여 준다. 집착, 자기기만, 그리고 영속적인 불안정성과 같은 특성 말이다.

알려진 바에 따르면 크리슈나무르티는 통상적인 에고이즘보다 한

■ Fernando Pessoa, 1888~1935. 포르투갈의 시인이자 소설가다. 페소아는 알려진 것만 해도 70여 개가 넘는 필명을 사용했는데, 그 필명마다 각각의 인격을 부여한 것으로 유명하다.

발 더 나간 삶을 살았던 것 같다. 다른 많은 사람들처럼 그도 은밀히 성적인 관계를 가졌다. 하지만 보통의 사람들과 달리 그는 영적인 스승으로서의 위치를 이용해 주위의 사람들이 자신을 따르게 할 수 있었다. 그는 자기 자신을 비우는 무욕의 삶을 살아야 한다고 설교했지만, 자기 삶에서는 정신적 환희와 보통의 위안거리들을 결합했다. 그는 자기 삶의 방식에 존재하는 이런 불일치를 알아차리지 못한 것 같다.

여기에 그리 놀랄 만한 점은 없다. 동물적 본성을 일축하는 사람은 인간적이기를 멈추는 것이 아니라, 인간을 과장되게 그린 캐리커처가 되는 것이니까. 다행히 대부분의 사람들은 자신의 성자들을 똑같이 존경하기도 하고 경멸하기도 한다.

9.

구르디예프의 '수련'과
스타니슬라브스키의 '메소드 연기법'

20세기 러시아 신비주의자 G. I. 구르디예프G. I. Gurdjieff는, 현대 인간은 기계며 이 기계성은 그들이 의식적이지 않다는 사실에서 온다고 반복적으로 설파했다. 인간이 더 의식적이 될수록 더 기계적이 된다는 걸 몰랐던 모양이다.

분명히 구르디예프는 의식이 고도로 발달한 사람은 배우가 될 수밖에 없음을 잘 알고 있었다. 그래서 구르디예프의 '수련work'과 콘스탄틴 스타니슬라브스키Constantin Stanislavsky의 '메소드 연기법'* 사이에는 유사점이 있다. 구르디예프가 미친 영향을 티베트나 수피교의 가르침에서 찾으려는 사람들은 가까운 곳을 둘러보는 것이 좋겠다. 현대판 샤먼이라 할 만한 구르디예프가 남긴 가장 큰 영향은 20세기의 연극/연기 이론에서 찾아볼 수 있다.

구르디예프는 제자들이 스스로의 신체 움직임을 통제하고, 그럼으로써 (그의 주장에 따르면) 잠에서 깨어날 수 있게 하는 수단으로 연기와 춤을 활용했다. 구르디예프의 '수련'이 연극의 급진적인 발전에 영향을 준 것은 우연이 아니다. 구르디예프의 가르침을 따라 피터 브룩Peter Brook과 예지 그로토프스키Jerzy Grotowski 같은 연극인들은 무대를 인간 행위의 본성을 탐구하는 실험실로 사용했다.

어쩌면 배우 훈련이 구르디예프의 '수련'이 가진 진짜 목적이었을지도 모른다. 그는 이렇게 말했다. "모든 사람은 배우가 되도록 노력해야 한다. 이것은 고결한 목적이다. 모든 종교와 모든 지식의 목적은 배우가 되는 것이다." 모든 것이 연기演技라면, 인간의 삶은 무엇이 될까? 구르디예프 식으로 각성된 인간은 다른 사람이 쓴 각본대로 연기

---

* method, 배우가 극중 인물에 완전히 몰입해 연기하는 사실주의 연기법. 〈모스크바 예술학교〉의 스타니슬라브스키가 배우 훈련 시스템으로 발전시킨 연기 지도 방법으로, 극중 배역에 정신과 육체를 완전히 이입하여 영화의 사실성을 부각시킨다.

하는 배우가 될 수 있을 뿐이다. 각성되지 않은 사람에게 의미를 부여해 주는 무의식적 감정과 감각을 잘라내어 완전히 각성된 사람은, 내부가 아닌 다른 사람의 통제를 받는 자동 기계에 불과하다.

어쩌면 구르디예프는 사람이 더 의식적이 될수록 삶에서 더 창조적이 될 수 있다고 진심으로 믿었을 수도 있다. 그러나 스타니슬라브스키는 이보다 더 깊은 통찰을 가지고 있었다. "창조성에 도달하는 모든 방법을 다 썼을 때, 배우는 인간의 의식이 넘어설 수 없는 한계에 도달한다. (…) 자연만이, 각본에 생기와 의미를 불어 넣는 기적을 행할 수 있다."

10.

『공군 기지』

렉스 워너Rex Warner의 전쟁 소설 『공군 기지The Aerodrome』는 1930년대 파시스트들이 인간의 가능성에 대해 가지고 있던 일반적인 견해를 시적인 이미지로 보여 준다. 이 소설은 파시즘이 어떻게 진보적 정신에 호소력을 가질 수 있었는지를 고찰한 소설이면서 동시에 연애 소설이기도 하다.

사건은 폐허가 된 마을 외곽의 공군 기지에서 시작된다. 마을 사람들은 무기력과 신파적 감상으로 점철된 삶을 살아간다. 마을 사람들은 이제까지의 관습에 따라 사는 반면, 공군 기지 군인들은 니체의 철학에 헌신하며 살아간다. 이는 공군 소장의 연설에서 잘 드러난다.

제군들은 시대의 제약에서 벗어나 스스로의 주인이 되고 그럼으로써 세계의 주인이 되고자 하는 제군들의 목적 앞에서 절대로 머뭇거려서는 안 된다. (…) 이 공군 기지에 있는 우리들은 더 새롭고 적합한 인종이 되어 가는 과정에 있다. (…) 과학은 인류에게 물리적 진화의 시대는 끝났음을 보여 줄 것이다. 남은 것은 의식과 의지의 진화, 아니 변혁이다. 시대의 제약에서 벗어나고, 자아의 주인이 되는 것이다. 과거에도 몇몇 개인들이 이러한 과업을 시도했고 일부는 어느 정도 성공하기도 했지만, 이제는 모든 이들이 이 과업을 수행하고 있다.

이 공군 소장의 철학은 공군 기지 병사들에게 사랑과 가족을 버리고 나오라고 주장한다. 그러나 그 자신의 삶은 이것이 불가능함을 보여 준다. 비극이기도 하고 희극이기도 한 일련의 사건들을 거치면서, 소설의 화자는 자신이 그 공군 소장의 아들이라는 사실을 알게 된다. 공군 소장은 아들에게 구질구질한 그 마을의 삶에서 등을 돌리라고 간청한다.

이 모든 것에서 도망치라고, 이 시대와 그것의 제약에서 벗어나라고, 과거가 부여한 것이 아니라 너 자신의 의지가 이끈 분명하고 독립적이고 아름다운 무언가를 네 짧은 인생에서 건설하라고 하는 내 말이, 무슨 뜻인지 모르겠니?

그러나 소설의 화자는 아버지가 경멸하는, 평범한 사랑이 있는 삶을 위해 공군 기지에서의 삶을 거부한다.

공군 소장의 철학은 과장되었을지는 모르지만, 근대적 사고에 강하게 배어 있는 경향을 잘 보여 준다. 프랜시스 베이컨에서 니체에 이르기까지, 계몽주의 사상가들은 보통의 사람들이 살아가는 목적의식 없는 삶보다 '의지'를 높이 평가했다. 다른 동물은 '왜'를 알지 못한 채 살아도 상관없겠지만, 인간은 자신의 삶에 목적을 부여할 수 있는 존재다. 인간은 우연이 지배하는 세계를 벗어나서 그 세계를 지배할 수 있는 존재다.

이러한 견해를 공유하지 않은 계몽주의 사상가들도 있었다. 이를테면 데이비드 흄은 인간이 고도로 창의성 있는 종이라고는 생각했지만, 그 점만 빼면 다른 동물과 매우 비슷하다고 보았다. 발명 덕분에, 인간은 주어진 운명을 좀더 쉽고 편안하게 만들 수는 있겠지만, 그것을 넘어서지는 못한다는 것이다. 흄에게 역사는 진보가 아닌 문명과 야만이 번갈아 나타나는 순환 과정이었다. 흄은 역사에 그 이상을 기대하지 않았다. 아마도 흄은 이 때문에 별로 큰 영향력을 발휘하지 못했던 것 같다.

양차 대전 사이에 있었던 급진 우익 운동은 서구 문명을 파괴한 적이기도 했지만, 서구 문명이 낳은 비합법적인 자식이기도 했다. 파시스트와 나치주의자는 모두 계몽주의가 가진 회의주의와 관용을 경멸했고, 그들 중 대부분은 기독교를 멸시했다. 하지만 히틀러와 그의 추종자들은 비록 왜곡된 형태였을지라도 인간의 진보에 대해 계몽주의적인 신념을 갖고 있었다. 앞서 말했듯이 인간의 진보에 대한 계몽주의적 신념은 기독교가 불 지핀 것이었다. (소설 속 공군 소장의 말에서 잘 드러나는) 인간의 위대한 가능성에 대한 견해를 온몸으로 받아들인 이들 양차 대전 사이의 파시스트들은 변형된 기독교 신념의 추종자들이었다. 이상하게 들리겠지만, 그 공군 기지는 교회가 없는 땅에서는 세워질 수 없었을 것이다.

11.
니콜라이 페도로프, 볼세비즘, 불멸에 대한 기술적 추구

19세기 러시아 사상가 니콜라이 페도로프(Nikolai Fedorov, 1828~1903)는 자연을 적으로 보았다. 자연은 어떤 인간이라도 소멸시키기 때문이다. 따라서 불멸을 향한 위대한 투쟁만이 인간이 시도할 가치가 있는 유일한 프로젝트였다. 그런데 그가 말하는 불멸이란, '우리 후손은 죽음 없는 삶을 살 수 있을 것'이라는 생각만으로는 충분치 않았다. 이제껏 존재했던 〔과거의〕 모든 사람들도 죽음에서 되살아날 수 있을 때에만, 인간이라는 종은 진정 불멸이 될 수 있을 터였다. 그러니까 테크놀로지를 통해 죽은 자를 살려내는 것은 〔신의 기획이 아니라〕 인간의 기획이었다.

이런 황당한 사상이 실질적인 영향력을 발휘했다는 사실이 믿기지 않을지도 모르겠다. 하지만 실제로 페도로프의 사상은 소비에트 정권을 구성한 지적 흐름 중 하나였다. 볼셰비키주의자들은 인간이 자연을 정복할 운명을 부여받았다고 생각했다. 게다가 페도로프의 영향을 받아 테크놀로지가 인간을 지구 자체에서 해방시킬 수 있을 것이라고 믿었다. 페도로프의 사상은 러시아의 로켓 공학자 콘스탄틴 치올코프스키(Konstantin Tsiolkovsky, 1857~1935)에게 영향을 주었고, 다시 그를 통해 소련의 우주탐사 1세대에게 영향을 주었다. 페도로프의 사상은 소련 정권에 처음부터 끝까지 영향을 미쳤다.

인간이 지구를 정복하고 필멸을 극복할 수 있도록 운명적으로 '선택된 종'이라는 페도로프의 사상은 고대의 신념 중 하나를 근대적으로 표현한 것이다. 플라톤주의와 기독교 사상은 늘 인간이 자연 세계에 속해 있지 않다고 주장해 왔다. 다른 모든 동물을 둘러싸고 있는 자연의 제약을 인간은 벗어날 수 있다고 믿은 근대의 계몽주의자들은, 단지 이 오래된 오류를 되풀이하고 있었을 뿐이다.

물론 페도로프는 극단적인 경우지만, 그는 여러 계몽주의 사상가들이 공유한 생각을 가장 대담하게 해석한 것에 불과하다. 앙리 드 생시몽과 오귀스트 콩트는, 기술을 통해 인간이 지구의 주인이 되는 미래를 꿈꾸었다. 이러한 기술 그노시스주의와 계몽주의적 인간관의 결합은 마르크스에게 영향을 주었고, 마르크스의 추종자들을 통해 다시 러시아에 영향을 주었다.

마르크스-페도로프식의 기술 컬트가 미친 진짜 영향은, [불멸이 아니라] 파멸이었다. 유물론 철학에 바탕을 둔 소비에트는 역사상 어느 정권보다 더 심각하고 치명적으로 물적 환경을 파괴했다. 녹색 지구는 사막이 되었고, 오염은 생명을 위협할 정도로 심각해졌다. 소비에트가 이렇게 자연을 훼손해서 소련 사람들이 얻은 이득이 있었냐면, 그렇지 않았다. 소련 국민은 다른 나라 사람들보다 더 오래 살지도 않았으며, 많은 경우 오히려 훨씬 덜 오래 살았다.

페도로프식 정책에 대한 사람들의 저항은 소비에트의 몰락을 가져오는 한 요인이 되었다. 체르노빌 원전 폭발은 전국적인 저항을 촉발했다. 또 고르바초프에 대한 저항 중 많은 부분이 러시아의 강줄기 일부를 돌려놓는 정책에 집중되었다. 이 정책대로라면 시베리아의 상당 부분이 물에 잠기게 되고, 그 결과 세계의 기후에도 영향을 미칠 터였다. 다행히도 고르바초프 정권은 무너졌고, 이 거대한 어리석음은 실행되지 않았다. 그렇더라도, 소비에트는 이후의 러시아에 황폐한 자연을 유산으로 남겼다. 그리고 공산 정권이 무너진 이후 러시아에서는 마구잡이로 자르고 태우는 반半범죄적인 자본주의가 자연을 더욱 끔찍하게 훼손하고 있다.

기술의 힘으로 불멸을 달성하겠다는 신념은 사라지지 않았다. 이 신념은 오늘날의 선진 자본주의 국가들에서도 살아 있다. 예를 들면, 캘리포니아에는 냉동시킨 사체를 기술적으로 되살리는 법을 연구하는 기관들이 있다. 이들은 저온학(최근까지 살아 있었던 조직을 얼렸다가 나중에 녹여서 되살아나게 만드는 기술)이 우리를 불멸의 존재로 만들어 줄 것이라고 약속한다. 이러한 신념은 (기독교와 계몽주의의 후손인 우리들에게) 종말론과 테크놀로지가 서로 뗄 수 없는 사이라는 사실을 보여 준다.

죽은 자들을 되살려 내는 것이 기술적으로 절대 불가능하다는 말이 아니다. 아마도 언젠가는 이런 저런 방법을 통해 가능하게 될 것이다. 저온학이 약속하는 불멸에서 문제가 되는 부분은 기술의 힘을 과장한다는 점이 아니다. 문제는, 기술적 불멸을 믿는 그 사회 자체가 필멸한다는 데 있다.

기술적 불멸을 믿는 사람들은 현존하는 사회가 영원히 계속될 거라고 생각한다. 하지만 테크놀로지가 발달해 얼린 생명체를 되살릴 수 있게 될 때쯤이면, 냉동해 놓은 죽은 자들은 이미 오래 전에 녹아 없어졌을 것이다. 전쟁, 혁명, 경제적 붕괴 등으로 부활을 조용히 기다리고 있는 냉동된 자들의 무덤은 이미 폐허가 됐을 테니까.

기술적으로 불멸을 추구하는 것은 과학적인 프로젝트가 아니다. 이것이 약속하는 것은 종교가 늘 약속해 오던 것과 다르지 않다. 인류를 운명과 우연에서 자유롭게 해 준다는 약속 말이다.

12.

인공 낙원

「새로운 인공 낙원, 메스칼」에서 헤이블록 엘리스[*]는 약물을 복용할 때 사물이 어떻게 보이는 지에 대해 이렇게 설명했다. "그것〔약물을 복용한 후 바라본 사물은〕은 결코 익숙한 사물들을 닮지 않았다. 매우 분명하면서도 늘 새롭다. 그것들은 내가 알고 있는 사물들과의 유사성에 끊임없이 근접하면서도, 그 유사성을 끊임없이 회피한다."

인류는 오랫동안 마약을 이용해 익숙한 사물의 모습을 피해 왔다. 프랑스 남서부 페르구세 동굴에서 후기 빙하기 말경에 그려진 동물 그림들이 발견되었는데, 이 동물 그림들을 보면 약 1만 2천 년에서 1만 5천 년 전의 예술가들도 마약을 사용했음을 짐작할 수 있다. 또 샤먼들은 태고부터 약물을 사용했다. 어떤 지역에서는 최초의 경작이 〔식량 생산보다는〕 정신에 영향을 미치는 식물을 재배하기 위해 이뤄진 것으로 보인다. 예를 들면 리처드 러글리Richard Rudgley는 호주 원주민들이 다양한 종류의 담배를 재배하고 그것을 섞어 조리한 것을 '호주에서의 첫 번째 농경'이라고 칭했는데 이 농경은 명백히 정신 작용에 영향을 주기 위한 목적에서였다.

---

[*] Henry Havelock Ellis, 1859~1939. 영국의 성 과학자이자 의사, 사회 개혁가다. 「새로운 인공 낙원, 메스칼」은 그가 1898년 『더 컨템퍼러리 리뷰*The Contemporary Review*』에 기고한 글로, 뉴멕시코 지역의 키오와족이 즐겨 먹는 식물 메스칼의 환각 효과를 설명하고 있다.

딱히 인간만이 고유하게 약물을 사용한다고 할 수는 없다. 야생 동물이든 집짐승이든 상관없이 여러 동물들이 향정신성 물질을 찾는다는 사실이 관찰되었다. 저서 『원숭이의 영혼The Soul of the Ape』에서 유진 마레Eugene Marais는 (마레 자신이 모르핀 중독자이기도 했다) 야생 상태의 차크마 개코원숭이가 일상적 의식이 주는 지루함을 깨기 위해 환각제를 사용한다고 기록하고 있다. 이 원숭이들은 다른 과일들이 풍부한데도 굳이 그리 흔치 않은 자두 비슷한 과일을 찾아 나서는데, 그걸 먹고 나서는 환각 증상들을 보였다는 것이다. 마레는 관찰 결과를 요약하면서 (그의 관찰은 이후의 연구들에서도 타당함을 입증 받았다) 이렇게 언급했다. "정신적인 만족과 행복에 도취되기 위해 독극물을 사용하는 것은 의식적 지각이 주는 고통을 해소하기 위해 보편적으로 사용하는 치유책이다."

이는 원숭이에게 만큼이나 인간에게도 잘 들어맞는 결론이다. 의식하는 것과 의식에서 벗어나려는 노력은 함께 간다. 약물 사용은 태고적부터 존재해 온 동물 행동이다. 인간들 사이에서도 그만큼이나 오래되었고 거의 보편적으로 존재했다. 그렇다면, '마약과의 전쟁'은 왜 있는 것일까?

마약 금지 덕택에 마약 거래업은 매우 수익성 높은 사업이 됐다. 범죄를 양산하고 수감자 수를 급증시켰다. 수감자가 늘어도 세계적인 마약의 확산은 줄지 않는다. 마약 금지는 실패했다. 그렇다면, 왜 오늘날의 정부는 마약을 합법화하지 않는가? 이에 대해 어떤 이들은 조직범

죄와 법률이 공생 관계로 엮여 있어서 획기적인 개혁을 가로막고 있기 때문이라고 설명한다. 어느 정도는 사실일 것이다. 하지만 진짜 이유는 다른 곳에 있다.

마약을 쳐부수고자 하는 가장 무자비한 전사는 늘 과격한 진보주의자들이었다. 이를테면, 중국에서 마약을 가장 야만스럽게 공격하던 시기는 중국이 보편적 해방이라는 서구 근대의 원칙, 즉 마오이즘에 휩쓸렸을 때였다. 오늘날 마약에 대한 전쟁을 이끄는 나라가 행복 추구에 집착하는 미국이라는 것은 우연이 아니다. 불가능한 것을 추구하는 데 따르는 자연스런 결과는 쾌락에 맞서는 청교도주의적 전쟁이니까 말이다.

마약 복용은 금지된 진실을 암묵적으로 인정한다. 대부분의 사람들에게 행복은 닿을 수 없는 곳에 있다는 진실 말이다. 성취감과 충족감은 일상에서 찾을 수 있는 것이 아니라 일상을 벗어나는 데서 찾을 수 있다. 행복은 얻을 수 없는 것이기 때문에 많은 사람들은 그 대신 쾌락을 추구한다.

종교는 이 땅에서의 삶이 고되다는 것은 인정했다. 모든 고통이 없어지는 다른 세상을 약속했으니 말이다. 그런데 종교를 인간주의의 형태로 계승한 진보주의자들은 그보다 더 믿을 수 없는 것을 약속한다. 미래에, 심지어 가까운 미래에, 모든 사람이 행복해지리라고 약속하는 것이다. 진보에 대한 신념 위에 세워진 사회는 인간들의 삶에 일반적으로 존재하는 불행을 받아들일 수 없다. 그래서 그들은 마약에서 인공적인 행복을 추구하는 자들에 맞서 전쟁을 불사한다.

13.
그노시스주의와 사이버노트[*]

월리엄 깁슨William Gibson의 소설 『뉴로맨서*Neuromancer*』의 주인공은 사이버노트인데 사이버 공간을 맘껏 돌아다니며 활동할 자유를 잃어버리게 된다. 사기 혐의로 고용주에게 벌을 받아 가상 세계에서의 능력을 잃고 치명적인 감옥, 즉 육체 속에서의 나날을 보내게 된 것이다. 그는 이 땅의 일상을 감옥처럼 여긴다. "사이버 공간에서 육신 없는 즐거움을 위해 살았던 케이스에게 이것은 몰락이었다. (…) 육신은 고깃덩어리다. 케이스는 육신이라는 감옥으로 떨어졌다."

오늘날의 사이버노트들은, 스스로는 그렇게 생각하지는 않지만 사실 그노시스주의자(영지주의자, 그노시스주의는 끊임없는 박해 속에서도 수 세기 동안 지속되어 왔고, 오늘날에도 시리아의 만다교 공동체 등에서 찾을 수 있다)들이다. 육신이라는 감옥에서의 탈출은 그노시스적인 이단 사상의 핵심이다. 그노시스주의자들이 보기에 지구는 영혼의 감옥이다. 세

---

[*] 컴퓨터 통신망에 구축된 가상적 세계를 항해하는 사람, 인터넷 정보 탐색에 많은 시간을 쓰는 사람.

계는 전능한 신이 창조하고 지배하는 것이 아니라 인간에게 세상의 아름다움을 보여 주면서 꾀어 내 육신에 사로잡히게 만든 사악한 영혼인 데미우르고스demiurge가 창조하고 지배한다.▪ 20세기의 그노시스주의자인 C. G. 융은 그노시스주의적 신화의 핵심을 이렇게 설명했다.

(…) 스스로의 얼굴을 태양에 비춰보는 그노시스(영지), 즉, 정신(nous, 마음의 지혜)이라는 관념 (…) 그는 지구의 아름다움을 보고 (…) 이에 사로잡혀서 이 세상의 문제들에 얽혀든다. 그가 정신이나 프네우마(pneuma, 숨/영)로 남아 있었더라면, 날개를 지키고 있었더라면, 그는 물에 닿지 않고 물 위를 돌아다니는 신과 비슷한 모습이 되었을 것이다. 하지만 그는 물에 닿았고, 그것이 인간의 삶, 이 모든 고통과 아름다움과 천국과 지옥이 있는 세상의 시작이었다.

예수는 육신의 부활을 약속했지, 육신 없이 의식으로만 존재하는 내세를 약속하지는 않았다. 그런데도 예수의 추종자들은 육신을 늘 경멸했다. 그들은 인간이 불멸의 영혼을 가지고 있다는 점에서 다른 동물들과 다르다고 믿기 때문에, 자신이 다른 동물과 공유하는 운명에 대해서는 자기 것이 아니라고 말한다. 그들은 불멸에 대한 희망과 육신에 묶인 존재라는 현실 사이의 충돌을 융화시킬 수 없었다. 이 둘이 충

▪ 그노시스주의는 세계가 전능한 신에 의해 창조됐는데 인간에 의해 타락한 게 아니라, 애초부터 불완전한 신에 의해 불완전하게 창조되었다고 본다.

돌할 때, 뒤로 밀리는 것은 항상 육체였다.

사이버 공간의 신념은 육신에서의 탈출이라는 영지주의적 시도를 계속한다. 사이버 공간은 깁슨이 얘기한 "저온학이라는 가짜 불멸"보다 더 급진적인 영원함을 제공하겠다고 약속한다. 엑스트로피[*] 개념은 현대의 신앙이다. 이를 믿는 사람들은 필멸할 육신을 벗어 버리고자 한다. 이 신앙을 창시한 사람은 "인간은 초월해야 하는 어떤 것이다"라는 니체의 언명을 인용하며, 이렇게 묻는다. "왜 포스트 휴먼이 되기를 추구하느냐고? (…) 사실 인간으로 살면서도 많은 것을 성취할 수 있다. 하지만 인간의 껍질을 깨고 나오는 데 우리의 지성과 의지와 희망을 적용함으로써 더 높은 경지에 도달할 수 있다. (…) 우리의 육체는 우리가 가진 역량을 제한하고 있다."

엑스트로피 과학자들은 약하고 불필요한 육체를 벗어 던지고 나면 정신은 영원히 살 수 있다고 믿는다. 이 사이버노트들은 얇고 불안정한 감각에 불과한 의식의 얇은 조각들을 영원하게 만들고자 한다. 그러나 우리는 필멸의 육신에 갇혀 있는 영혼이 아니다. 육신을 가지고 있다는 것은 지구 생명체인 우리의 본성이다.

우리의 육신은 쉽게 닳아 없어진다. 하지만 그렇게 시간과 우연에

---

[*] Extropy, 엑스트로피는 열역학 제2법칙인 엔트로피 법칙의 반대말로, 세계는 점점 더 무질서한 방향으로 움직인다는 엔트로피와 달리 과학 기술 등의 힘으로 생명, 지능 등을 개선할 수 있다는 견해를 말한다. 엑스트로피언 과학자들은 냉동 저온학으로 인간 생명의 불멸 가능성을 연구하고, 인간의 의식을 컴퓨터로 옮기는 등의 연구를 진행하기도 한다.

종속됨으로써, 육신은 "우리가 진정으로 무엇인지"를 깨닫게 해 준다. 우리의 본질은 우리가 가진 특성들 중 가장 우연적이라고 할 만한 것들에 좌우된다. 태어난 시간과 장소, 언어와 활동의 습관, 우리 신체의 변덕과 오류 같은 것들에 말이다.

창공에서 불멸을 추구하는 사이버노트들은, 창공에서 죽음 없는 존재가 되기 위해 자신이 육신을 가지지 않았다고 말할 태세가 되어 있다. 아마도 언젠가 그들이 열망하는 것을 얻을 날이 올 지도 모르겠지만, 이는 그들의 동물적 영혼을 잃는 대가를 치름으로써만 가능할 것이다.

14.
판토맷의 내부

컴퓨터는 이제 거의 밖으로 드러나지 않고, 어디에나 내장되어 있다. 벽에, 테이블에, 책상에, 의류에, 액세서리에, 그리고 신체에. 사람들은 안경에 장착된 3차원 영상을 일상적으로 사용한다. (…) 이러한 '직안direct eye' 디스플레이는 고도로 현실적인 가상 영상 환경을 '실제' 환경에 덮어씌운다.

—레이 커즈와일Ray Kurzweil

이 글에서 나타나는 2019년의 삶에는 가상 세계가 도처에 널려 있다. 컴퓨터 과학의 개척자 중 한 명인 커즈와일은 '실제'를 그냥 실제라 쓰지 않고 따옴표를 침으로써 형이상학자들을 오랫동안 자극했던 가능성을 제시한다. 즉, 실제의 현실은 모두 가상일 수 있다는 것이다. 우리의 인식에 노출된 세계는 (사회적) 습관과 관습이 임시변통으로 빚어낸 결과다. 가상 세계는 (사회적) 합의에 기반한 이 환상을 뒤흔들지만, 그렇게 함으로써 우리가 인식하는 세계가 외부에 독립적으로 존재하는 실재와 부합하느냐는 질문을 피하게 해 준다.

많은 작가와 영화 제작가들이 갈피를 잡을 수 없게 만드는 가상 세계의 효과를 탐구해 왔지만 그것의 잠재적인 이득과 위험이 처음으로 제시된 것은 1964년에 쓰여진 스타니스와프 렘Stanislaw Lem의 『수마 테크놀로기아Summa Technologiae』에서다. 렘은 시뮬레이션의 세계로 들어가게 해 주는 '판토마틱 생성기'라는 것을 상상해 냈다.

판토마틱 생성기에 연결되어 있을 때 사용자는 무엇을 경험할 수 있는가? 모든 것이다. 사용자는 절벽을 기어오를 수도 있고, 우주복이나 산소통 없이 달 표면을 걸을 수도 있다. 딸각거리는 갑옷을 입고 중세의 성채를 정복하기 위해 충실한 부대를 이끌 수도 있다. 북극을 탐험할 수도 있다. 마라톤의 승자로 군중들의 환호를 받을 수도 있고, 최고의 시인으로 스웨덴 국왕에게서 노벨상을 받을 수도 있으며, 퐁파두르 부인과 사랑에 빠질 수도 있고, 이아손과 결투를 할 수도 있고, 오델로에게 복수를 할 수도 있고, 마피아 암살자의 단검에 찔릴 수도 있다. (…) 죽을 수도 있고 다시 살아날 수도 있고, 그러고서 이를 또 다시 되풀이할 수도 있다. 아주아주 여러 번 계속해서 말이다.

　　렘의 판도맷은 가상현실을 만드는 신기술의 종점이다. 그러나 인간은 늘 자기 삶에서 해방을 추구해 왔다. 인간의 오래된 제도 중 많은 것들은, 진짜 같은 가짜가 존재해야 하는 필요성에 부응하기 위한 것이었다. 렘은 이렇게 설명한다.

　　판토마틱은 잡다한 오락의 형태와 기술이 한데 합쳐진 정점이라 할 만하다. 〔놀이 공원의〕 환상의 집, 유령의 집 같은 것은 이미 존재한다. 디즈니랜드도 사실상 원시적인 커다란 가짜 판토맷이다. 이러한 합법적인 것들 이외에, 불법적인 것들도 존재한다.(우리는 불법적인 예를 장 주네Jean Genet의 희곡 『발코니 *Balcony*』에서 찾아볼 수 있다. 『발코니』에서 가짜 판토마틱을 생성하는 곳은 매춘 업소다.)[■] 판토마틱은 예술 작품이 될 수 있는 가능성도 가지고 있다. (…) 따라서 영화나 다른 예술과 마찬가지로 판토마틱도 예술성 있는 것과 저열한 것으로 구분될 것이다. 그러나 판토마틱의 위험은 저열한 영화의 위험보다 훨씬 크다. (…) 판토마틱은 개개인에게 매우 구체적이고 특정한 상상을 제공해 꿈에서나 가능한 사적인 경험을 가능하게 해 주기 때문이다.

　　렘은 판토마틱의 역사를 더 거슬러 올라 갈 수 있었을지도 모른다. 가상현실은 수천 년 동안 주술사들이 실행했던 자각몽의 기술을 테크

[■] 이 작품에 등장하는 장소는 매음굴인데, 이 매음굴의 밖은 존재하지 않는다. 이를테면 혁명이나 여왕은 실제로 존재하지 않고 매음굴 안에서 상상할 수 있는 가상으로만 존재한다.

놀로지를 이용해 시뮬레이션한 것이다. 단식, 음악, 춤, 마약성 식물 등을 활용해서 주술사들은 일상의 세계를 떠나 또 다른 세계로 들어갔다가, 돌아와서 변화된 일상의 세계를 보았다. 가상현실 기술처럼 샤먼의 기술도 일상에서 합의된 환상을 뒤흔든다. 그러나 여기에는 중대한 차이가 있다. 샤먼은 일상 세계와 최면 상태에서 탐험하는 대안 세계 모두 자신이 만들어 낸 것이 아님을 알고 있다.

반면 판토맷의 위력은 환각이 흠 없는 현실성을 가지고 있다는 점에 있다. 그 안에서 우리는 우리가 가지고 싶었던 경험들만을 갖는다. 우리의 개인적인 한계에서 벗어날 뿐 아니라 인간으로서 존재하는 데 필요한 제한들에서도 벗어난다. 실제로는 할 줄 모르는데도 수영을 하고 등산을 한다. 새처럼 날고 한 번의 생애 동안 다른 여러 시대를 살 수 있다. 우리는 일상 세계의 한계에서 벗어난 것처럼 보인다. 우리의 삶이란 되돌릴 수 없는 행위들과 바꿀 수 없는 사건들로 엮여 있다. 그러나 판토맷에서는 이 한 번뿐이어야 할 삶이 우리가 살 수 있는 많은 삶 중 하나일 뿐이고, 수없이 태어나 죽고 다시 태어날 수 있는 끝없는 연쇄 속에서 되풀이된다.

판토맷에서 우리가 잃은 것은 형이상학자들이 헛되이 찾아나서는, 유일하고 영원한 실재가 아니다. 우리가 잃은 것은, 우리 스스로가 필멸하리라는 사실을 알고 있을 때 가질 수 있는, 삶에 대한 성의 있는 태도다. [판토맷이 아닌 현실에서] 우리는 기독교도들처럼 이 생애가 영원한 삶의 예고편이라고 믿을 수도 있고, 사후에 우리는 아무것도 아니므로 죽음도 아무것도 아니라는 에피쿠로스에 동의할 수도 있다. 혹은 장자처럼 죽음은 꿈에서 깨어 아마도 또 다른 꿈으로 가는 길이라고 생각할 수도 있을 것이다. 〔어느 경우든〕 우리가 죽음을 믿는다면, 죽음은 우리가 현재 알고 있는 유일한 삶의 한계를 의미한다. 그런데 판토맷에서 우리는 자기 의지에 따라 살고 죽고 다시 태어나는 일이 가능하다. 판토맷은 필멸이라는 사실을 흐릿하게 만들어서 우리의 소망에 아무런 제약도 남기지 않는다. 우리의 경험은 우리가 바라는 것들로 이뤄진 경박한 연극들이고 더 이상 우리를 다른 어떤 것에 연결시키지 않는다. "판토마틱은 현실 세계로 돌아올 수 있는 출구가 없는 허구를 창조하는 것을 의미한다."

가상현실 기술에 대한 렘의 통찰은 놀랍다. 하지만 그가 말하는, '모든 것을 아우르는 비현실이 갖는 위험성'은 그 자체가 비현실적이다. 우리가 어쩌면 출구 없는 허구를 고안하고 있을지도 모른다는 생각은, 테크놀로지가 가질 수 없는 위력을 테크놀로지에 부여한다. 판토맷은 우리가 현재까지 고안한 어떤 가상현실 기계보다 막대하게 우월하다. 그렇더라도 그것은 냉동 시체에 영원불멸의 삶을 약속하는 저온학 실험통보다 운명과 우연으로부터 우리를 더 많이 해방시켜 줄 수는 없다.

어떤 기술도 인간의 욕망에 딱 맞는 세계를 창조할 수는 없다. 자각몽은 위험한 경기다. 자각몽을 수행하는 사람은 자신이 상상도 하지 못한 것들에 직면할 각오를 해야 한다. 자각몽을 통해 샤먼이 무의식으로 빠져들 수 있고 우리들에게는 알려지지 않은 현실을 인식할 수 있게 된다 해도, 그가 탐험하는 세계는 단순히 인공적으로 만들어진 세계가 아니다. 샤먼의 자각몽은 우리 일상의 인식에는 낯설기만 한, 알려지지 않은 세계로 떠나는 여행이다. 하지만 우리의 일상과 마찬가지로 자각몽의 세계에도 숨겨진 한계와 갑작스런 놀라움이 있다.

렘은 판토맷이 완벽한 환상을 만들어 내는 기계라고 생각했지만, 어떤 기계라도 고장 나거나 망가지는 법이다. 판토맷 프로그램에 오류가 생기면 판토맷이 만들어 낸 가상 세계도 그것이 초월하고자 했던 현실 세계와 비슷해질 것이다. 그러면 우리는 다시 한 번 우리가 만들지 않은 세계에 있게 될 것이다. 우리는 우리 자신에게서 우리를 구해 줄 기계를 꿈꿔왔다. 하지만 그 꿈의 세계는 우리를 다시 필멸의 삶으로 돌려놓을 간극과 균열들을 가지고 있다.

15.
고독의 거울

E. O. 윌슨은 이렇게 언급한 바 있다. "(…) 다음 세기에 포유류의 시대Cenozoic Era는 끝나고, 우리는 새로운 생명체가 아니라 생물학적인 피폐화로 특징지워지는 새로운 시대로 들어가게 될 것이다. 아마도 그 시대는 '고독의 시대Eremozoic Era'라고 명명할 수 있을 것이다."

[윌슨에 따르면] 인간 종은 곧 텅 빈 세계에 홀로 있는 자신을 발견하

게 될지 모른다. 인간은 지구상에 있는 생명 조직의 40퍼센트 이상과 직접적으로 상호작용하며 공생한다. 그런데 만약 앞으로 수십 년 안에 인구가 다시 50퍼센트 이상 증가한다면, 지구상에 있는 절반 이상의 유기체가 인간 때문에 사라지게 될 것이다. 하지만 이 악몽이 실제로 현실화되지는 않을 것이다. 인간이 스스로를 위해 창조한 보철술은 그것이 완성되기 한참 전에 전쟁, 오염, 질병과 같은 인간 행동의 부작용들로 파괴될 테니 말이다.

만약 현재의 대량 멸종이 멈추지 않고 고독의 시대로 이어진다면, 그 시대는 분명 신비주의자들로 가득 차게 될 것이다. 버려진 세계에서는 신앙이 되살아날 것이다. 독실한 우주비행사처럼, 그곳에 사는 사람들은 생존을 위해 하늘에 의지하게 될 것이다. 그리고 그들은 실망하지 않을 것이다. 자신의 동물 친족을 멸종시킨 종에게는, 거울을 보면서 자신이 혼자가 아니라고 생각하는 것이 가장 자연스러운 일이 아니겠는가.

신비주의자들은 텅 빈 장소들을 찾아냄으로써 자기 자신이 아닌 무언가로 가는 길을 열 수 있다고 생각한다. 하지만 그들이 하는 행동은 거의 항상 그 반대다. 그들은 가는 곳마다 인류의 쓰레기를 가지고 간다.

신비주의자들은 돌멩이에서 가르침을 발견한다고 말한다. 인간과 상관없는, 인간 종 중심적이지 않은 진실을 추구하는 사람들이 보기에 이보다 더한 악몽은 없다. 자연이 우리를 인간사에서 해방시켜 줄 수

있는 이유는 자연이 우리에게 무관심하기 때문이다. 페르난도 페소아
가 이렇게 언급했듯이 말이다.

> 꽃이, 돌이, 강이 무엇인지 모를 때만이,
>
> 그것들이 느끼는 바를 말할 수 있다.
>
> 꽃, 돌, 강의 영혼을 이야기하는 것은,
>
> 그것은 너 자신, 너의 환상을 말하는 것이니까.
>
> 하느님 감사합니다.
>
> 돌은 그저 돌일 뿐이고,
>
> 강은 그저 강일 뿐이며,
>
> 꽃은 그저 꽃일 뿐이라서.

인간 종 중심주의에서 벗어나기를 진정으로 원하는 사람은 텅 빈 장
소를 추구해서는 안 된다. 자신들의 생각으로 곧 다시 내 던져질 것이
뻔한 사막으로 도망가기보다는, 다른 동물들과 함께 사는 삶을 추구해
야 할 것이다. 수도원보다는 동물원이 인간 세계를 더 잘 들여다 볼 수
있는 창문이다.

16.

인간 반대편의 해안

거의 모든 철학과 대부분의 종교와 상당수의 과학이, 인간의 구원에 대해 지치지도 않고 절박한 관심을 보여 왔다. 만약 우리가 인간 종 중심주의에서 벗어난다면 우리는 인간 종의 운명에 신경을 덜 써도 될 것이다. 건강과 명료한 정신은 인간적인 것들에 대한 내향적인 사랑에 있는 것이 아니라, 로빈슨 제퍼스가 그의 시 "구세주에 대한 명상"에서 '인간 반대편의 해안' 이라고 부른 것에 있다.

호모 라피엔스는 많은 생물 중 하나일 뿐이고, 딱히 영원히 지속되어야 할 분명한 이유를 가지고 있지는 않다. 머지않아 인간 종은 멸종할 것이다. 인간이 사라지고 나면 지구는 회복될 것이다. 인간 종의 마지막 흔적이 사라진 후, 인간이 파괴하려고 했던 다른 많은 종이 다시 번성할 것이다. 또한 존재하지 않았던 또 다른 종들도 함께 번성할 것이다. 지구는 인간을 잊을 것이다. 삶의 놀이는 계속될 것이다.

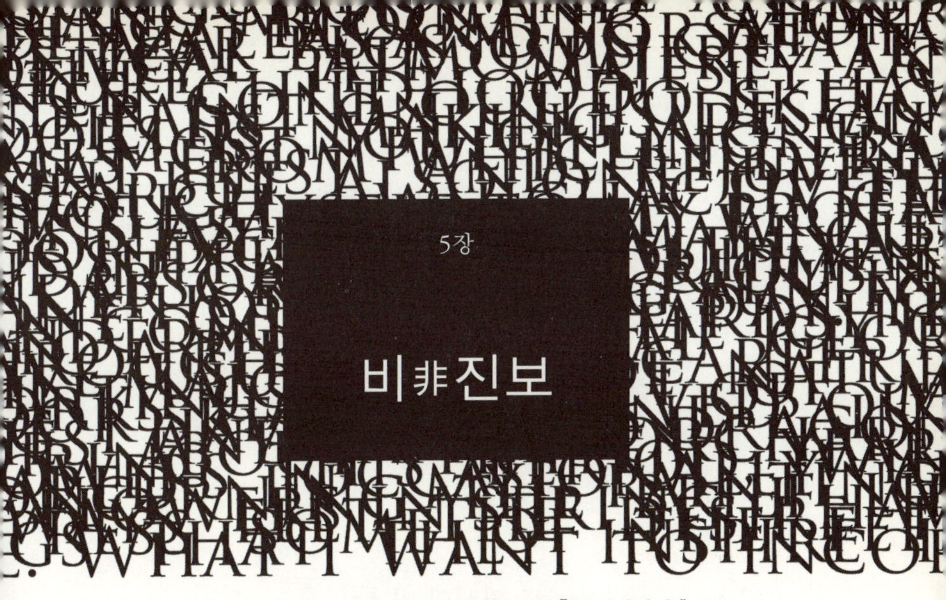

5장

비캬진보

"진보는 자연과 싸워 거둔 피루스의 승리▪를 찬양한다."
– 카를 크라우스 Karl Kraus

1.

드 퀸시의 치통

19세기 초, 토머스 드 퀸시Thomas de Quincey는 인류가 겪는 비참함의 4분의 1은 치통 때문이라고 언급했다. 그때는 정말 그랬을 것이다. 그런 점에서 마취 치과학은 〔인류에게〕 순수한 축복이다. 깨끗한 물과 수세식 화장실도 그렇다. 진보를 이루어 왔다는 것은 엄연한 사실이다. 그렇다고 해도, '진보에 대한 믿음'은 미신이다.

과학은 인간이 욕구와 필요를 충족시키도록 도와준다. 그렇지만 인간의 욕구를 바꾸는 데에는 아무 도움이 되지 않는다. 오늘날에도 사람들의 욕구는 예전과 전혀 다르지 않다. 지식에는 발전이 있지만 윤리에는 없다. 과학, 역사, 그리고 세계의 모든 종교가 이를 증명한다.

▪ 앞 페이지에 나오는 '피루스의 승리Pyrrhic victories'는 희생을 많이 치른 승리를 뜻한다.

지식이 발전한다는 것은 사실이며, 큰 재앙이 생기는 경우가 아니라면 지식의 발전은 되돌릴 수 없다. 그런데 정부와 사회의 발전은 사실이긴 하지만 일시적이다. 정부와 사회에서 향상된 점들은 다시 잃어버릴 가능성이 있고, 사실 거의 틀림없이 잃어버리게 된다. 역사란 진보나 쇠락의 과정이 아니라 얻다가 잃기를 반복하는 과정이다. 지식의 발전을 보면서 우리는 인간이 다른 동물과 다르다고 생각하기 쉽지만, 우리의 역사를 보면 실은 그렇지 않음을 알 수 있다.

2.
바퀴

우리는 구석기 시대가 가난한 시대였으며 인류는 신석기 시대에 이르러 큰 도약을 이루었다고 알고 있다. 그러나 전반적으로 볼 때, 수렵 채집 생활에서 농경 생활로의 전환이 사람들의 후생이나 자유에 보탬이 되지는 않았다. 농경 생활로 더 많은 인구가 살 수 있게는 됐지만, 더 가난하게 살게 됐다. 거의 확신하건대, 구석기 시대 인류가 더 풍족한 생활을 했다.

농경으로의 전환이 언제 어떻게 일어났는지는 딱 잘라 말할 수 없다. 집약적인 채집 생활이 시작된 시기는 아마 2만여 년쯤 전이고 땅을 경작하기 시작한 시기는 1만 5천 년 전쯤 될 것이다. 어떤 지역에서는 기후변화가 농경으로의 전환을 가져왔을 것이다. 이를테면 중동 지역에서는 빙하기 말에 해수면이 상승해서 수렵 채집인들이 지대가 높은 곳으로 몰려들었고, 그 곳에서 살아남기 위해 농경으로 전환해야만 했던 것으로 추정된다.

또 어떤 곳에서는 수렵 채집인들이 자신들의 〔수렵 채집〕 환경을 스스로 파괴했다. 폴리네시아의 첫 정착민들이 집약적인 방식의 식량 생산 체제로 전환한 시기는, 이들이 모아*를 다 잡아 없애고 바다표범도 거의 사라지게 만든 후였다. 식량원이 되어 주던 동물들을 없애버려 결국 자신들의 삶의 방식마저 사라지게 만든 것이다.

인류가 지구와 완전하게 조화를 이룬 황금시대는 없었다. 수렵 채집인들도 대부분은 후세의 인간들과 마찬가지로 약탈적이었다. 하지만 그들은 수가 적었고 후세의 인간들 대부분보다 더 풍족하게 살았다.

〔신석기 혁명이라고도 일컫는〕 수렵 채집에서 농경으로의 전환은 종종 근대의 산업혁명에 비견된다. 이 둘 사이에 비슷한 점이 있다면, 둘 다 인간의 자유를 증대시키지 않은 채 인간의 힘만을 증대시켰다는 점일 것이다. 수렵 채집인들은 필요한 것들을 대체로 충분히 가지고 있었고, 더 축적하기 위해 일할 필요가 없었다. 부유함이란 사물을 많이 소유하는 것이라고 생각하는 사람들은 수렵 채집인들이 '궁핍'하게 생활했다고 여길 것이다. 하지만 또다른 시각에서 보자면 이는 '자유'라고도 볼

---

* moa, 타조와 비슷한 큰 새로, 멸종되었다.

수 있다. 마샬 샐린스Marchall Sahlins가 말했듯이, "우리는 수렵 채집인들이 소유하지 않았기 때문에 '가난하다'고 여기는 경향이 있지만, 바로 그 이유 때문에 그들이 '자유롭다'고 보는 편이 더 적절할 것이다."

수렵 채집에서 농경으로의 전환은 이동 생활에서 정착 생활로의 전환이라고도 알려져 있다. 하지만 사실은 이와 거의 반대다. 수렵 채집인들은 이동성이 크긴 했지만, 새로운 변경으로 계속 이동해야 할 필요는 없었다. 그들의 생존은 〔변경을 개척하는 일보다는〕 주변 환경을 속속들이 파악하는 일에 달려 있었다. 그런데 농경으로 인구 수가 크게 증가했고, 늘어난 인구 때문에 농경인들은 경작하는 땅을 계속 넓혀야 했다. 새로운 땅을 계속해서 찾아나가는 것은 농경 생활에 수반되는 일이다. 휴 브로디Hugy Brody가 설명했듯이, "(…) 계속해서 이동하고, 재정착하고, 새로운 땅을 개간해야 하는 것은, 〔수렵 채집인이 아니라〕 많은 자녀를 먹여 살려야 하고 농지를 어느 정도 확보해야 하는 농경인이었다. (…) 하나의 시스템으로서 '유랑 생활'을 가져온 것은 수렵이 아니라 농경이었다."

수렵 채집에서 농경으로의 전환은 건강과 기대 수명에 악영향을 끼쳤다. 현재에도 북극이나 칼라하리 사막의 수렵 채집인들이 부유한 나라에 있는 가난한 사람들보다 더 잘 먹으며, 소위 개발도상국에 사는 많은 사람들보다 훨씬 더 잘 먹는다. 인구 중 만성적으로 영양실조 상태인 사람도 구석기 시대보다 오늘날에 더 많다.

농경으로의 전환이 건강에만 해를 끼친 것이 아니다. 노동 부담도 크게 늘었다. 구석기 시대의 수렵 채집인들은 우리만큼 오래 살지는 못했지만, 대부분의 현대인보다 많은 여가를 누렸다. 농경은 인류가 지구에 행사할 수 있는 힘을 증대시켰다. 하지만 그와 동시에 농경으로 전환하는 사람들을 더 가난하게 만들었다.

수렵 채집인들이 누린 자유에는 제약이 있었다. 유아 살해, 노인 살해, 성교 억제 등으로 그들의 인구는 어느 정도 이상으로는 늘 수 없었다. 우리는 이러한 행위들도 그들의 궁핍을 보여 주는 증거로 여기지만, 이는 자유를 유지하기 위한 방편이었다고도 볼 수 있다.

수렵 채집인들이 농경으로 이동한 것은 농경이 수렵 채집보다 더 나은 삶을 가져다주어서가 아니었다. 다른 방법이 없어서 어쩔 수 없이 이동했다고 보는 편이 맞을 것이다. 기후변화 때문이었건, 서서히 인구가 증가해서였던, 과도한 수렵으로 야생 동물이 줄어서였건 간에, 식량 생산을 증가시키지 않으면 안 될 처지였던 것이다.

농경으로 전환한 수렵 채집인들은 전환하지 않은 사람들보다 더 많은 후손을 양육했다. 농경인들은 수렵 채집 생활을 유지하고 있는 사람들을 척박한 지역으로 쫓아내거나 그냥 죽였다. 그러고도 남은 수렵 채집인들은 세상의 끝이라 할 만한 변경으로 쫓겨났다. 이를테면 현재도 수렵 채집인이 살고 있는 칼라하리 사막 같은 곳으로 말이다.

농경으로의 전환을 유발한 요인은 물론 하나가 아니다. 하지만 어디서든 농경으로의 전환은 인구 증가의 결과였으며, 인구를 다시 증가시키는 원인이었다. 농경으로 인구가 많아졌고, 그 많아진 인구 때문에 농경이 불가피해진 것이다. 그 때부터 이 추세는 되돌려지지 않았다.

역사는 인구 증가에 따라 돌아가는 쳇바퀴다. 오늘날 사람들은 유전자 조작 작물이 대량 아사를 막을 수 있는 유일한 방법이라고 선전한다. 이런 작물이 농민들의 삶을 향상시킬 것 같지는 않지만, 유전자 조작 작물 덕택에 어쨌든 많은 사람이 생존할 수는 있을 것이다. 유전자 조작은, 수렵 채집 시대가 사라진 이래로 계속 움직여 온 바퀴가 한 번 더 굴러가는 것이다.

3.
역사의 아이러니

로봇 공학 분야의 개척자 중 한 사람인 한스 모라벡Hans Moravec은 이렇게 쓴 바 있다. "다음 세기가 되면 다양한 능력을 갖춘 저렴한 로봇들이 매우 광범위한 분야에서 인간의 노동을 대체할 것이기 때문에, 완전 고용을 유지하려면 근로 시간이 실질적으로 0시간에 가까워져야 할 것이다."

모라벡이 그린 미래는 우리 생각보다 더 가까이 와 있는지도 모른다. 신기술은 인간의 노동을 빠른 속도로 대체하고 있다. 만성적 실업失業 상태에 있는 '사회 최하층underclass'이 존재하는 이유로 그들이 받은 변변찮은 교육과 정부의 잘못된 경제 정책을 꼽을 수도 있다. 하지만 경제 활동 영역에서 점점 더 많은 인구가 남아도는 시대가 되었다는 것이 더 큰 이유일 것이다. 한두 세대가 지나기 전에 인구 대부분이 생산 과정에서 거의 혹은 전혀 역할을 못하게 될 상황이 올 날도 상상할 수 없는 일만은 아니다.

산업혁명이 가져온 주요 결과 중 하나는 '노동계급'의 형성이었다. 산업혁명으로 농촌에서 도시로 많은 사람들이 몰려들기도 했지만 인구의 막대한 증가가 가능했기 때문이기도 하다. 그리고 21세기 초인 오늘날, 새로운 국면에 접어든 산업혁명은 상당수의 인구를 남아돌게 하겠노라고 약속한다.

영국 북부지방에서 시작된 산업혁명은 이제 전세계적인 현상이 되었다. 그 결과로, 지금 우리는 전 지구적인 인구 증가를 목도하고 있다. 그와 동시에, 새로운 테크놀로지들은 산업혁명의 산물인 '노동 인구'가 맡고 있던 기능을 점점 없애고 있다.

기계가 핵심적인 일들을 수행하는 경제에서 인간의 노동은 기계가 대신할 수 없는 일에 한에서만 가치있다고 여겨진다. 모라벡은 "산업화된 사회가 드러내는 경향들을 보건대, 인류의 조상이 야생 환경에 의존하는 삶을 살았다면 미래의 인류는 기계에 의존하는 사회에서 살게 될 것"이라고 말했다. 제레미 리프킨Jeremy Rifkin에 따르면 이는 대규모 실업失業 상태를 의미하지는 않는다. 다시 모라벡의 표현을 빌자면, 그것은 "거의 모든 사람들이 다른 사람들을 즐겁게 해 주는 일에 종사하는" 상태가 되리라는 뜻이다.

부유한 국가들은 이미 그런 시대를 맞이했다. 옛날식 산업은 개발도 상국으로 수출되었고, 자국에서는 새로운 직업들이 생겨나 산업화 시대의 직업들을 대체하고 있다. 새로운 직업 중 상당수는 예전에 억눌려 있었거나 숨겨져 있던 욕구를 충족시키는 일이다. 정신분석 상담, 디자이너 종교,[*] 영성 부티크 등의 산업이 번창하고 있다. 뿐만 아니라 마약과 매춘을 제공하는 불법 산업의 회색 경제 규모도 어마어마하다. 불법이건 합법이건 이러한 새로운 산업은, 이전 어느 때보다도 바빠졌지만 마음속으로는 자신이 쓸모없지 않을까 전전긍긍하는 사람들의 기분을 전환시켜 주고 위로해 주는 기능을 한다.

산업화는 노동계급을 만들어 냈고, 이제는 노동계급을 구시대의 유물로 만들고 있다. 생태계 붕괴 등의 이유로 제동이 걸리지만 않는다면, 산업화는 점차로 거의 모든 사람을 그렇게 만들 것이다.

4.

서서히 사라져 가는 한때의 중산층

중산층의 삶은 '커리어', 즉 일생에 걸친 직업상의 경력이라는 제도

---

[*] 맞춤 종교. 종교가 개개인의 감정적 필요를 충족시키기 위해 입맛에 맞게 구매하는 상품처럼 되었음을 지적하는 말이다.

에 기초를 두고 있다. 그런데 오늘날에는 전문직과 그 밖의 중산층 직종이 사라지고 있다. 머지않아 전문직이나 사무직 같은 단어는 중세 시대의 '신분'이라든가 '영지' 같은 단어처럼 옛 이야기로 여겨질 것이다.

오늘날 우리에게 남은 유일한 진짜 종교는 미래에 대한 얕은 신념뿐이다. 하지만 우리는 미래가 뭘 가져다 줄지 아무것도 모른다. 구제불능으로 무능하거나 생각 없는 사람 빼고는, 아무도 장기적인 관점을 가져야 한다는 따위의 말을 믿지 않는다. 저축은 도박이고, 미래를 위한 경력 관리나 [미래에 타서 쓰려고 현재 돈을 넣는] 연금은 판돈이 큰 도박이다. 정말로 부자인 소수의 사람들만이 이 도박에서 자신을 보호할 수 있다. 프롤레타리아, 그러니까 부자를 뺀 우리 나머지 사람들은 미래에 대한 생각이나 계획 없이 하루하루를 살아간다.

유럽과 일본에는 중산층의 삶이 아주 약간 남아 있지만 영국과 미국에서는 환상에서나 존재한다. 중산층은 자본주의가 더 이상 감당할 수 없는 사치다.

5.

평등의 종말

복지 국가는 2차 대전의 부산물이다. 영국 국민건강보험은 런던 공습 때 시작됐고 완전고용법은 전시 징병 제도에서 시작됐다. 전후의 평등주의는 전쟁 당시의 대규모 동원이 낳은 사후적 효과였다.

19세기 나폴레옹 전쟁부터 1차 대전까지의 시기를 되돌아보자. 유럽에서 가장 평화로웠던 이 시기는 가장 불평등한 시기이기도 했다. 인구 대다수는 하루 벌어 하루 먹고 살았고, 매우 부유한 사람들만이 갑작스런 경제적 곤란에 대해 안전망을 가질 수 있었다. 오늘날에는 거의 모든 사람들이 당시보다 풍족하게 살기는 한다. 하지만 빅토리아 시대 때와 마찬가지로, 대다수의 사람들은 진짜 부자들만이 누리는 경제적 안정을 얻지 못한다.

풍요롭고 기술이 고도로 발달한 경제에서는 대다수의 사람들이 쓸모없이 남아돈다. 총알받이 군인까지 남아돈다. 요즘의 전쟁은 징병된 군인이 아닌 기계가 치르거나, (세계 곳곳의 불안정한 국가들에서는) 빈민들로 구성된 비정규 군대가 치른다. 전쟁의 양상이 이렇게 바뀌면서 사회적인 통합을 이루고 유지해야 할 필요성도 줄었다. 부자들은 나머지 사회와 거의 접촉하지 않은 채 살 수 있다. 가난한 사람들은 부자들에게 위협을 제기하지 않는 한 자신의 생활 방식대로 알아서 살아가게 놔두면 된다.

사회민주주의는 부유층의 과두 정치에 자리를 넘겨주었다. 이는 평화를 위해 치르는 대가의 일부다.

6.

태양을 향한 십억 개의 발코니들

농경이 경제를 지배하던 시대는 오래 전에 끝났다. 산업화가 경제를 지배하는 시대도 거의 끝나가고 있다. 경제는 더 이상 생산에 의해 움직이지 않는다. 그러면 무엇에 의해 움직이는가? 바로 오락이다.

오늘날의 자본주의는 엄청나게 생산성이 높지만, 경제를 움직이는 동력은 생산성이 아니다. 경제의 동력은 지루함을 몰아내는 데 있다. 풍요가 지배하는 사회가 직면하는 심각한 위협은 욕망의 상실이다. 욕망이 너무 빨리 충족되어 버리기 때문에, 경제가 돌아가려면 더 색다른 욕구를 계속 만들어 내야 한다.

경제적 번영이 수요의 창출에 달렸다는 것은 새로운 일이 아니다. 오늘날의 경제가 특이한 점은 새로운 악덕을 발명해 내지 않으면 지속될 수 없다는 점이다. 경제는 끊임없이 새로움을 만들어 내려는 노력 덕분에 굴러가며, 경제가 잘 돌아가기 위해서는 끊임없이 죄악을 만들어 내야 한다. 과잉이라는 유령이 오늘날의 경제를 떠돌고 있다. 물질적인 상품뿐 아니라, 금세 물려서 흥미를 잃게 되는 경험의 과잉도 마찬가지다. 오히려 경험은 물질적 상품보다 〔소비자들을〕 더 빨리 질리게 한다.

'전통적 가치'를 고수하려는 사람들은 오늘날의 방종에 비난을 퍼붓는다. 하지만 이들은 모든 전통 사회가 알고 있던 사실, 즉, 악덕의 위로가 없이는 미덕이 있을 수 없다는 사실을 외면하고 있다. 이들은 새로운 악덕이 경제적으로 얼마나 필요한지를 모른다. 맞춤 마약과 맞춤 섹스는 21세기 상품의 전형을 보여 준다. "음악, 여행, 습관, 침묵이 모두 돈"(J. H. 프린J. H. Prynne의 시에 나오는 구절이다)이라서가 아니라(물론 이것들이 돈인 것은 사실이지만), 새로운 악덕이 욕망의 상실을 막을 수 있는 예방약이기 때문이다. 엑스터시, 비아그라, 뉴욕과 프랑크푸르트의 새도-매저키즘 성매매 업소 등은 단순한 쾌락 보조 상품에 그치지 않고 권태의 해독제가 된다. 만족이 번영을 위협하는 이 시대에, 과거에 금지됐던 쾌락은 경제를 이끄는 새로운 핵심 요소가 되었다.

어쩌면 가혹한 나태함에서 목숨을 부지하고 있는 우리는 운이 좋은 편이다. J. G. 발라드J. G. Ballard의 소설 『코카인 나이트Cocaine Nights』에는 부유한 영국인 은퇴자들이 노후를 보내는 스페인의 리조트 〈에스트렐라 델 마르〉가 나온다. 발라드는 이곳에 있는 〈클럽 노티코〉를 다음과 같이 묘사하고 있다.

기억을 없애는 하얀 건물에, 온 신경계를 마비시키는 강요된 여가가 있다. 아프리카식으로 꾸며 놓긴 했지만 사실은 마그렙*에 한 번도 가본 적이 없는 사람이 만든 북아프리카다. 어떤 사회 구조도 존재하지 않는다. 권태의 끝까지 간 이 세계에는 시간도 존재하지 않는다. 과거도 없고, 미래도 없고, 줄어 들

---

* 북아프리카의 튀니지, 알제리, 모로코에 걸친 지역.

어가는 현재만이 있다. 아마도 여가가 지배하는 미래의 모습이 이렇지 않을까. 이 무덤덤한 세계에서는 어떤 일도 일어날 수가 없다. 활기를 잃은 흐름이 수천 개의 수영장 표면을 침묵시키는 이곳에서는…….

심리적으로 활력을 잃는 상태를 피하기 위해 사회는 비정상적인 요법들에 의지한다.

우리 정부는 노동 없는 미래를 준비하고 있다. (…) 사람들은 일을 하긴 할 것이다. 아니, 일부 사람들은 일을 할 것이다. 하지만 일생 중에 10년 정도만 일할 것이다. 30대 후반에 은퇴를 하고서, 남은 50년을 게으름 피우며 보내게 될 것이다. (…) 십억 개의 발코니가 태양을 향하게 될 것이다.

금지된 것들이 제공하는 스릴만이 여가가 지배하는 삶의 짐을 가볍게 해 줄 수 있다.

사람들에게 활력을 불러일으킬 수 있는 것은 단 한 가지다. (…) 범죄, 그리고 일탈적 행위. 꼭 불법적인 것은 아니더라도 우리를 자극하고, 강렬한 감정을 느끼고 싶은 욕구를 건드리고, 신경계를 흥분시키고, 여가와 무기력으로 죽어버린 시냅스*를 펄쩍 뛰게 만드는 모든 것들 말이다.

---

* 신경 세포의 연접부.

발라드가 말한 "십억 개의 발코니가 태양을 향하고 있는" 미래는 잘
못된 전망이었다. 21세기에 부자들은 그 어느 때보다도 고되게 일을
한다. 가난한 사람도 시간이 남아돌아 문제인 처지는 아니다. 하지만
사회를 어떻게 통제할 것인가의 문제는 과로의 사회에서나 강요된 여
가의 사회에서나 크게 다르지 않다. 『코카인 나이트』보다 나중에 쓴 소
설 『수퍼 칸Super-Cannes』에서 발라드는 "에덴 올림피아"라는 기업 단
지를 묘사하고 있다. 이곳에서는, 지쳐 떨어진 기업인이 겪는 무기력
을 "잘 계산된 폭력이나, 강장제에 소량의 신경흥분제를 투여하는 것
등과 같은 미량의 광기"로 치료한다. 무의미한 노동을 무의미한 폭력
(정교하게 계획된 거리 싸움, 강도, 강간, 그리고 그 밖의 더 일탈적인 오락들)으
로 치료하는 것이다.

이 기업 단지에서 정신 치료 실험을 총괄하고 있는 심리학자는 이러
한 치료법의 논리를 다음과 같이 설명한다. "소비사회는 일탈적인 것
들과 예기치 못한 것들에 굶주려 있다. 그것 말고 대체 무엇이 이 오락
의 환경에서 사람들이 계속해서 구매를 하게 만들 만한 기이한 새로움
을 제공할 수 있겠는가?"

오늘날에는, 우리를 제정신으로 유지시켜 주는 '광기라는 치료제'
를 새로운 테크놀로지가 제공해 준다. 온라인에 접속해 있는 사람은
누구라도 가상의 섹스와 폭력을 무한정 공급받을 수 있다. 하지만 이
들 새로운 악덕마저 다 소진하고 나면 어떻게 될 것인가? 맞춤 섹스,
맞춤 마약, 맞춤 폭력마저도 더 이상 팔리지 않게 되면, 진력나는 포만

감과 게으름을 어떻게 피할 수 있을 것인가? 그 때가 되면 도덕이 다시 유행하게 될 지도 모르겠다. '도덕'이 새로운 종류의 일탈로 판매되는 시대가 머지않았는지도 모른다.

7.
20세기 반자본주의자와 사회주의적 생활 공동체,
그리고 중세의 자유 성령 형제단

한 세대 전, 국제 상황주의자Situationists International라는 혁명 분파가 유럽의 주요 도시를 뒤흔든 반反자본주의 운동에 영향을 미쳤다.[■]

국제 상황주의자는 소규모의 폐쇄적인 분파로, 자신들이 세상을 바라보는 독특한 관점을 가지고 있다고 주장했다. 그러나 사실 그들의 세계관은 19세기 혁명 이론들과 20세기 전위 예술의 혼합이었다. 국제 상황주의자들은 아나키즘, 마르크스주의, 초현실주의, 다다이즘에서 많은 아이디어를 가져왔다. 하지만 이들이 가장 대담하게 빌려 온 사상은 중세 후기, 신비주의적 아나키스트 결사체인 자유 성령 형제단[■■]

[■] 국제 상황주의자는 68혁명에 영향을 주었다.
[■■] Brethren of the Free Spirit. 13, 14세기 가톨릭교회에 반대해 개개인의 영성을 중시하는 사상을 주장하며 종교 개혁 운동을 벌였다. 가톨릭교회에 의해 이단으로 규정되어 박해를 받았다.

의 사상이었다.

자유 성령 형제단은 중세에 유럽 곳곳으로 퍼져 나갔고 계속된 박해에도 5백 년 이상 전통을 지켜왔다. 상황주의자들은 이들의 후예였다. 상황주의자들이 꿈꾼 세상은 형제단이 가졌던 천년왕국의 신념과 비슷했다. 모든 것을 공동으로 소유하고 아무도 노동을 강요받지 않는 사회 말이다. 1960년대 초에 상황주의자들은 중세의 혁명가들인 형제단의 사상을 인용해 스트라스부르 학생 봉기에 불을 지폈다. 1968년 혁명 중에는 파리의 담벼락에 비슷한 내용의 낙서를 그렸다. 그 중에서도 특히 기억할 만한 낙서는 "절대로 일하지 말라"였다.

자유 성령 형제단처럼 상황주의자들도 노동이 놀이에 자리를 넘겨준 세상을 꿈꾸었다. 상황주의 사상가인 라울 바네겜Raoul Vaneigem은 이렇게 말했다. "내가 20세기를 살고 있어서 이 시대가 제공하는 어떤 〔지적인〕 이점을 갖고 있다는 점을 제외하면, 지금 내가 하는 말은 13세기 자유 성령 형제단의 주장에서 더 나아가지 않았다." 현대의 혁명 운동을 이들 중세의 신비주의 아나키스트의 후예라고 보았다는 점에서 바네겜은 옳았다. 두 운동 모두 과학이 아닌 종말론적 환상에서 운동의 목적을 찾았다.

마르크스는 유토피아주의를 비과학적이라며 경멸했다. 하지만 '과학적 사회주의' 와 비슷한 과학이 있다면 연금술 정도일 것이다. 다른 계몽주의 사상가들도 그랬지만, 마르크스도 테크놀로지가 인간의 기본적인 본성을 이루는 질료를 금으로 바꾸어 낼 수 있을 것이라고 생각했다. 미래의 공산주의 사회에서는 생산력과 인구의 증가에 제약이 없을 것이고, 희소성이 사라지면 사유재산, 가족, 국가, 분업도 모두 사라지게 될 터였다.

마르크스는 '희소성의 종말'이 '역사의 종말'을 가져올 거라고 보았다. 마르크스가 자신의 생각을 좀더 밀고 나갔더라면, 그와 엥겔스가 '원시 공산 사회'라고 뭉뚱그린 선사시대에 이미 희소성 없는 사회가 달성된 바 있다는 사실을 알 수 있었을 것이다. 수렵 채집인들은 후세 어느 시대 인류와 비교해도 노동의 부담이 적었다. 하지만 낮은 인구 밀도로 드문 드문 존재했던 이들 수렵 채집 사회는 지구가 제공하는 것에 전적으로 의존하고 있었다. 따라서 자연적 재앙은 언제라도 그들을 쓸어버릴 수 있었다.

마르크스는 수렵 채집인들이 자유의 대가로 감수했던 이 제약을 받아들일 수 없었다. 그보다 인류는 지구의 정복자가 될 운명을 타고 났다는 신념을 활성화시켜서, 인간 욕망에 대해 아무런 제약을 하지 않고도 노동에서 자유로워질 수 있다고 주장했다. 이것은 자유 성령 형제단의 종말론적 환상이 계몽주의적 유토피아로 모습을 바꾼 것에 불과하다.

마르크스보다 한 술 더 떠 상황주의자들은 (바네겜의 말을 빌면) "노동, 진보, 산출, 생산, 소비, 계획"이 없는 세계를 꿈꾸었다. 노동은 폐기되고 인간은 내키는 대로 할 수 있는 자유를 갖게 될 터였다. 이 꿈은 상당 정도 마르크스에게 빚진 바 있지만 19세기 초 프랑스의 유토피아주의자였던 샤를 프랑수아 푸리에Charles Francois Fourier가 가졌던 환상과 더 닮았다. 푸리에는 미래에 사람들이 수도원과 비슷한 시설의 사회주의적 생활 공동체에 살게 될 것이며, 그 곳에서는 자유연애가 행해지고 누구도 일을 강요받지 않을 것이라고 했다. 푸리에의 유토피아는 호모 루덴스*가 지배하는 곳이었다.

상황주의자들이 그린 유토피아는 푸리에가 말한 유토피아의 최신 버전이라 할 만하다. 하지만 그들은 알아차리지 못했을 어떤 착오 때문에 노동 없는 사회인 그곳을 운영하는 조직은 노동자 위원회가 되었다. 이 운영 조직은 정부 기관은 아니었다. 국가나 정부가 필요하지 않은 사회니 말이다. 쓰레기 치우는 일은 어린이들에게 맡기자고 했던 푸리에보다 한 술 더 떠** 상황주의자들은 자동 기계들이 노동을 대체해서 사람들은 물리적인 노동을 할 필요가 없을 거라고 했다. 물질의 희소성도 없고 노동할 필요도 없으면 갈등이 생겨날 일도 없을 터였다. 또 마르크스의 유토피아적 전망에서처럼 국가도 사라질 것이었다.

상황주의자들은 미래에 대해서라면 흔들림 없는 확신을 가지고 있었지만 현재에 대해서는 지독히 비관적이었다. 그들은 현재 새로운 형태의 권력 관계가 완성되었으며 이 체제에서는 모든 저항이 사실상 전

---

* Homo Ludens, 놀이하는 인간.
** 푸리에는 어느 누구도 원치 않는 노동을 강요받지 않으면서도 필요한 일은 순조롭게 수행되는 사회를 구상했는데, 이를테면 쓰레기 처리를 어린이들에게 맡김으로써, 아이들이 흙장난을 좋아하는 문제와 쓰레기를 누가 수거할 것인가의 문제를 한꺼번에 해결하려고 했다.

지구적인 스펙터클에서 발생한다고 주장했다. 이 체제에서 삶은 일종의 쇼가 되었는데, 쇼를 연출하는 사람들조차 그 연극에서 벗어날 수 없다. 가장 급진적인 혁명 운동마저도 금새 연극의 일부가 된다.

익숙한 아이러니지만 상황주의자들에게 일어난 일이 바로 이것이었다. 그들의 급진적 사상은 영리한 마케팅을 타고 펑크록 밴드의 허무주의로 다시 나타났다. 상황주의자들은 그런 일을 막으려 애썼지만 이들의 사상은 곧 문화 슈퍼마켓에서 팔리는 상품 중 하나가 되었다.

상황주의자들이 꿈꾸었던 혁명은 어디에서도 보이지 않았다. 하지만 그들은 [미래에 대해] 흔들림 없는 확신을 가지고 있었다. 저명한 상황주의 사상가인 기 드보르Guy Debord는 이렇게 주장했다. "대변혁이 임박했으며 그것은 피할 수 없다. (…) 내리치는 순간이 되어서야 깨달을 수 있는 번개와 같이 말이다." 그는 정통 천년왕국설을 이어받아, 현재는 어두운 세력이 세계를 지배하고 있지만 이 어두운 힘은 어느 날 때가 오면 순식간에 사라질 거라고 믿었다. 그러나 드보르의 종말론적인 확신에서 오는 침착함은 오래 가지 않았다. 소비문화에 대항해 전지구적으로 노동자 혁명이 일어나리라는 말도 안 되는 희망이 사그라들었을 수도 있고, 생각을 바꾸는 계기가 되는 개인적인 사정이 있었기 때문이었을 수도 있다. 1984년에 드보르의 출판업자가 살해를 당했고 그 출판업자의 아내는 1991년에 출판사를 팔려고 했다. 드보르는 어찌할 바를 몰랐다. 이는 기억에 남을 만한 희극적인 에피소드가 되었는데, 상품화되고 구경거리화되는 것을 타협 없이 거부해 왔던 드보르가 타임지 문예 부록에 출판 에이전트를 구하는 광고를 낸 것이다.

이 광고를 보고 출판 관계자들이 실제로 연락을 해 왔는지는 알려지지

않았지만, 어쨌든 드보르는 새 출판사인 〈갈리마르〉와 계약을 했고 그

의 책은 출판되어 널리 읽히게 되었다. 하지만 그의 기분은 나아지지

않았다. 그는 평생 술을 마셨는데, 이는 우울증을 심화시켰다. 드보르

는 1994년에 62세로 자살했다.

상황주의자와 자유 성령 형제단 사이에는 수백 년의 시간차가 있지

만, 인간의 가능성에 대해서는 같은 견해를 가지고 있었다. 인간은 어

둠의 세계에 좌초된 신神이다. 인간이 노동을 해야 하는 이유는 인간의

과도한 욕망이 가져온 당연한 결과가 아니라, 악신惡神의 저주다. 인간

이 노동에서 자유로워지기 위해서는 이 사악한 세력을 몰아내야 한다.

이러한 신비주의적 비전이야말로 상황주의자 사상이 사람들에게 영감

을 준 부분이었으며, 인간이 제약 없이 사는 세계를 한 번이라도 꿈꿔

본 사람이라면 누구나 품어 본 이상이었다.

8.

최면(메스머리즘)과 신경제

시장 경제는 늘 어느 정도 허구였지만, 오늘날의 시장은 특히나 그

렇다. 새로운 테크놀로지는 단순히 정보를 전달하는 기능에만 그치지

않는다. 사람들의 감정을 자극해서 행동을 바꾸게 한다. 오늘날에는 모든 사람이 예전보다 더 빨리 뉴스를 접하게 되었을 뿐 아니라, 뉴스가 조장하는 감정 역시 훨씬 더 빠르게 전염된다. 인터넷은 오래된 진실을 다시 한 번 확인시켜 주었다. 세계는 암시와 연상을 전염시키는 힘의 지배를 받는다는 진실 말이다.

19세기 말과 20세기 초, 오스트리아 의사 안톤 메스머Anton Mesmer는 최면 상태에서 받는 암시가 인간 행동에 지대한 영향을 미친다는 사실을 증명했다. 생전에는 인정을 못 받고 조롱을 샀지만, 메스머는 자신의 이름을 본뜬 최면을 뜻하는 용어(메스머리즘mesmerism) 덕분에 길이 기억에 남게 되었다. 60년 뒤, 장 샤르코Jean Charcot는 최면과 히스테리 사이의 상관관계를 증명해 정신의학의 창시자 중 한 명이 되었다.

금융 시장은 전염과 히스테리에 의해 움직인다. 새로운 정보 기술들은 감정적인 전염과 암시의 효과를 증폭시킨다. 현대의 경제가 어떻게 돌아가는지를 알려 주는 지침으로 삼기에는 하이에크Hayek나 케인스Keynes보다 메스머나 샤르코가 더 적절할 것이다.

9.
의식에 대한 이론

인류의 진화가 이뤄진 선사시대에 인간의 의식은 언어의 부작용으로 생겨났다. 오늘날 인간의 의식은 미디어의 부산물이다.

10.
돌에 새겨진 기억

자연보호주의자들은 야생 공간이 사라지는 현실을 한탄하지만, 도시 역시 사라져 가는 생태계다. 차탈 휘위크[*] 같은 곳들이 처음으로 생겨나기 시작한 신석기 시대 이래로, 인간은 도시에서 수렵 채집의 풍습을 되살려 냈다. 인간은 농경에 수반되는 끊임없는 노동과 계속되는 이동에 적합한 동물이 아니다. 도시는 정착에 대한 갈망에서 생겨났다.

수렵 채집인들은 주변 지역 환경을 속속들이 알고 있어야 한다. 환경의 세세한 변화들을 파악하기 위해 자유롭게 돌아다녀야 할 필요가 있다. 하지만, [농경으로] 척박해진 땅 때문에 다른 곳으로 계속해서 옮겨 가야 했던 농경인들과 달리, 새로운 변경으로 자꾸자꾸 내몰려야 할 절박성은 없었다. 수렵 채집인의 생활은 일정한 영역 안에서 이뤄졌다. 그들은 그 범위를 결코 떠나지 않았고 그 영역을 탐험하는 일도

---

[*] Çatal Hüyük, 현재의 터키 아나톨리아 지역에 기원전 7,500년~5,700년 경에 존재했던 도시. 가장 오래된 도시로 알려져 있다.

결코 멈추지 않았다.

모든 도시가 한때는 새로운 곳이었을 테지만, 고대 도시들은 정착 생활에 대한 욕구를 가장 잘 충족시켜 주었다. 이언 싱클레어Ian Sinclair에 따르면, 옛 도시들은 그 곳을 거쳐 간 사람들이 가졌던 심리의 흔적을 잘 간직하고 있다.

교회는 도시 안에 있는 연결 단위, 혹은 에너지들의 시스템 중 하나다. 그런 연결 단위나 시스템으로 병원, 법정, 시장, 감옥, 성전 등도 있다. (…) 각각의 교회는 여러 사건들에 은밀히 영향을 미치는 성채이자 망루, 에너지의 공간이었다.

옛 도시들은 청동기 시대 크레타의 크노소스 미궁까지 거슬러 올라가는 계보의 후예들이다.

도시 안에서 사람들은 장소의 그늘일 뿐이며, 어떤 세대도 거리 하나보다 더 오래 가지는 않는다. 그러나 현재는 도시의 뒤를 이어 교외 지역이 확산되고 있다. 거리는 그곳을 지나가는 사람들만큼이나 빨리 생겼다 사라진다. 도시들은 교통수단이 오가는 장소로 전락했고, 한때 도시가 지니고 있었던 정착 생활은 기억에서 사라져 가고 있다.

11.
근대화라는 신화

오늘날 우리는 모두 근대화주의자들이다. 우리는 정작 근대적 modern이 된다는 것이 무슨 의미인지는 모르면서도 그것이 미래를 보장해 주리라고 확신한다.

19세기 실증주의자들에게 근대성(모더니티modernity)은 중세 정신의 새로운 버전, 즉, 종교의 자리를 과학이 차지한 상태에서 세워진 위계적 기술 관료주의를 의미했다. 마르크스나 시드니 웹Sydney Webb, 비어트리스 웹Beatrice Webb 부부[*]에게 근대성은 시장과 사유재산이 사라진 경제를 의미했다. 프랜시스 후쿠야마Francis Fukuyama에게는 전 세계적인 자유 시장과 보편적인 자유 민주주의를 의미했다. 이러한 매우 다른 비전들은 각각 근대성의 핵심을 보여 주는 것으로 여겨져 왔다. 그리고 이는 모두 환상이었음이 판명되었다.

우리는 근대성이 사회과학에서 나온 개념이라고 생각하지만, 사실 이것은 '도덕'이 마지막으로 숨어 있는 장소다. 근대성을 믿는 사람들은 (자연재해의 경우를 빼면) 역사가 계몽주의적 가치의 편이라고 확신한다. 결국 근대성의 의미란 이런 것이다. 그렇지 않은가?

---

[*] 시드니 웹과 비어트리스 웹은 19세기말과 20세기에 활동했던 영국의 노동조합주의 운동가이자 학자다.

사실은, 근대화되는 방법도 많고 근대화에 실패하는 방법도 많다. 상당수의 표현주의 예술가들이 초기에 나치의 지지자였다는 사실에도, 오스왈드 모즐리*가 미래파**풍의 검정 철제 책상 뒤에 앉아 인터뷰를 했다는 사실에도 다 이유가 있다. 나치는 유럽인들의 생활을 혁명적으로 변화시킨다는 목적을 가지고 있었다. 그들에게 근대화는 인종적 정복과 대량 살상을 의미했다. 목적을 위해 과학과 기술을 체계적으로 사용하는 사회는 모두 근대적인 사회다. 죽음의 수용소는 레이저 수술 못지않게 근대적이다.

근대성이라는 개념이 갖는 특징 중 하나는, 인류의 미래가 탈종교적인 모습을 띨 것이라고 본다는 점이다. 그러나 이 기이한 견해를 뒷받침해 주는 역사는 없다. 영국, 스웨덴, 이탈리아 같은 몇몇 유럽 국가들에서 탈종교화secularization 경향이 있기는 했지만, 미국에는 그런 징후가 전혀 없었다. 이슬람권 국가들 중에서는 터키가 유일하게 탈종교적 국가가 된 경우다. 나머지 대부분의 이슬람 국가들에서는 종교 근본주의자들이 권력을 잡고 있다. 인도에서는 힌두 민족주의가 탈종교적 국가를 잠식했다. 유대-크리스트교나 이슬람교를 받아들이지 않았던 중국과 일본의 경우 탈종교화는 실질적으로 의미가 없으니 논의 대상이 아니다. 이러한 사실들에도, 21세기의 근대화주의자들은 마르크

스, 실증주의자들, 자신들의 지엽적인 희망이 보편적인 역사 법칙이라
고 믿었던 19세기 유럽인들의 낡은 언어로 이야기하고 있다.

근대화를 주창하는 이론들은 계몽주의 가치를 유사 과학의 형태로
포장한 것이다. 이 이론들은 미래에 대해서는 아무 것도 알려 주지 않
는다. 하지만 현재를 이해하는 데는 도움을 준다. 이러한 이론들은, 역
사를 궁극적으로는 도덕이 승리하는 진보와 구원의 드라마라고 보는
기독교적 신념의 위력이 사라지지 않았음을 보여 준다. 우리가 알고
있는 [그에 반대되는] 모든 사실들에도 말이다.

12.
알카에다

2001년 9월에 민간인이 타고 있는 항공기를 납치해 뉴욕과 워싱턴을
공격하는 무기로 삼았던 사람들은, 세계에서 가장 강력한 나라의 취약
점을 보여 주는 것에만 그치지 않았다. 그들은 [우리의] 세계관을 통째
로 뒤흔들었다.

모두가 세상은 점점 탈종교적이 되어가고 있다고 생각했다. 하지만
2001년 9월 11일, 전쟁과 종교는 인류 역사상 그 어느 때보다 더 깊이
엮여 있었다. 9 · 11 테러리스트들은 새로운 종교 전쟁에 나선 병사들
이었다.

모두가 세상은 평화롭다는 사실을 당연하게 여겼다. 모든 국가가 자유 시장의 세계적인 네트워크 속에 연결되어 있다고 생각했다. 저들 중 가장 거대한 국가(중국)도 전 지구적 자본주의에 동참했지 않은가? 사람들은 자유 무역으로 전쟁이 구시대의 유물이 되었다고 생각했다. 그러나 세계무역센터는 새로운 종류의 전쟁으로 무너져 내렸다.

모두가 전쟁이란 국가 간의 충돌을 의미한다고 생각했다. 20세기 게릴라 전쟁이 보여 준 사례들이 있었는데도, 사람들은 만약 전쟁이 다시 일어난다면 (다시 일어날 것이라고 생각한 사람도 거의 없었지만) 그것은 군대와 정부의 일일 거라고 여겼다. 하지만 워싱턴과 뉴욕에 대한 공격을 기획한 네트워크는 기존의 군대 조직이라기보다는 탈근대(포스트모던)적인 기업에 더 가까웠다. 알카에다는 어떤 국가의 명령도 받지 않았고 국가들의 취약점을 십분 활용했다. '세계화'의 부산물 중 하나라고 할 수 있는 이 테러 조직은 테러를 국가가 아닌 민간의 영역으로 가져왔고 그것을 전세계적인 일로 만들었다.

모두가 세계화와 함께 '근대적 가치들'이 더욱 활성화되고 널리 퍼질 것이라고 생각했다. 하지만 '세계화'가 무언가를 의미한다면, 그것은 새로운 기술들의 혼란스런 흐름을 뜻할 뿐이다. 세계화가 영향을 미친 것이 있다면, 그것은 '근대적 가치'의 확산이 아니라 소모였다.

인터넷을 많이 사용한다는 점에서 보자면 알카에다는 분명히 근대적(혹은 현대적)이다. 하지만 알카에다는 서구식 근대화를 거부하기 위해 인터넷을 사용한다. 부족 집단의 네트워크에서 지원을 받는다는 점에서는 '전근대적' 사회 구조를 보여 주지만, 근대적 가치에 대한 거부 자체가 전통이나 기존의 권위 때문이라기보다 (자신들의) 의지에 의한 것이라는 점에서 알카에다는 독특하게 근대적이다.

'전근대적' 가치를 위해 복무하는 '탈근대적' 조직 알카에다는 근대성이 무엇이냐는 질문에 커다란 물음표를 던져 놓았다.

13.
일본이 주는 교훈

인간이 결코 테크놀로지의 주인이 될 수 없다는 말은, 테크놀로지를 전혀 통제하지 못한다는 뜻이 아니다. 어느 정도까지 통제할 수 있느냐가 인간의 의지에 달려 있지 않다는 뜻이다.

여러 국가들이 신기술의 유입을 막으려는 시도를 했다. 이를테면 중국은 한동안 선박을 대양으로 나가지 못하게 했다. 하지만 근대의 핵심 기술 중 하나를 상당 기간 성공적으로 막아 낸 사례로는 일본이 유일하다. 일본은 1543년부터 1879년까지 총을 거부하고 칼을 고수했다. 그 전에 다른 어느 나라보다도 총을 많이 가지고 있었던 일본은 이 시기 거의 완전히 총을 없앴다.

일본은 이 독특한 실험에 유리한 드문 이점을 가지고 있었다. 우선 국가가 〔섬나라여서〕 고립되어 있었고 앞으로도 상당 기간 외부와 단절

된 상태일 것이라고 예측할 수 있었다. 일본은 사회적 동질성이 매우 높은 사회였다. 또 치밀하고 멀리 보는 지배층이 있었다. 이 지배층에는 전략적으로 포함된 계급인 사무라이도 있었는데, 이들은 총을 버리고 칼로 돌아가면 득을 볼 사람들이었다. 이 모든 조건들 덕분에 일본은 수 세기 동안 총을 거부할 수 있었다.

쇄국 시기였지만 일본은 정체된 사회가 아니었다. 총은 거부했지만 일본은 스스로 여러 기술 혁신을 이루어냈다. 새로운 종류의 양날 쟁기, 바퀴 달린 감자 파종기, 새로운 종류의 잡초 제거 기계 등이 이 쇄국 시기에 개발되었다. 여러 면에서 볼 때 일본의 발전은 당시의 서구 국가들과 비교할 때 더 낫거나 적어도 비슷했다. 일본의 도시가 서구 도시에 비해 공공 위생 면에서도 더 좋았고, 우편 제도도 더 발달되어 있었다. 그러나 쇄국 시기 일본의 기술 혁신은 느리게, 하나씩, 그리고 전통적인 삶의 방식에 기여하는 방식으로 이뤄졌다. 노엘 페린Noel Perrin은 이렇게 설명했다.

필라델피아에서 대륙 회의가 열리던 즈음에[*] 도쿄와 가고시마에서는 칼을 찬 사무라이들이 돌아다녔다. 하지만 편지나 옻나무 묘목 등의 우편물은 필라델피아와 서배너 사이에서보다 도쿄와 가고시마 사이에서 더 빠르게 왕래했다.

당시 일본의 지배층은 쇄국을 선택하는 것이 가능했기 때문에 평화를 위협하는 근대 기술[총]을 막을 수 있었다. 그러나 1853년에 페리 제독이 검은 배를 타고 일본에 도착했을 때 일본의 지도자들은 쇄국을 버리고 정책의 경로를 바꾸어야 한다는 것을 깨달았다. 20세기의 첫 10년이 지날 무렵이면 일본은 근대적 해군을 보유하게 되고, 이 해군은 쓰시마 전투에서 제정 러시아 함대를 격파한다. 이는 근대 유럽 세력이 아시아와의 전쟁에서 패배한 첫 번째 사례였다.

기술을 거부하는 국가는 그렇지 않은 국가의 희생물이 되고 만다. 작게는 자신이 목표로 하는 자급자족을 달성할 수 없고, 크게는 타스마니아인들이 당한 것과 같은 일을 겪게 된다. 약탈적인 국가의 세계를 피할 수 있는 길은 없다.

14.
전위에 선 러시아

러시아인들은 근대화란 '서구처럼 되는 것'이라고 늘 생각해 왔다. 그런데 그런 근대화 시도는 항상 비서구적인 과거의 잔재로 되돌아가는 것으로 끝이 났다.

러시아가 서구화를 가장 조직적으로 진행한 경우는 레닌의 볼셰비키였다. 볼셰비키는 19세기 서구의 공장 체제를 모델로 삼아 러시아

농업을 재조직하고자 했다. 그러나 그 후에 이어진 산업화로의 돌진은 러시아의 농업을 파괴했다. 제정 시대 말기만 해도 러시아는 세계에서 가장 큰 곡물 수출국이었지만, 소비에트 체제 하에서 식품은 한때 농민이었던 사람들이 가꾸는 작은 텃밭에서 근근이 공급되었다. 자급자족 농업으로 되돌아가는 것이 공산주의적 근대화가 가져온 최종적 결과였던 셈이다.

이런 실험이 되풀이되지는 않았을 거라고 생각할지도 모르겠다. 하지만 소비에트 정권이 무너진 후 옐친 정권은 (서구의 초국가적인 기관들에게 많은 영향을 받아서) 다시 한 번 서구 모델을 도입했다. 영미식 자유 시장을 러시아에 들여오기 위해 '충격 요법'을 시도한 것이다. 당시의 러시아 산업 상태(사양화되고 쇠락한, 거대한 군산복합 공업 지역)를 고려할 때 이는 불가능한 일이었다. 이 정책으로 러시아 경제는 심한 불황에 빠졌다. 농촌에서는 대부분의 사람들이, 도시에서도 상당수의 사람들이 작은 텃밭에서 나는 생산물로 겨우 기아를 면할 수 있었다.

서구 모델에 따라 러시아를 근대화하려는 시도는 모두 실패했다. 러시아가 근대적이지 않다는 이야기가 아니다. 오히려 러시아는, 자본주의의 가장 발달된 단계라고 여겨질 법한 어떤 경제 체제를 개척했다. 전前소비에트 국가의 잿더미 속에서 극도로 근대적이라 할 만한 경제가 생겨났으니, 그것은 (서구에서 지금 확산되고 있는) 마피아에 기반한 무정부적 자본주의다. 선진국 경제에서 약물, 포르노, 매춘, 사이버 사기 등의 불법적 산업이 실질적으로 성장해 가고 있는 시기에, 러시아의 조직범죄가 세계화되었다. 이러한 경제의 새로운 발달 단계에서, 러시아의 무정부적 자본주의는 서구 자본주의를 능가하는 징후를 많이 보여 준다.

서구화 계획이 무수히 실패한 장소였던 러시아가 이제 서구 근대화의 전위가 되고 있는 셈이다.

15.

'서구의 가치'

공산주의가 무너졌을 때, 대부분의 러시아아인은 무엇보다도 '서구'에 동참하고 싶어했다. 그 결과로 그들이 얻은 것은 2차 대전 후에 추축국▪이 받은 것보다 더 나쁜 대우였다.

중국은, 서구의 모델을 따른 소비에트를 본떠 나라를 재건하려 했던 마오주의를 폐기한 이래로 서구의 조언을 경멸해 왔다. 그 결과, 현재 중국은 〔서구 사람들 사이에서〕 안정적인 경제와 정부를 가진 국가로 여겨지게 되었다.

일본은 근대화에 성공한 최초의 비서구 국가다. 하지만 오늘날까지도 일본은 매우 비서구적인 국가로 남아 있다. 이를테면 서구의 어느

▪ 독일, 이탈리아, 일본.

나라보다도 수감자 수가 적다.(미국의 20분의 1밖에 안 된다.) 분명히, 일
본 사람들은 서구의 가치를 아직 다 받아들이지 않았다.

16.
미래의 전쟁

21세기의 전쟁에 대해 알고 싶다면 20세기의 이데올로기 전쟁은 잊
고, 대신 맬서스를 읽으시길. 미래의 전쟁은 줄어들어 가는 자연 자원
을 둘러싼 전쟁이 될 테니까.

르완다에서 벌어진 후투족과 투치족 사이의 대량 학살 전쟁에는 여
러 원인이 있었지만, 벨기에 식민 지배자들이 르완다의 부족 문화를
무너뜨린 것이 주요한 원인 중 하나였다. 하지만 이 전쟁은 부분적으로
는 수자원을 둘러싼 싸움이기도 했다. E. O. 윌슨은 이렇게 설명했다.

얼핏 보기에 르완다의 재앙은 윤리적 정당성을 둘러싼 경쟁이 비극으로 치달
은 경우로 보일 것이다. 언론도 대체로 이렇게 설명했다. 하지만 이는 부분적
인 설명일 뿐이다. 르완다의 내전에는 더 깊은 이유가 있었는데, 환경과 인구
문제였다. 1950년에서 1995년 사이, 르완다의 인구는 보건 상태 향상과 일시
적인 식량 공급 증가로 세 배 이상 늘었다.(2천5백만 명에서 8천5백만 명으로 증가했
다.) 1992년에 르완다는 세계에서 인구증가율이 가장 높은 나라였다. 여성 한

명이 평균 8명의 아이를 가졌다. (…) 이 시기에 식량 생산도 크게 개선되기는 했지만 인구 증가 속도가 더 빨랐다. (…) 1인당 곡물 생산량은 1960년에서 1990년대 초반 사이에 절반 이하로 떨어졌다. 물도 너무 많이 사용해서, 수자원학자들이 르완다를 전세계 27개 물 부족 국가 중 하나로 지정할 정도였다. 후투족과 투치족의 십대 소년 병사들은 인구 증가 문제를 해결하는 가장 직접적인 방법을 보여 주는 것인지도 모른다.

자원의 희소성으로 발생하는 전쟁이 가난한 사람들만의 문제라고 생각한다면 실수다. 선진국의 부富는 그들이 자연 자원을 지금처럼 계속 확보할 수 있느냐에 달려 있다. 오늘날 중앙아시아에서는 '그레이트 게임'▪이 다시 벌어지고 있다. 19세기에 그랬듯이, 열강들이 석유 자원의 통제권을 놓고 싸운다. 소득이 낮고 인구 증가율이 높은 페르시아만의 국가들로서는 자신들이 생존하려면 유가는 높아야 하고 계속 올라야 한다. 반면 선진국으로서는 경제적 번영을 유지하려면 유가가 안정적으로 유지되거나 계속 떨어져야 할 필요가 있다. 이러한 상황이 불러 올 결과는, 맬서스가 오래 전에 말했던 것과 같은 충돌이다.

냉전은 서구 이데올로기간에 벌어진, 그러니까 집안싸움이었다. 미래의 전쟁은 그게 무엇이 되든 간에 자원의 희소성을 둘러싼 전쟁이 될 것이다. 근대 열강에 맞서 무장한 빈민들의 국가 없는 군대가 일으

▪ the Great Game, 19세기, 중앙아시아의 패권을 둘러싸고 벌인 영국과 러시아의 경쟁.

키는 미래의 전쟁은 매우 파괴적일 것이다. 어쩌면 우리는 20세기가 평화의 시대였다고 기억하게 될 지도 모르겠다.

17.
놀이로서의 전쟁

버트런드 러셀Bertrand Russell은 1차 대전 당시의 영국 기차역을 이렇게 회상했다. "기차역은 군인들로 붐볐다. 거의 대부분이 술에 취해 있었고, 절반 정도는 술 취한 창녀와, 나머지 절반 정도는 아내나 애인과 함께 있었는데, 모두가 절망하고, 무모하고, 미친 것 같아 보였다." 이 경험은 러셀이 인간 본성에 대해 가졌던 견해를 수정하는 계기가 되었다. "나는 대부분의 사람들이 돈을 가장 좋아한다고 생각했는데, 이제 보니 돈보다 파괴를 더 좋아한다는 것을 알게 되었다."

러셀은 (과거 그가 신봉했던) 합리주의 철학이 인정할 수 없었던 진실을 직시함으로써 이런 통찰을 얻을 수 있었다. 예전에 러셀은 삶에서의 성취감이란 사랑, 진리 추구, 더 나은 세계를 향한 노력을 통해 얻을 수 있다고 믿었다. 그런데 러셀은 절망한 군인들의 모습을 보고 대부분의 인간에게 행복이란 그런 것들에 있는 게 아니라 세계를 잊게 만드는 절박한 전쟁놀이에 있다는 사실을 깨달았다.

자고로 전쟁과 놀이는 매우 긴밀히 연결된 개념이었다. 호머 시절의 고대 그리스에서는 아곤*이 경쟁적인 스포츠나 치명적인 전투 모두의 특징이었다. 즉, 둘 다 게임이고, (승리나 죽음에 따르는 명예를 제외한다면) 게임 이상의 목적이 없었다. 스패리오수Spariosu에 따르면, 호머 시대와 전前소크라테스 시대에 아곤은 "영웅들 사이의, 신들 간의, 인간과 신 사이의, 그리고 필멸하는 존재들과 운명 사이의 거래를 규정하는" 우주적인 원리였다. 『일리아드』도 신들의 즐거움을 위해 인간들끼리 벌인 전쟁 게임에 대한 이야기다. 또 헤라클레이토스Heraclitus는 『단편Fragments』에서 이 세계 자체가 "게임판에서 말들을 이리저리 옮기며 놀고 있는 아이"며 "왕권이라는 것도 이 아이에게 속해 있다"고 말했다.

물론 전쟁이 명시적으로 지루함을 피한다는 이유에서 발생하지는 않는다. 전쟁은 인종적, 종교적인 적대심에서 생겨나기도 하고, 무역과 영토를 둘러싼 경쟁에서 촉발되기도 하며, 부족한 자원을 둘러싼 죽느냐 사느냐의 충돌에서 시작되기도 한다. 하지만 일단 시작되고 나면 전쟁은 종종 어떤 탈출구로 여겨진다. 독재 정권이 그렇듯이, 전쟁은 "평범한 사람들을 자질구레하고 구질구질한 일상에 묶어 놓는 굴레를 끊겠다"고 약속한다. 독재 정권이 그렇듯이, 물론 이 약속은 사기다. 하지만 세계가 부서져 나가도, 전쟁이 이용해 먹은 희망과 공허한 의무감은 오래도록 사라지지 않는다. 사람들이 전쟁을 찬미한다면, 그

---

* agon, 스포츠나 게임 등에서와 같은 비적대적인 경쟁을 말한다.

이유는 많은 사람들에게 전쟁이 자유의 꿈을 의미하기 때문일 것이다.

『일리아드』는 전쟁에서의 죽음을 노래로 축하한다. 호머와 달리, 우리는 전쟁을 놀이로 생각할 수 없다. 하지만 전쟁은 여전히 게임으로 남아 있다. 부유한 탈군사 사회의 지루한 소비자들은 가상 전쟁 게임을 또 하나의 오락으로 소비해 왔다. 진짜 전쟁으로 말할 것 같으면, 이것은 담배 피우기처럼 가난한 사람들이 늘상 하는 일이 되었다.

18.
또 하나의 유토피아

인구가 많이 줄어든 후, 사람들이 부분적으로 복원된 낙원에 사는 세계를 생각해 볼 수 있을 것이다. 농경은 폐기되고, 녹색 사막이 땅으로 되돌아가고, 남아 있는 사람들은 도시에 거주하면서 수렵 채집인의 고상한 게으름을 흉내 내고, 필요한 것들은 지구에 별로 흔적을 남기지 않는 채로 새로운 기술을 통해 충족하며, 삶이 호기심과 쾌락과 놀이로 이루어지는 세상을 말이다.

이런 세상을 만드는 일은 기술적으로는 불가능하지 않다. 신기술이 열역학의 법칙을 깨뜨릴 수는 없겠지만, 옛 기술에 비해서는 더 지구에 친화적일 수 있다. 마이크로칩은 기술의 일부를 비물질화해서 에너지를 덜 쓰게 해 준다. 태양열 발전은 화석연료에 덜 의존하게 해서 환경에 미치는 악영향을 줄여 준다. 제임스 러브록은 지구온난화를 막기 위해 원자력을 사용하자고 했고, E. O. 윌슨은 자연 보존과 인구 통제를 위해 유전자 조작 식품을 활용하는 대대적인 프로그램을 추진하자고 제안했다.

인구가 줄어든 상태에서, 남아 있는 소수의 사람들이 다른 생명체들과 조화를 이루면서 행복하게 사는 하이테크 녹색 유토피아는 과학적으로는 성립 가능하다. 하지만 인간의 본성을 고려한다면 불가능하다. 이와 비슷한 세계가 온다면, 그것은 호모 라피엔스인 인간의 의지에 따라 나타난 결과는 아닐 것이다.

인구가 증가하는 한, 진보를 위해서는 그 인구를 유지하기 위한 노동이 필요하다. 인간이 노동을 줄일 수 있는 방법은 하나뿐인데 그것은 인구를 줄이는 것이다. 그런데 인구를 제한하는 것은 〔인구를 늘려야 할〕 강력한 필요와 상충한다. 이를테면 쿠르드족과 팔레스타인 사람들은 아이를 많이 갖는 것을 일종의 생존 전략으로 여긴다. 사회가 어찌할 수 없는 전쟁에 빠져 있는 곳에서는 아이를 많이 낳는 것이 곧 무기다. 현실적으로 예상해 볼 수 있는 어떤 미래에도 이런 전쟁은 많이 일어날 것이다. 인구 증가율이 제로가 되게 하려면 엄청난 단호함과 엄청난 권력을 가진 전 지구적 정부 같은 것이 있어야 한다. 하지만 그런 권력을 가진 세계 정부는 이제까지도 없었고 앞으로도 없을 것이다.

그러나…, 인간들이 계획도 하지 않았는데 이 세계가 다른 형태로 바뀌는 일이 벌어진다면 어떨까? 인간이 미래를 위해 고안해 놓은 것들이,

19.

인간 이후의 진화

근 150년쯤 전에, 새뮤얼 버틀러[*]는 이렇게 말했다. "우리는 우리 뒤를 이을 생물종을 스스로 창조하고 있는 것 같다. (…) 여러 장치들을 통해 그 생물종에 막강한 자기 통제와 행동 능력을 부여하면서 말이다. 그러한 장치들은 그 생물종에게 인류의 지능과 같은 기능을 선사할 것이다."

인간은 불이나 바퀴 같은 기술을 완벽하게 통제할 수 없듯이, 기계도 완벽하게 통제할 수 없다. 자연적으로 생겨난 생명체들이 오늘날 인간이 통제할 수 있는 범위를 벗어났듯이, 인공 지능을 가진 인조 생명체들도 인간이 통제할 수 있는 범위를 벗어나게 될 것이다. 어쩌면 자신을 창조한 자들, 그러니까 인간들을 몰아내고 그 자리를 차지할

---

[*] Samuel Butler, 1835~1902. 영국의 소설가다. 주로 풍자 소설이나 빅토리아시대의 도덕관념을 비판하는 글을 썼다. 대표작 『에레혼*Erewhon*』은 올더스 헉슬리의 『멋진 신세계*Brave New World*』에 영감을 주었고, 『생활과 습관*Life and Habit*』, 『진화의 어제와 오늘*Evolution, Old & New*』, 『무의식의 기억*Unconscious Memory*』 등과 같은 책에서는 당시 유행하던 다윈의 자연선택 이론을 비판했다.

지도 모른다.

자연 생명체가 인조 생명체보다 우월한 진화상의 이점을 가지고 있는 것은 아니다. 에이드리언 울프슨Adrian Woolfson은 이렇게 설명했다. "자연적 물질로 구성된 생명체가 기계적으로 만들어진 인조 생명체를 〔진화상의〕 경쟁에서 이길 거라고 확신할 근거는 없다." 디지털 진화(가상 공간 상에서 벌어지는 가상 생명체 사이의 자연선택 과정)가 이미 작동하고 있는지도 모른다. 전화 응대를 소프트웨어로 작동할 수는 있지만, 새로운 가상 환경이 자연 세계보다 더 통제하기 쉽지는 않다. 마크 워드Mark Ward에 따르면 "일단 하나의 시스템이 스스로 활동하는 소프트웨어에 자리를 넘겨주게 되면, 이를 되돌릴 방법은 없다."

기계가 인간의 자리를 차지할 수 있다는 두려움은 마이크로프로세서 개발자 중 한 사람인 빌 조이Bill Joy도 언급한 바 있다: "(…) 인간에 비길 만한 컴퓨터가 30년 안에 나온다면, 완전히 새로운 개념이 등장할 것이다. 어쩌면 지금 내가 하는 일이 우리 인간 종을 몰아내버릴 새로운 생명체를 만드는 기술에 기여하는 일인지도 모른다. 그렇게 된다면 나는 어떤 기분이 들까? 마음이 매우 불편할 것이다." 빌 조이의 이 같은 자책어린 말은 유나바머Unabomber 시어도어 카진스키Theodore Kaczynski▪가 했던 말과도 비슷하다. 카진스키는 인간이 '집짐승의 상

▪ 1978년에서 1995년 사이 미국에서 열여섯 건의 우편물 폭발 사건을 일으킨 연쇄 폭탄 테러범. 유나바머는 그의 별명이다.

태로 전락한' 것에 절망했다고 말한 바 있다.

인간이 만든 기계가 인간을 대체하리라는 예측은 흥미롭다. 하지만 〔인간을 대체하며〕고도로 진화한 기계가 인간들보다 훨씬 생명 파괴적일까? 인간들이 언젠가 이전 어느 시대보다 더 척박한 환경에 처하게 되면, 불가피하게 인간은 그들 자신을 황폐한 환경에서 더 잘 살아남을 수 있도록 재구성하려고 들 것이다. 이를테면 선한 의도를 가진 생명공학자들이 생명애(biophilia, 인간을 인간의 진화적 고향과 연결시켜 주는, 다른 모든 생명체에 대한 태고의 유대감)를 지닌 유전자를 없애려고 할지도 모른다.

새로운 인간종만이 인간의 무분별한 확장이 야기한 세계에서 번성할 수 있을 것이다. 기계가 인간을 몰아내서 인간들이 현재의 수렵 채집인들처럼 변경으로 쫓겨 가는 것이, 새로운 인간 종이 번성하는 것보다 과연 더 나쁠까?

20.
기계 속의 영혼

사람들이 지능을 가진 기계를 두려워하는 이유는 의식이야말로 인간의 특성 중 가장 가치 있다고 생각하기 때문이다. 또 자신의 의지로 통제할 수 없는 것은 무엇이건 두려워하기 때문이기도 하다. 그러니까

지능을 가진 (생각하는) 기계를 두려워하는 이유는, 인간이 지구의 주인이 되어야 한다고 생각하는 이유와 동일하다.

기계들이 인간의 통제를 벗어나면, 그들은 단지 의식하고 사고하는 것에만 그치지 않을 것이다. 기계는 영혼을 가진 존재가 될 것이다. 우리 인간이 그렇듯이, 의식만으로 통제할 수 없는 내면세계를 갖게 될 것이다. 생각과 감정뿐 아니라, 자각에 수반되는 모든 오류와 환상도 갖게 될 것이다.

생각하는 기계는 자신의 언어도 갖게 될 것이다. 그 언어는 사람이 의식적으로 탑재해 넣은 인공 언어가 아니라 현재 인간의 언어만큼이나 풍부하고 모호한 자연 언어일 것이다. 자연 언어는 사용자가 표현할 수 있는 범위를 넘어서는 의미를 포함하게 마련이다. 기계의 언어는 곧 인간이 탑재해 넣은 인조 언어보다 훨씬 복잡다단해질 것이다.

사람들은 생각하는 바를 투명하게 전달하는 매체를 만들려는 목적에서 에스페란토 어를 만들었다. 하지만 얼마나 널리 사용되든, 에스페란토 어도 여전히 모호할 것이다. 마찬가지로, 인간이 지금 개발하고 있는 인공 지능 기계들도 누구도 완전히 이해할 수 없는 방식의 대화를 하는 방향으로 진화할 것이다. 지금의 우리들처럼, 미래의 말하는 기계들도 자신이 이야기할 수 있는 것 이상을 말하고 있다는 사실을 깨닫게 될 것이다.

모두가 기계가 인간처럼 생각을 할 수 있게 될 것인가 궁금해한다. 하지만 기계가 고양이나 고릴라, 돌고래나 박쥐처럼 생각을 하게 될 것인가는 아무도 궁금해하지 않는다. 우주 생명체를 찾아나서는 과학자들은 인류가 우주에서 외롭게 존재하고 있는지를 근심한다. 그러나 그들은 점점 수가 줄어들고 있는 동물 친족들과 대화하는 법을 연구하는 편이 더 나을 것이다.

데카르트는 동물을 기계 기관이라고 보았다. 자기 자신도 기계 기관임을 깨달았다면 이 위대한 코기토주의자는 훨씬 더 진실에 다가갈 수 있었을 것이다. '의식'은 인간의 특징 중에서 기계가 가장 잘 따라잡을 수 있는 성질이다. 어쩌면 의식하고 생각하는 능력이야말로 인간과 기계를 더욱 비슷하게 만들어 주는 점인지도 모른다.

디지털 세계는 인간의 의식을 확장시키기 위해 발명되었지만 곧 인간의 의식을 넘어섰다. 미래에는 디지털 세계가 기계의 마음까지도 초월할 것이다. 월드와이드웹이 만들어 낸 가상의 우주는 어떤 사고 능력을 가졌다고 해도 한 눈에 인식할 수 없다. 조지 다이슨■의 말을 빌자면, "어떤 디지털 세계도 완전하게 지도로 그릴 수는 없다." 새로운 기술들은 새로운 황야를 만들어 낸다. 인간은 그 새로운 황야를 이해하지 못한 채로 그곳에서 방랑한다. 가상 황야가 생겼다고 해서 인간

■ George Dyson, 과학 역사가, 저술가다. 『프로젝트 오리언*Project Orion: The Atomic Spaceship 1957~1965*』과 『기계 사이의 다윈*Darwin Among the Machines: The Evolution of Global Intelligence*』에서 그는 기계 역시 다윈의 자연선택에 따라 "기계적 의식"을 가질 수 있다는 새뮤얼 버틀러의 전제를 확장시키며 인터넷 역시 살아 있으며 지각 있는 존재라는 논의를 하고 있다.

이 파괴한 지구의 자연 황야가 보상받지는 못한다. 그러나 가상 황야와 자연 황야 모두 인간이 이해할 수 없다는 점에서 비슷하다. 새로운 황야는 인간 세계의 경계 너머로 길을 내어 준다. 마굴리스와 세이건은 이렇게 설명했다. "테크놀로지는 가이아적인 의미를 스스로 드러낸다. 테크놀로지는 인간을 매개로 생겨났지만 전적으로 인간이 만들어 낸 현상은 아니며, 이들 테크놀로지의 적용은 인간에게 뿐만이 아니라 지구의 모든 생명체에 영향을 미친다."

기독교 이전 시대 식으로 말하자면, 기계는 진화하면서 영혼을 갖게 될 것이다. 산타야나에 따르면, "영혼은 인간에게만 있는 것이 아니다. 어떤 생명체에서도 영혼이 생겨날 수 있다. 지엽적인 범위를 넘어서는 영혼이 생길 수도 있다. 영혼은 국가에도 존재할 수 있고 종교에도 존재할 수 있듯이, 동물에도 존재할 수 있다. 상상도 못 해 본 생명체나 공동체나 세상에서도 영혼이 생길 수 있다."

선사시대, 역사시대를 통 털어, 물활론자들은 만물에 영혼이 깃들어 있다고 믿어 왔다. 이 오랜 신념을 뒷받침하는 살아 있는 증거들을 왜 받아들이려 하지 않는가?

"(…) 세상에 대한 진리가 존재한다면,
그것은 인간의 진리가 아니어야 한다."
– 조지프 브로드스키 Joseph Brodsky

1.
행동이 주는 위안

소설 『노스트로모*Nostromo*』에서 조지프 콘래드는 이렇게 말했다. "행동은 위안을 준다. 행동은 생각의 적이고, 알랑거리는 환상의 친구다."

삶이란 곧 행동하는 것이라고 생각하는 사람들은, 세상을 자신의 꿈을 연기하는 무대로 여긴다. (적어도 유럽에서는) 지난 수백 년간 종교가 사그라들었지만, 만물에 인간의 의미를 부여하려는 집착은 사그라들지 않았다. 이제는 얄팍한 세속의 이상주의가 삶을 지배하는 태도가 됐다. 세상은 우리가 스스로의 형상을 본따 재창조한 무언가가 되었다. 삶의 목적이 행동이 아니라 관상(contemplation, 觀想)이라는 생각은 이제 거의 사라졌다.

세상을 바꾸기 위해 분투하는 사람들은 자신이 고결하고 비극적인 인물이라고 생각한다. 하지만 좀 더 나은 세상을 만들기 위해 노력한다는 사람들 대부분은 세상의 질서에 맞서 저항하고 있는 게 아니다. 너무 나약해서 자신으로서는 도저히 받아들일 수 없는 진실 앞에서 위로를 구하는 것이다. 인간의 의지에 의해 세상이 바뀔 수 있다는 믿음의 근저에는 자신의 필멸성을 부정하려는 마음이 깔려 있다.

윈덤 루이스*는 진보라는 개념을 '시간 숭배'로 설명했다. 〔진보 개념은〕 모든 것을 현재의 상태가 아니라 미래에 어떻게 될 것인가를 기준으로 가치 부여하는 사상이라는 의미에서다. 하지만 실은 이와 반대다. 진보는 시간에서 벗어나는 해방을 약속한다. 인간이라는 종을 더욱 향상시킴으로써 우리 자신을 사라지지 않게 할 수 있다는 희망 말이다.

'행동'은, 우리가 '성찰'과 '사유'를 한다면 허구임을 깨달을 수밖에 없는 '자아정체성'이라는 감각을 계속 지니게 해 준다. 세상 속에서 행동하고 움직이고 있을 때, 우리는 자신을 견고하고 실질적인 개체처럼 느낀다. 행동은 우리가 실은 존재하지 않는다는 사실에 위안을 준다. 현실에서 도피하는 사람은 게으른 몽상가가 아니라, 무의미한 존재의 피난처를 구하기 위해 '행동하는 삶'을 살려는 사람이다.

오늘날 우리가 추구할 수 있는 좋은 삶은, 과학과 기술을 한껏 활용

---

* Wyndham Lewis, 1882~1957. 영국의 화가이자 문필가다. 화가로서 루이스는 미래주의와 입체주의를 결합한 보티시즘(Vorticism, 소용돌이파)을 창시했으며, 작가로서는 1920년대와 1930년대를 배경으로 한 소설을 주로 썼다. 반反유대주의적 작품이라는 비판을 받기도 했다.

하되, 그것이 우리에게 자유롭고 합리적이며 온전한 정신을 주리라는 환상에는 굴복하지 않는 삶이다. 평화를 추구하되, 전쟁 없는 세상이 오리라는 희망은 갖지 않는 삶이다. 자유를 추구하되, 자유라는 것이 무정부주의와 전제주의 사이에서 잠깐씩만 찾아오는 가치라는 점을 잊지 않는 삶이다.

좋은 삶이란 진보를 꿈꾸는 데 있지 않고 비극적인 우연성을 헤쳐 나가는 데 있다. 우리는 비극의 경험을 부정하는 종교와 철학에 길들여져 있다. 우리는 '행동'이 주는 위안에 기대지 않는 삶을 상상할 수 있을까? 아니면, 너무 무식하고 게을러서, 그런 삶을 꿈꾸지도 못하는 것일까?

2.
시시포스의 진보

오늘날에는 '게으름'보다 더 낯선 말도 없을 것이다. 만약 노동에서 벗어나 휴식을 취한다면, 그것은 다시 노동으로 돌아가기 위해서일 뿐이다.

노동을 이렇게 높이 치는 것은 비정상적이다. 이제까지 그런 문화는 거의 없었다. 선사시대, 역사시대를 통틀어 거의 모든 인류의 문화에서 노동은 경멸받았다.

기독교 중에서도 프로테스탄트만이 노동에 구원의 향기가 있다고 믿었다. 중세 기독교 세계에서는 노동과 기도가 축제와 뒤섞여 있었다. 고대 그리스인들은 〔노동이 아니라〕 철학에서, 인도인들은 명상에서, 중국인들은 시詩와 자연에 대한 사랑에서 구원을 찾았다. (지금은 거의 사라진) 아프리카 우림 지역의 피그미족들은 하루의 필요를 충족시킬 만큼만 일하고 삶의 대부분을 게으름 피우며 보낸다.

그런데 진보는 게으름을 경멸한다. 인간을 구원하는 데 필요한 노동은 방대하다. 하나의 고원이 정복되면 또 다른 고원이 솟아나기 때문에 실로 끝이 없다. 물론 이것은 신기루일 뿐이다. 하지만 진보의 가장 나쁜 점은 그것이 환상이라는 점이 아니라, 끝이 없다는 점이다.

그리스 신화의 시시포스는 돌덩이를 애써 언덕 위로 굴려 올리는데, 그러고 나면 그 돌덩이는 반대편으로 굴러 떨어진다. 로버트 그레이브스*는 시시포스의 이야기를 이렇게 설명했다.

시시포스는 아직도 그 일에 성공하지 못했다. 거의 정상에 다다르자마자 그는 무자비한 돌의 무게에 눌려 뒤로 쳐지고, 돌은 바닥으로 굴러 떨어진다. 그러면 시시포스는 바닥으로 가서 그 돌을 잡고 다시 처음부터 반복해야 한다. 땀

---

* Robert Ranke Graves, 1895~1985. 영국의 작가이자 비평가, 고전학자다. 1차 세계 대전에 참전한 경험을 기록한 회고시를 비롯, 역사 소설과 평론집, 문학 이론서 등 다양한 방면에서 저술 활동을 펼쳤다. 반전 시인 시그프리드 서순Siegfried Sassoon과 오랜 우정을 나눴다.

으로 온몸이 젖고, 먼지구름이 머리 위로 피어오르는 속에서.

고대 사람들에게 끝나지 않는 일이란 노예의 표식이었다. 시시포스의 노동은 형벌이었다. 진보를 위해 일한다고 해서 우리의 노동이 이보다 덜 비참한 것은 아니다.

3.
운명과 함께 놀기

도박사들은 놀기 위해 내기를 건다. 취미로 낚시를 하는 사람들 사이에서는 고기를 가장 많이 잡는 사람이 아니라 고기 잡는 것을 가장 즐기는 사람이 최고의 낚시꾼이다. 놀이의 핵심은 목적이 없다는 것이다.

목적이 없으면 무의미하다고 간주되는 시대에, 놀이가 어떻게 존재할 수 있을까? 현대인이 보기에 호모 루덴스는 목적 없이 사는 사람들이다. 놀이는 우리가 닿을 수 있는 범위를 벗어나 있으므로, 우리는 대신 무의미한 노동의 삶에 스스로를 바쳤다. 시시포스처럼 노동하는 것이 우리의 운명이다.

우리의 노동을 좀 더 놀이처럼 만들 수는 없을까? 오늘날 우리는 과학과 기술로 세상을 지배할 수 있다고 생각한다. 하지만 세계를 정복하기 위해 분투하는 그 자아는 사물의 표면만 건드릴 뿐이다. 주위에서 생겨나는 신기술들은 인간의 목적에 복무하는 발명품인 것 같지만, 사실은 그 기술도, 우리도, 목적 없는 게임판에서의 움직임일 뿐이다.

기술은 누구의 의지에도 복종하지 않는다. 기술을 지배하기 위해 노동할 게 아니라, 기술과 함께 놀 수는 없을까?

4.

되돌아가기

삶에서 의미를 찾는 행위는 살아가는 데 유용한 처방이 될 수는 있겠지만, 영적인 삶과는 아무 상관이 없는 일이다. 영적인 삶은 의미를 찾아 헤매는 삶이 아니라 의미에서 놓여나는 삶이니 말이다.

플라톤은 삶의 목적이 관상觀想이라고 생각했다. 행동은 관상을 가능하게 하는 한에서만 가치가 있었다. 그러나 플라톤에게 관상은 인간이 이데아와 소통하는 것을 의미했다. 다른 여러 신비주의 사상가들과 마찬가지로, 플라톤은 세상이 우리의 인식에 그림자로 나타난다고 생각했다. 그리고 가치는 〔그림자가 아니라〕 궁극적인 '실재'에 있다고 보았다. 플라톤은 관상을 통해 가장 고결한 가치(선의 이데아)와 통합을 이루려 했다.

플라톤에게, 그리고 플라톤의 뒤를 이은 기독교도들에게, '실재' 와 '선' 은 동일했다. 하지만 사실, 선은 세계의 진실이 아니라 〔인간의] 희망과 욕망이 임시변통으로 만들어 낸 무언가다. 가치란 인간이나 다른 동물의 욕구가 추상적인 모습을 취한 것일 뿐이다. 조지 산타야나가 설명했듯이, 가치 그 자체에 실재가 있는 것은 아니다.

모든 동물은 내면에 선과 악을 구분하는 원리를 가지고 있다. 자신의 존재와 후생이 어떤 환경에서는 촉진되고 어떤 환경에서는 방해되기 때문이다. 스스로에 대한 지식과 세상에 대한 약간의 경험만 있으면, 어떤 사람이나 사회도 자연스럽고 불가피한 소크라테스적 가치 기준을 쉽게 세울 수 있을 것이다. 각각의 사회는 이러한 가치들을 자신이 가진 지성의 정도에 비례해서 풀어 낼 것이고, 생명력의 정도에 비례해서 지켜 낼 것이다. 하지만 이렇게 인간의 필요에서 나온 지엽적인 가치들을 역설하거나, 그 가치들이 특별히 신성하다고 생각하거나, 혹은 영원히 우주를 지배할 것이라고 믿는 것이 '영적인 삶'이라고 누가 생각한단 말인가?

신비주의자들은 시간을 초월한 실재에 도달하기 위해, 단식과 정신 수련과 기도를 통해 감각의 세계를 닫아 버린다. 이들은 종종 자신이 추구하는 것을 찾아내기는 하지만, 실상 이것은 자신의 걱정을 내면의 스크린에 투사한 그림자놀이에 불과하다. 시작할 때도, 끝날 때도, 신비주의자들은 추억과 후회의 개인적인 시간에 단단히 묶여 있다.

신비주의자들이 가진 불멸에 대한 열망이 오늘날에는 '그치지 않는 행동'에 대한 신념으로 표현된다. 무한한 진보…, 무한한 지루함. 인류의 완성보다 더 지루한 것이 있을까? 진보라는 개념은 불멸에 대한 열망이 테크노-미래주의의 형태로 나타난 것에 불과하다. 이것도, 신비주의자들이 오래도록 바래 온 영원성도, 건전하고 정상적이라고는 볼 수 없다.

다른 동물들은 죽음 없는 삶을 열망하지 않는다. 그들은 이미 죽음 없는 삶을 살고 있다. 우리에 갇힌 호랑이도 반쯤은 시간을 초월해 산다. 인간은 그 끝나지 않는 순간에 들어갈 수 없다. 더 이상 불멸을 원하지 않게 될 때, 시간[의 부담]으로부터 유예될 수는 있다. 낙원의 섬에서 영원한 삶을 주겠다는 칼립소Calypso의 제안을 거부하고, 그리운 집으로 돌아온 오디세우스Odysseus처럼 말이다.▪

관상은 신비주의자들이 하듯이 애써서 추구하는 평온함이 아니라, 되돌아오지 않는 순간들에 기꺼이 복종하는 것이다. 지극히 인간적인 열망에서 멀어질 때, 우리는 필멸의 존재로 돌아간다. 관상의 진정한 대상은, 도덕적 희망이나 신비한 환상이 아니라 어떠한 의미도 존재하지 않는 사실들이다.

▪ 그리스 신화에 나오는 이야기로, 트로이 전쟁 후 배를 타고 집으로 가던 오디세우스가 강풍으로 표류해 칼립소가 살던 섬 오기기아에 도착한다. 칼립소는 오디세우스에게 반해 그를 7년이나 섬에 머물게 하고는, 영원한 삶, 재물, 권력을 주겠다고 했으나 오디세우스는 이를 거부하고 집으로 돌아간다.

5.
그저 바라보기

동물들은 삶의 목적을 필요로 하지 않는다. 그런데 자기모순적이게도, 인간이라는 동물은 삶의 목적 없이는 살 수가 없다. 그냥 바라보는 것을 목적으로 하는 삶은 생각할 수 없는 것일까?

더 읽어 볼 만한 것들

1장 인간

Jacque Monod, *Chance and Necessity*, London, Collins, 1971.

E. O. Wilson, *Consilience: The Unity of Knowledge*, London, Abacus, 1998. 이 책은, 다른 모든 동물을 지배하는 진화의 법칙에서 인류만은 예외라고 보는 견해를 강력하게 비판하고 있다. 또한 '고독의 시대the Eremozoic Era'에 대한 내용도 다루고 있다.

이 시기 대량 멸종에 대한 과학적 논쟁을 개괄적으로 살펴보려면 다음을 참고하라. M. Benton, "Scientific Methodologies in Collision: A History of the Study of the Extinction of the Dinosaurs", *Evolutionary Biology*, Vol. 24, 1990.

E. O. Wilson, *In Search of Nature*, London, Penguin Books, 1998.

Jared Diamond, *The Rise and Fall of the Third Chimpanzee: How Our Animal Heritage Affects the Way We Live*, London, Vintage, 1992.

러시아의 인구 급감에 대해서는 내가 쓴 다음 책을 참고하라. *False Dawn: The Delusions of Global Capitalism*, London and New York, Granta Books and New Press, 1998.

인구 증가 전망치에 대해서는 오스트리아의 〈국제 응용 시스템 연구소International Institute for Applied Systems〉의 보고서를 참고하라. 이 내용은 다음의 『가디언』 기사에 인용되어 있다. "Ageing Planet", *Guardian*, 2 August 2001.

Reg Morrison, *The Spirit in the Gene: Humanity's Proud Illusion and the Laws of Nature*, Ithaca and London, Cornell University Press, 1999. 여러 곳에서 나온 인구 전망 중 가장 낮은 수치인 UN의 예측치 (2050년에 77억명)에 도달하기 전에 인구가 붕괴하리라는 것이 모리슨의 전망이다.

James Lovelock, *Gaia: The Practical Science of Planetary Medicine*, London, Gaia Books, 1991. 이 책은 지구 생리학을 잘 설명하고 있다.

Lynn Margulis, *The Symbiotic Planet: A New Look at Evolution*, London, Weidenfeld and Nicolson, 1998.

기후 변화가 방글라데시와 같은 국가들에 미치는 영향에 대해서는 『인디펜던트』 (*Independent*, 14 November 2000)에 실린, <UN 환경변화에 관한 정부간 패널 UN Intergovernmental Panel on Environmental Change>의 보고서를 참고하라.

역사를 유행병학적으로 해석하는 설명에 대해서는 다음을 참고하라. Hans

Zinsser, *Rats, Lice and History*, New York, Bantam, 1935; William McNeill, *Plagues and Peoples*, Harmondsworth, Penguin, 1979; Michael B. A. Oldstone, *Viruses, Plagues and History*, Oxford, Oxford University Press, 1998.

Thomas Malthus, *An Essay on the Principle of Population*, ed. Anthony Flew, Harmondsworth, Penguin, 1970.

Report from Iron Mountain on the Possibility and Desirability of Peace, with introductory material by Leonard C. Lewin, Harmondsworth, Penguin, 1968. 르윈이 쓴 이 보고서는 정치 풍자 목적으로 쓰여진 가짜 보고서였다.

Bill Joy, "Why the Future Doesn't Need Us", *Wired*, April 2000. 20세기 가장 커다란 규모의 생물학 무기 비밀 개발 계획에 대해서는 구소련에서 이를 담당했던 켄 알리벡이 쓴 다음 책을 참고하라. Ken Alibek (with Stephen Handleman), *Biohazard*, London, Arrow Books, 2000.

Ivan, D. Illich, *Energy and Equity*, London, Calder and Boyars, 1974. 현대 생활에서 자동차가 차지하는 위치에 대한 낭만적이고 독창적인 견해는 다음 책을 참고하라. Heathcote Williams, *Autogeddon*, London, Jonathan Cape, 1991.

Brian J. Ford. *Sensitive Souls: Senses and Communication in Plants, Animals and Microbs*, London, Warner Books, 1999.

Lynn Margulis and Dorion Sagan, "Marvellous Microbes", *Resurgence*, No. 206, May/June 2001.

Betrand Russell, *The Scientific Outlook*, London, George Allen and Unwin Ltd., 1931.

Paul Feyerabend, *Against Method*, London, New Left Books, 1975. 포퍼의 과학 철학에 대한 통렬하고도 재치있는 반박은 다음을 참고하라. Feyerabend, "Trivializing Knowledge: Comments on Popper's Excursions into Philosophy", in *Farewell to Reason*, London and New York, Verso, 1987. 과학적 발견의 사회·역사적 맥락에 대해서는 다음을 참고하라. Bruno Latour, *We Have Never Been Modern*, trans. Catherine Porter, London and New York, Prentice-Hall, 1993, Chapter 1.

Paul Feyerabend, *Conquest of Abundance: A Tale of Abstraction versus the Richness of Being*, Chicago and London, University of Chicago Press, 1999. 특히 pp. 131~160을 참고하라.

Julian Barbour, *The End of Time*, London, Phoenix, 1999.

소크라테스에 대해서는 다음을 참고하라. E. R. Dodds, *The Greeks and the Irrational*, Berkeley and London, University of California Press, 1951, p. 185.

샤머니즘에 대해서는 다음을 참고하라. Mircea Eliade, *Shamanism: Archaic Techniques of Ecstasy*, London and New York, Routledge and Kegan Paul, 1972. 샤

머니즘의 주술 행위가 소크라테스와 플라톤에게 미친 영향에 대해서는 도즈 Dodds의 책 5장을 참고하라.

밈 개념에 대해서는 다음을 참고하라. Richard Dawkins, *The Selfish Gene*, Oxford and New York, Oxford University Press, 1990. 로버트 트리버스Robert Trivers가 쓴 서문에, "진화는 유용한 오류를 선호한다"는 개념이 나온다.

Bernd Heinrich, *Mind of the Raven: Investigations and Adventures with Wolf-Birds*, New York, Harper Perennial/Cliff Street Books, 2000.

Robert Wright, *The Moral Animal: Evolutionary Psychology and Everyday Life.* New York, Pantheon Books, 1994. 특히 13장을 참고하라.

Robinson Jeffers, "Theory of Truth", in *The Collected Poetry of Robinson Jeffers*, Vol. 2, 1928~1938, ed. Tim Hunt, Stanford, Cal., Stanford University Press, 1989.

Blaise Pascal, *Pensées*, London, Penguin, 1966.

데이지 세계 모델에 대해서는 제임스 러브록James Lovelock의 다음 책을 참고하라. *The Ages of Gaia: A Biography of Our Living Earth*, Oxford, Oxford University Press, 1989, Chapter 2~3. 러브록은 데이지 세계 모델에 제기할 수 있는 일부 반론에 대해 다음 책에서 설명해 놓았다. *Gaia: The Practical Science of Planetary Medicine*, London, Gaia Books, 1991. 그의 또 다른 저서인 다음 책도 참고하라. *Homage to Gaia: The Life of an Independent Scientist*, Oxford, Oxford University Press, 2000.

Joel de Rosnay, *The Symbiotic Man*, London and New York, McGraw Hill, 2000.

가이아 이론에 대한 철학적 고찰은 다음을 참고하라. Mary Midgley, *Gaia – The Next Big Idea*, London, Demos, 2001.

Lao Tzu, *Tao Te Ching*, trans. D. C. Lau, London, Penguin Books, 1964.

2장 기만

F. Nietzsche, *Joyful Wisdom*, New York, Frederick Ungar Publishing Co., 1960.

A. Schopenhauer, *On the Basis of Morality*, trans. E. J. F. Payne, Indianapolis and New York, Library of Liberal Arts, Bobbs-Merrill Co. Inc., 1965.

Rudiger Safranski, *Schopenhauer and the Wild Years of Philosophy*, London, Weidenfeld and Nicolson, 1989.

A. Schopenhauer, "On Women", in *Parerga and Paralipomena*, Vol. 2, trans. E. J. F. Payne, Oxford, Clarendon Press, 1980.

그리스 회의주의에 대한 설명과, 오늘날 회의주의자로서 사는 것의 가능성과 어려움에 대해서는 다음을 참고하라. Arne Naess, *Scepticism*, London and New York, Routledge and Kegan Paul, 1968.

쇼펜하우어 철학에 대한 입문서로는 다음을 참고하라. 아직까지 이 책을 능가하는 입문서는 없는 것 같다. Patrick Gardiner, *Schopenhauer*, Harmondsworth, Penguin Books, 1963.

쇼펜하우어는 자신의 저술 이곳 저곳에서 자신의 철학이 베단타 철학과 상통하는 부분이 있음을 밝혔다. 이를테면, 다음을 참고하라. *Parerga and Paralipomena*, Vol. 2.

A. Schopenhauer, *The World as Will and Representation*, trans. E. J. F. Payne, Vol. 2, New York, Dover Publications Inc., 1966.

Walter F. Otto, *Dionysus: Myth and Cult*, trans. Robert B. Palmer, Bloomington and Indianapolis, Indiana University Press, 1965.

니체의 정신착란과 졸도 사건에 대해서는 레슬리 챔벌린Lesley Chamberlain의 다음 책을 참고하라. *Nietzsche in Turin: The End of the Future*, London, Quartet, 1996. 니체의 마지막 나날들에 대한 상세한 설명은 다음을 참고하라. E. F. Podach, *The Madness of Nietzsche*, trans. F. A. Voigt, London and New York, Putnam, 1931. 최근 출간된 니체 전기로는 다음을 참고하라. Rudiger Safranski, *Nietzsche: A Philosophical Biography*, New York and London, W. W. Norton and Company and Granta Books, 2001.

동물이 '세계 빈곤'으로 존재한다는 하이데거의 견해에 대해서는 다음을 참고하라. David Ferrell Krell, *Daimon Life: Heidegger and Life-Philosophy*, Bloomington and Indianapolis, Indiana University Press, 1992. 하이데거에 대한 날카로운 비판은 다음을 참고하라. Alasdair MacIntyre, *Dependent Rational Animals: Why Humans Need the Virtues*, London, Duckworth, 1999.

Martin Heidegger, *Basic Writings*, ed. David Farrell Krell, London and Henley, Routledge and Kegan Paul, 1978.

하이데거의 '존재' 개념이 세속적 기독교라는 주장에 대해서는 다음을 참고하라. Herman Philipse, *Heidegger's Philosophy of Being: A Critical Interpretation*, Princeton, Princeton University Press, 1998. 에크하르트와 실레지우스가 하이데거에게 미친 영향에 대해서는 다음을 참고하라. John D. Caputo, *The Mystical Element in Heidegger's Thought*, New York, Fordham University Press, 1986. 하이데거의 사상과 그노시스주의의 비교는 다음을 참고하라. Hans Jonas, *The Gnostic Religion: The Message of the Alien God and the Beginnings of Christianity*,

2nd edn, Boston, Beacon Press, 1958.

하이데거의 '초연함/내맡김Gelassenheit (releasement)' 개념에 대해서는 하이데거의 다음 저서를 참고하라. *Discourse on Thinking*, New York, Harper, 1966.

하이데거의 1933년 11월 연설 내용은 다음에 수록된 것을 인용했다. Rudiger Safranski, *Martin Heidegger: Between Good Evil*, Cambridge, Mass., and London, Harvard University Press, 1998.

하이데거의 나치즘에 대한 카를 뢰비트의 회고는 그가 쓴 다음 글을 참고하라. "My Last Meeting with Heidegger in Rome, 1936", in R. Wolin, *The Heidegger Controversy: A Critical Reader*, Cambridge, Mass., and London, MIT Press, 1993. 다음의 책도 참고하라. Karl Lowith, ed. R. Wolin, *Martin Heidegger and European Nihilism*, trans. Gary Steiner, New York, Columbia University Press, 1995.

다음을 참고하라. Reinhard May, *Heidegger's Hidden Sources: East Asian Influences on His Work*, trans. Graham Parkes, London and New York, Routledge, 1996. 아시아 사상과 하이데거의 관계에 대해서는 다음을 참고하라. M. Sprung, ed., *The Question of Being*, University Park and London, Pennsylvania State University Press, 1978; Graham Parkes, ed., *Heidegger and Asian Thought*, Honolulu, University of Hawaii Press, 1987.

비트겐슈타인의 사자 이야기는 그가 쓴 다음 책에 나온다. *Philosophical Investigations*, Oxford, Basil Blackwell, 1989. 존 아스피널의 말은 저자와의 대화에서 나온 것이다. 아스피널은 인간과 다른 동물 사이의 장벽이 극복 가능하며, 서로 다른 동물 종 사이에서도 우정과 신뢰가 생겨날 수 있음을 보여 준 개척자다. 다음을 참고하라. John Aspinall, *The Best of Friends*, London, Macmillan, 1976.

비트겐슈타인에 대한 흥미롭고 색다른 설명은 다음을 참고하라. K. T. Fann, *Wittgenstein's Conception of Philosophy*, Berkeley and Los Angeles, University of California Press, 1969. 팬Fann이 여러 다른 저자들이 쓴 글을 묶어 펴낸 다음의 책도 참고할만 하다. *Ludwig Wittgenstein: The Man and His Philosophy*, New Jersey and Sussex, Humanities Press and Harvester Press, 1978. 비트겐슈타인의 사상을 역사 문화적으로 고찰한 책으로는 다음을 참고하라. B. MacGuinness, *Wittgenstein and His Times*, Oxford, Basil Blackwell, 1982. 비트겐슈타인의 생애와 성격에 대해서는 다음을 참고하라. Ray Monk, *Wittgenstein: The Duty of Genius*, London, Penguin, 1991.

포스트모더니즘 사상가의 저작으로는 리처드 로티Richard Rorty와 미셸 푸코Michel Foucault의 연구를 참고하라. Richard Rorty, *Contingency, Irony and*

Solidarity, Cambridge, Cambridge University Press, 1989; Michel Foucault, *Madness and Civilisation*, London, Tavistock Methuen, 1967.

인간의 지식은 동물적 믿음이 승화된 것이라는 견해는, 애석하게도 널리 읽히지 않은 산타야나의 다음 역작을 참고하라. George Santayana, *Scepticism and Animal Faith*, New York, Dover Publications, 1955.

마우트너와 비트겐슈타인에 대해서는 다음을 참고하라. Gershon Weiler, *Mauthner's Critique of Language*, Cambridge, Cambridge University Press, 1970.

A. C. Graham, *Disputers of the Tao: Philosophical Argument in Ancient China*, La Salle, Ill., Open Court, 1989. 그레이엄은 고대 중국의 '법法' 개념이 서구의 보편자나 형상 등의 개념과 어느 정도 유사점이 있지만, "몇 가지 점에서 근본적으로 차이가 있다"고 언급했다.

이 책에서 유명론으로서의 중국 사상을 언급할 때는 다루지 않았지만 단어의 의미를 고정시키려 했던 고대 중국의 법가 사상 또한 흥미롭다. 언어에 대한 법가 사상의 관점을 간략히 설명한 책으로는 다음을 참고하라. Burton Watson, *Han Fei Tzu: Basic Writings*, New York, Columbia University Press, 1964, Introduction. 보다 상세한 내용은 다음을 참고하라. Chad Hansen, *A Daoist Theory of Chinese Thought: A Philosophical Interpretation*, New York and Oxford, Oxford University Press, 1992, Chapter 7.

Brian J. Ford, *Sensitive Souls: Senses and Communication in Plants, Animals and Microbes*, London, Warner Books, 1999.

Lynn Margulis, *The Symbiotic Planet: A New Look at Evolution*, London, Weidenfeld and Nicolson, 1998.

박테리아와 면역 체계의 지각 작용에 대해서는 다음을 참고하라. Fritjof Capra, *The Web of Life: A New Synthesis of Mind and Matter*, London, Flamingo, 1997.

Humberto Maturana and Francisco Varela, *Autopoesis and Cognition*, Dordrecht, D. Reidel, 1980.

원숭이의 정신 능력에 대해서는 다음을 참고하라. Franz de Waal, *The Ape and the Sushi Master: Cultural Reflections of a Primatologist*, New York: Basic Books, 2000.

자각과 양궁에 대해서는 다음을 참고하라. Eugen Herrigel, Zen in the Art of Archery, London, Routledge and Kegan Paul, 1953.

Rebecca Stone Miller, *Art of the Andes from Chavin to Inca*, London, Thames and Hudson, 1995.

N. K. Sandars, *Prehistoric Art in Europe*, 2nd edn, New Haven, Conn., and London, Yale University Press and Penguin Books, 1992 and 1985.

Anton Ehrenzweig, *The Hidden Order of Art: A Study in the Psychology of Artistic Imagination*, London, Weidenfeld and Nicolson, 1967.

Tor Norretranders, *The User Illusion: Cutting Consciousness Down to Size*, London and New York, Penguin Books, 1999.

다음을 참고하라. L. Weiskrantz, *Blindsight: A Case Study and Implications*, Oxford, Clarendon Press, 1986. 와이스크란츠Weiskrantz의 연구는 노르트렌더스 Norretranders의 책에 인용되어 있다.

Joseph Conrad, *Lord Jim*, New York, W. W. Norton and Co., 1968.

의지의 자유라는 개념에 대한 설득력있는 반박은 다음을 참고하라. Galen Strawson, *Freedom and Belief*, Oxford, Oxford University Press, 1986. 자유의지라는 개념을 포기하면 우리 자신을 생각하는 방식이 크게 달라지게 되리라는 주장에 대해서는 다음을 참고하라. 이 역시 매우 설득력있다. "From Hope and Fear Set Free", in Isaiah Berlin, *Liberty*, ed. Henry Hardy, Oxford, Oxford University Press, 2002. 의지의 자유라는 개념은 우리가 결코 흔들어버릴 수 없는 환상이라는 견해는 다음을 참고하라. Saul Smilansky, *Free Will and Illusion*, Oxford, Clarendon Press, 2000.

Benjamin Libet, Curtis A. Gleason, Elwood W. Wright and Dennis K. Pearl, "Time of Conscious Intention to Act in Relation to Onset of Cerebral Activity (Readiness-Potential)", *Brain*, 106 (1983). 리벳의 다음 연구도 참고하라. Benjamin Libet, "Unconscious Cerebral Initiative and the Role of Conscious Will in Voluntary Action", *Behavioural and Brain Sciences* 8 (1985). 리벳의 연구가 가지는 철학적 의미에 대해서는 다음을 참고하라. Daniel Dennet, *Consciousness Explained*, London, Penguin, 1993; John Searle, *The Mystery of Consciousness*, New York, New York Review Press, 1997. 의식에 대한 데카르트적 견해를 뒤흔드는 과학 연구는 다음을 참고하라. Antonio Damasio, *The Feeling of What Happens: Body and Emotion in the Making of Consciousness*, New York, Harcourt Brace, 1999; Antonio Damasio, *Descartes's Error: Emotion, Reason, and the Human Brain*, New York, Grosset/Putnam, 1994.

의식의 대역폭과 관련해 정보를 제공해 준 빈센트 디어리Vincent Deary에게 감사를 전한다.

Arthur Schopenhauer, *The World as Will and Representation*, trans. E.J.F. Payne, Vol. 2, New York, Dover Publications, 1966.

'상황에 대처해 나가기'에 대해서는 다음을 참고하라. Mark Wrathall and Jeff Malpas, eds., *Heidegger, Coping and Cognitive Science: Essays in Honour of Hubert*

L. Dreyfus, 2 vols., Cambridge, Mass., and London, MIT Press, 2000. 특히 1권의 1~6장을 참고하라. 다음의 책도 참고하라. 내가 이 책에서 묘사한 것과 비슷한, '어떻게 할 것인지를 아는 것'의 내용을 담고 있다. Hubert L. Dreyfus, *Being-in-the-World: A Commentary on Heidegger's* Being and Time, *Division 1*, Cambridge, Mass., and London, MIT Press, 1991.

Francisco J. Varela, *Ethical Know-How: Action, Wisdom and Cognition*, Stanford, Stanford University Press, 1999. 다음도 참고하라. Humberto Maturana and Francisco J. Varela, *The Tree of Knowledge: The Biological Roots of Human Understanding*, Boston and London, Shambala, 1992.

R. A. Brooks, "Achieving Artificial Intelligence Through Building Robots", *A. I. Memo 899*, Cambridge, Cambridge Artificial Intelligence Laboratory, May 1986.

유진 마레의 다음 저서를 참고하라. Eugene Marais, *The Soul of the White Ant*, London, Methuen, 1937. 마레의 독창적인 연구를 벨기에 작가이자 노벨상 수상자인 모리스 마테를링크Maurice Maeterlink가 영국 앨런 앤 언윈Allen and Unwin 출판사에서 1958년 출간된 자신의 책 『개미의 생활*The Life of the Ant*』에서 표절했다. 마레는 1936년에 사망(자살)했다. 이 사건에 대해서는 마레의 책 『원숭이의 영혼*The Soul of Ape*』(1969, Harmondsworth, Penguin)에 대한 로버트 아드리Robert Ardrey의 서문을 참고하라.

Goronwy Rees, *A Bundle of Sensations: Sketches in Autobiography*, London, Chatto and Windus, 1960. 그의 삶에 대한 이후의 서술에 대해서는 다음을 참고하라. Goronwy Rees, *A Chapter of Accidents*, London, Chatto and Windus, 1972.

David Hume, A *Treatise of Human Nature*, ed. L.A. Selby-Bigge and P.H. Nidditch, Oxford, Clarendon Press, 1978.

Jenny Rees, in *Mr Nobody: The Secret Life of Goronwy Rees*, London, Weidenfeld and Nicolson, 1994.

Gregory Bateson, "A Theory of Play and Fantasy", in *Steps to an Ecology of Mind*, Chicago and London, University of Chicago Press, 2000.

Bernd Heinrich, *Mind of the Raven: Investigations and Adventures with Wolf-Birds*, New York, Harper Perennial/Cliff Street Books, 1999. 특히 22장과 24장을 참고하라.

불교 명상에 대한 현대적 지침은 다음을 참고하라. A. Sole-Leris, *Tranquility and Insight*, London, Rider, 1986; Venerable Henepola Gunaratana, *Mindfulness in Plain English*, Boston, Mass., Wisdom Publications, 1993. 순수한 집중력 훈련에 대한 자서전적인 서술을 보려면 다음을 참고하라. E. H. Shattock, *An Experiment in*

Mindfulness, New York, Samuel Weiser, 1972.

자각몽과 거짓 각성에 대해서는 다음을 참고하라. Celia Green and Charles McCreery, *Lucid Dreaming: The Paradox of Dreaming during Sleep*, London and New York, Routledge, 1994.

도교의 신비주의적 전통에 대해서는 다음을 참고하라. Livia Kohn, *Early Chinese Mysticism: Philosophy and Soteriology in the Taoist Tradition*, Princeton, Princeton University Press, 1991.

The Book of Chuang-Tzu, trans. Martin Palmer and Elizabeth Breuilly, London, Penguin/ Arkana, 1996. 이 책에 인용된 내용에 대한 해설은 다음을 참고하라. Robert E. Allinson, *Chuang-Tzu for Spiritual Transformation: An Analysis of the Inner Chapters*, Albany, State University of New York Press, 1989; Kuang-Ming Wu, *The Butterfly as Companion: Meditations on the First Three Chapters of the Chuang-Tzu*, Albany, State University of New York Press,1990. 다음도 참고하라. Kuang-Ming Wu, *Chuang-Tzu: World Philosopher at Play*, New York, Crossroad Publishers and Scholars Press, 1982.

The Book of Lieh-Tzu, trans. A. C. Graham, London, Mandala, 1991.

Chuang-Tzu: The Inner Chapters, trans. A.C. Graham, London Mandala/ HarperCollins, 1991.

Pierre Hadot, *Philosophy as a Way of Life: Spiritual Exercises from Socrates to Foucault*, trans. M. Chase, Oxford, Blackwell, 1995.

L. Shestov, *In Job's Balances: On the Sources of the Eternal Truths*, Athens, Ohio University Press, 1975.

3장 도덕의 악덕

George Christoph Lichtenberg, *Aphorisms*, London, Penguin, 1990.

Bruce Chatwin, *Utz*, London, Picador, 1989. 채트윈의 소설 주인공 우츠는 실존 인물인 루돌프 유스트Rudolph Just를 모델로 삼은 것으로 보인다. 유스트는 체코의 미술품 수집가로 채트윈과 만난 적이 있었다. 유스트가 수집한 프랑스 채색 도자기들과 중국 자기들은 그가 죽은 후에도 살아남아서 브라티슬라바의 임대 주택에 숨겨져 있다가 2001년 12월 런던 소더비 경매장에서 판매됐다.

Roman Frister, *The Cap, or the Price of a Life*, trans. Hillel Halkin, London, Weidenfeld and Nicolson, 1999.

타스마니아 대량 학살에 대해서는 다음을 참고하라. Reg Morrison, *The Spirit in the*

Gene: Humanity's Proud Illusion and the Laws of Nature, Ithaca and London, Cornell University Press, 1999; Jared Diamond, *The Rise and Fall of the Third Chimpanzee: How Our Animal Heritage Affects the Way We Live*, London, Vintage, 1992.

E. O. Wilson, *On Human Nature*, London, Penguin, 1978.

Arthur Koestler, *Arrival and Departure*, London, Jonathan Cape, 1943, reprinted by Penguin Books, Harmondsworth, 1971.

신비주의가 나치즘에 미친 영향에 대해서는 다음을 참고하라. Nicholas Goodrick-Clarke, *The Occult Roots of Nazism: The Ariosophists of Austria and Germany, 1890~1935; The Racist and Nationalist Fantasies of Guido von List and Jorg Lanz von Liebenfels and Their Influence on Nazi Ideology*, Wellbrough, Aquarian Press, 1985; Dorothy M. Figueira, *The Exotic: A Decadent Quest, Albany*, State University of New York Press, 1994.

히틀러의 허무주의에 대한 최근의 해석에 대해서는 다음을 참고하라. Hermann Rauschning, *The Revolution of Nihilism: Warning to the West*, New York, Longman, Green and Co., 1939. 라우슈닝Rauschning은 프러시아의 보수주의자이자 단지 그Danzig의 시장이었으며 한동안 히틀러의 측근이었다. 그가 히틀러에 반감을 갖고 있음이 알려지자 그의 목에 현상금이 걸렸고, 그는 미국으로 도주했다.

'일소liquidation'에 대한 버나드 쇼의 주장에 대해서는 그가 쓴 다음 글을 참고하라. G. B. Shaw, "Capital Punishment", *Atlantic Monthly*, June 1948.

Eugene Lyons, *Assignment in Utopia*, New York, Harcourt Brace and Co., 1937.

M. Heller and A. Nekrich, *Utopia in Power: The History of the Soviet Union from 1917 to the Present*, New York, Summit Books, 1986.

Gil Elliot, *Twentieth Century Book of the Dead*, Harmondsworth, Penguin, 1972.

메리 터너 사건은 2000년 7월 잡지 『조지George』에 게재되었고, 2000년 7월 7일 『가디언』에도 게재되었다. 린치 사진들은 2000년 7월과 8월에 뉴욕 역사학회 New York Historical Society에서 전시되었다.

M. Gimbutas, *The Goddesses and Gods of Old Europe, 6500~3500 BC: Myths and Cult Images*, London, Thames and Hudson, 1996. 니체는 비극의 디오니소스적 기원을 저서 『비극의 탄생The Birth of Tragedy』(London, Penguin, 1993)에서 다루었다. 비슷한 견해가 다음 책에도 나온다. Carl Kerenyi, *Dionysos: Archetypal Image of Indestructible Life*, Princeton, Princeton University Press, 1976.

E. R. Dodds, "Euripides the Irrationalist", *Classical Review*, XLIII, 1929. 도즈Dodds의 다음 책도 참고하라. *The Greeks and the Irrational*, Berkeley, University of

California Press, 1951.

Gustaw Herling, *Volcano and Miracle*, New York, Penguin Books, 1996. 이 책 덕분에 샬라모프의 마지막 나날들에 대해 정보를 얻을 수 있었다. 헤를링 자신도 소비에트 수용소에 대한 가장 생생한 서술 중 하나인 다음 책을 출판했다. *A World Apart*, trans. Andrzej Ciozkosz (Joseph Marek), New York, Arbor House, 1951.

Varlam Shalamov, *Kolyma Tales*, trans. John Glad, London, Penguin Books, 1994.

Ryszard Kapuscinski, *Imperium*, London, Granta, 1993.

Robert Conquest, *Kolyma: The Arctic Death Camps*, London, Macmillan, 1978, Chapter 9, 'The Death Roll'.

Czeslaw Milosz, "To Robinson Jeffers", in his *Visions from San Francisco Bay*, New York, Farrar, Straus and Giroux, 1982.

롤스의『정의론』에 대한 더 정교한 비판과, 미덕들 사이의 충돌에 대한 내용 등은 다음의 내 책에서 다루었다. *Two Faces of Liberalism*, Cambridge and New York, Polity Press and the New Press, 2000.

George Santayana, *Obiter Scripta*, ed. J. Buchler and B. Schwartz, London and New York, Charles Scribner's Sons, 1936. 도덕 철학자 중 위대한 소설을 쓴 사람이 없다는 말에서 산타야나는 예외일 것이다. 그가 쓴 다음 책을 참고하라. *The Last Puritan: A Memoir in the Form of Novel*, Cambridge, Mass,. and London, MIT Press, 1994.

돌고래들 사이에서의 윤리에 대한 아리스토텔레스의 주장에 대해서는 다음을 참고하라. Alasdair MacIntyre, *Dependent Rational Animals: Why Human Beings Need the Virtues*, London, Duckworth, 1999.

F. Nietzsche, *Daybreak: Thoughts on the Prejudices of Morality*, eds. M. Clark and B. Leiter, trans. R. J. Hollingdale, Cambridge, Cambridge University Press, 1997.

Chuang-Tzu: The Inner Chapters, trans. A. C. Graham, London, HarperCollins/ Mandala, 1990.

A. C. Graham, *Disputers of the Tao: Philosophical Argument in Ancient China*, La Salle, Ill., Open Court, 1989.

The Book of Chuang-Tzu, trans. Martin Palmer and Elizabeth Breuilly, London, Penguin/ Arkana, 1996.

The Book of Lieh-Tzu, trans. A. C. Graham, London, Mandala, 1991.

E. M. Cioran, *The Trouble with Being Born*, trans. Richard Howard, London, Quartet Books, 1993.

예수의 가르침을 일종의 냉소주의로 보는 해석에 대해서는 다음을 참고하라. Burton, L. Mack, *The Lost Gospel of Q: The Book of Christian Origins*, San Francisco, HarperSanfrancisco, 1993.

J. L. Borges, "Christ on the Cross", in *Selected Poems*, ed. Alexander Coleman, New York, Viking Penguin, 1999.

D. H. Lawrence, *The Escaped Cock*, edited with a commentary by Gerald M. Lacy, Santa Barbara, Black Sparrow Press, 1976. 동일한 내용이 다음의 제목으로도 출판되었다: "The Man Who Died". 이 글은 다음 책에서 볼 수 있다. D. H. Lawrence, *Love among the Haystacks and Other Stories*, Harmondsworth, Penguin, 1972.

N. Kazantzakis, *Report to Greco*, London, Faber and Faber, 1973.

Robinson Jeffers, "Reamament" and "Meditation on Saviors", in *Selected Poems*, Manchester, Carcanet, 1987.

F. Dostoevsky, *The Brothers Karamozov*, ed. R. E. Matlaw, New York, W. W. Norton and Co., 1976.

D. H. Lawrence, *Selected Literacy Criticism*, ed. A. Beal, London, Heinemann, 1967.

The Iliad of Homer, trans. Richard Lattimore, Chicago and London, University of Chicago Press, 1961, Book 7, lines 58~66.

E. M. Cioran, *The New Gods*, trans. Richard Howard, New York, Quadrangle/ New York Times Book Co., 1974.

Cyril Connolly, *The Unquiet Grave: A Word Cycle by Palinurus*, London, Penguin, 2000.

Fernando Pessoa, *The Book of Disquiet*, trans. Richard Zenith, Carcanet, Manchester, 1991.

크리슈나무르티의 가르침에 대해서는 다음을 참고하라. J. Krishnamurti, *Freedom from the Known*, Brocklewood Park, Krishnamurti Foundation, 1969. 크리슈나무르티의 삶에 대해서는 다음을 참고하라. Roland Vernon, *Star in the East: Krishnamurti – The Invention of a Messiah*, London, Constable, 2000; Aryel Sanat, *The Inner Life of Krishnamurti: Private Passion and Perennial Wisdom*, Wheaton, Ill., Theosophical Publishing House, 1999.

구르디예프의 '수련'을 그로토스키가 활용한 부분에 대해서는 다음을 참고하라.

Jerzy Grotosky, 'A Kind of Volcano', in J. Needleman and G. Baker, eds., *Gurdjieff: Essays and Reflections on the Man and His Teaching*, New York, Continuum, 1997. 구르디예프가 피터 브룩에게 미친 영향에 대한 평가는 다음을 참고하라. Basarab Nicolescu, "Peter Brook and Traditional Thought", *Contemporary Theater Review*, Vol. 7, 1997.

G. I. Gurdjieff, *Views from the Real World*, London, Arkana, 1984. 구르디예프의 주요 저서로는 다음이 있다. *Beelzebub's Tales to His Granson*, London and New York, Penguin/ Arkana, 1999. 구르디예프의 가르침에 대해서는 다음을 참고하라. Michel Waldberg, *Gurdjieff: An Approach to His Teachings*, trans. S. Cox, London, Routledge and Kegan Paul, 1981. 구르디예프의 삶에 대해서는 다음을 참고하라. James Webb, *The Harmonious Circle: The Lives and Work of G. I. Gurdjieff, P. D. Ouspensky and Their Followers*, New York, G. P. Putnam's Sons, 1980. 더 의식적이 되라는 구르디예프의 가르침이 수반하는 아이러니에 대해서는 다음을 참고하라. Henri Thomasson, *The Pursuit of the Present: Journal of Twenty Years in the Gurdjieff Work*, trans. Rina Hands, Amersham, Avebury Publishing Company, 1980.

Constantin Stanislavsky, *Creating a Role*, London, Methuen, 1988.

Rex Warner, *The Aerodrome*, Oxford and New York, Oxford University Press, 1982. 이 책의 초판은 1941년 3월에 출간되었다 (출판사: Penguin).

Dmitry Shlapentokh, "Bolshevism as a Federovian Regime", *Cahiers du Monde Russe*, XXXVII(4), October-November 1996. 다음도 참고하라. Michael Heim, *The Metaphysics of Virtual Reality*, Oxford, Oxford University Press, 1993.

Murray Feisbach, *Ecocide in the USSR*, New York, Basic Books, 1992.

Boris Komarov, *The Destruction of Nature in the Soviet Union*, London, Pluto Press, 1979.

저온학으로 불멸을 이루려는 시도에 대해서는 다음을 참고하라. Robert C. W. Ettinger, *The Prospect of Immortality*, New York, Doubleday, 1964; *Man into Superman*, New York, St Martin's Press, 1972; Alan Harrington, *The Immortalist: How Science Could Give Humanity Eternal Life*, London, Panther Books, 1978; Damien Broderick, *The Last Mortal Generation: How Science Will Alter Our Lives in the Twenty-first Century*, Sydney, New Holland Publishers, 1999.

Havelock Ellis, 'Mescal: A New Artificial Paradise', *Contemporary Review*, January 1898. 다음에도 인용되었다. Mike Jay, *Emperors of Dreams: Drugs in the Nineteenth Century*, Sawtrey, Daedulus, 2000.

페르구세 동굴 벽화에 대해서는 다음을 참고하라. Ciaran Regan, *Intoxicating*

Minds, London, Weidenfeld, 2000.

Richard Rudgley, *Lost Civilisations of the Stone Age*, London, Arrow Books, 1999.

Eugene Marais, *The Soul of the Ape*, Harmondsworth, Penguin, 1969. 마레의 발견을 뒷받침해주는 후대의 연구에 대해서는 다음을 참고하라. Ronald K. Sigel, *Intoxication: Life in Pursuit of Artificial Paradise*, New York and London, Simon and Schuster, 1989.

Paul Devereaux, *Symbolic Landscapes*, London, Penguin/ Arkana, 1997; Henry Hobhouse, *Seeds of Change: Six Plants that Transformed Mankind*, London, Papermac, 1992; Alexander and Ann Shulgin, *Pikhal: A Chemical Love Story*, Berkeley, Transform Press, 1995; Richard Davenport-Hines, *The Pursuit of Oblivion: A Global History of Narcotics, 1500~2000*, London, Weidenfeld, 2002.

그노시스주의에 대한 연구로는 다음을 참고하라. Hans Jonas, *The Gnostic Religion*, Boston, Mass., Beacon Press, 1963.

Jung's Seminar on Nietzsche's Zarathustra, abridged and edited by J. L. Jarrett, Princeton, Princeton University Press, 1998. 융Jung을 현대의 그노시스주의자로 본 연구로는 다음을 참고하라. Robert A. Segal, *The Gnostic Jung*, London, Routledge, 1992.

인용된 엑스트로피 협회 창업자의 말은 다음 책을 참고했다. Hubert Dreyfus, *On the Internet*, London and New York, Routledge, 2001.

Ray Kurzweil, *The Age of Spiritual Machines: When Computers Exceed Human Intelligence*, New York, Penguin, 2000.

가상 현실 영토로서의 사이버 공간에 대한 개념이 깁슨의 소설『뉴로맨서』의 기초를 이루고 있다. William Gibson, *Neuromancer*, London, HarperCollins, 1995. 가상현실 게임의 위험성에 대해서는 초현실적이면서도 유머러스한 다음 영화를 참고하라. David Cronenberg, <eXistenZ>. 이 영화를 포함한 그의 영화들에 대한 요약과 평은 다음을 참고하라. John Costello, *The Pocket Essential David Cronenberg*, Harpenden, www.pocketessentials.com, 2000. 영화 <엑시스텐즈 eXistenZ>는 다음 책에서 소개된 아이디어를 다루고 있다. Philip K. Dick, *The Three Stigmata of Palmer Eldritch*, London, Grafton Books, 1978. 그의 영화들에 대한 깊이 있는 고찰로는 다음을 참고하라. Iain Sinclair, *Crash: David Cronenberg's Post-mortem on J.G. Ballard's 'Trajectory of Fate'*, London, British Film Institute Publishing, 1999.

Stanislaw Lem, *Summa Technologiae*, Krakow, Wydawnictwo Literackie, 1964.

Stanislaw Lem, *A Stanislaw Lem Reader*, ed. Peter Swinski, Evanston, Ill., Northwestern

Press, 1997.

샤머니즘에 대해서는 다음을 참고하라. Mircea Eliade, *Shamanism: Archaic Techniques of Ecstasy*, London, Routledge and Kegan Paul, 1970. 자각몽에 대한 획기적인 연구로는 다음을 참고하라. Charles McCreery, *Psychical Phenomena and the Physical World*, London, Hamish Hamilton, 1973, Chapter 1; Celia Green and Charles McCeery, *Lucid Dreaming: The Paradox of Consciousness during Sleep*, London and New York, Routledge, 1994. 자각몽 및 그와 유사한 상태에 대한 철학적 고찰로는 다음을 참고하라. Charles McCreery, *Science, Philosophy and ESP*, Oxford, Institute of Psychophysical Research, 1967; Celia Green, *The Human Evasion*, Oxford, Institute of Psychophysical Research, 1977.

샤먼들의 약물 사용에 대해서는 다음도 참고하라. M.J. Harner, ed., *Hallucinogens and Shamanism*, Oxford, Oxford University Press, 1973. 다음도 참고하라. G. Riechel-Dolmatoff, *The Sham and the Jaguar: A Study of Narcotic Drugs among the Indians of Colombia*, Philadelphia, Temple University Press, 1975; R. E. Schultes and A. Hoffman, *Plants of the Gods: Origins of Hallucinogen Use*, London, Hutchinson, 1980.

E. O. Wilson, *Consilience*, London, Abacus, 1999.

Peter Vitousek, Anne H. Erlich and Pamela Matson, "Human Appropriation of the Products of Photosynthesis", *BioScience*, Vol. 36, No. 6 (1986), pp. 368~373.

이 시는 페소아의 또다른 이름인 알베르토 카에로Alberto Caeiro의 이름으로 나왔다. 다음을 참고하라. *Poems of Fernando Pessoa*, trans. and ed. Edwin Honig and Susan M. Brown, San Francisco, City Lights Books, 1998.

인류 이후의 세계에 대한 유쾌한 묘사로는 다음을 참고하라. Dougal Dixon, *After Man: A Zoology of the Future*, New York, St Martin's Griffin, 1998. 다음도 참고하라. Michael Bolter, *Extinction, Evolution and the End of Man*, London, Fourth Estate 2002.

5장 비非진보

Karl Kraus, *Half Truths and One-and-a-half Truth*, ed. Harry Zohn, Montreal, Engendra Press, 1976.

Colin Tudge, *Neanderthals, Bandits and Farmers: How Agriculture Really Began*, London, Weidenfeld and Nicolson, 1998.

Marshall Sahlins, *Stone Age Economics*, Hawthorne, NY, Aldine de Gruyter, 1972. 수렵

채집 생활을 다룬 또다른 중요한 책으로는 다음을 참고하라. Richard B. Lee and Irven De Vore, *Man the Hunter*, Chicago, Aldine, 1968.

Hugh Brody, *The Other Side of Eden: Hunter-Gatherers, Farmers and the Shaping of the World*, London, Faber and Faber, 2000.

M. N. Chen and G. J. Armelagos, eds., *Paleopathology at the Origins of Agriculture*, New York, Academic Press, 1984; Jared Diamond, *The Rise and Fall of the Third Chimpanzee: How Our Animal Heritage Affects the Way We Live*, London, Vintage, 1992; Jared Diamond, *Guns, Germs and Steel*, London, Vintage, 1998.

Clive Ponting, *A Green History of the World: The Environment and the Collapse of Great Civilisations*, London and New York, Penguin, 1993. Paul R. Erlich, *Human Natures: Genes, Cultures and the Human Prospect*, Washington, D. C., and Covelo, Cal., Island Press, Shearwater Books, 2000.

산업화를 인구 증가의 부수 효과로 해석하는 견해에 대해서는 다음을 참고하라. Richard G. Wilkinson, *Poverty and Progress: An Ecological Model of Economic Development*, London, Methuen, 1973.

Hans Moravec, *Robot: Mere Machine to Transcendent Mind*, Oxford and New York, Oxford University Press, 2000.

신자유주의 경제 정책이 최하위 계층의 발생에 어떤 역할을 했는지에 대해서는 내가 쓴 다음 책을 참고하라. *False Dawn: The Delusions of Global Capitalism*, London and New York, Granta and the New Press, 2002. 이 책은 미국 중산층의 프롤레타리아화, 러시아가 시도한 신자유주의적 충격 요법, 일본의 경제적 근대화, 9.11 테러의 영향 등에 대한 내용도 다루고 있다.

Jeremy Rifkin, *The End of Work: The Decline of the Global Labour Force and the Dawn of the Post-market Era*, New York, G. P. Putnam's Sons, 1995.

커리어/경력의 잉여성에 대한 논의는 다음을 참고하라. Fernando Flores and John Gray, *Enterpreneurship and the Wired Life: Work in the Wake of Careers*, London, Demos, 2000.

J. H. Prynne, "Sketch for a Financial Theory of the Self", in *Poems*, Newcastle, Bloodaxe Books, Fremantle Arts Centre Press, 1999.

J. G. Ballard, *Cocaine Nights*, London, Flamingo, 1997.

J. G. Ballard, *Super-Cannes*, Flamingo, 2000. 이 책의 서문에서 발라드는 '에덴 올림피아'가 [프랑스] 앙티브에서 북쪽으로 약간 떨어진 첨단 기술 기업 단지 '소피아-안티폴리스Sophia-Antipolis'에서 영감을 받은 것이라고 밝혔다. 그러나 [수퍼 칸이라는 책 제목은] 더블 블러프(double bluff: 상대방이 내가 거짓말을 하고 있

다고 생각한다는 것을 알고서, 내가 하려는 일을 사실 그대로 알려 준 뒤 그대로 행함으로써, 그것을 거짓말로 생각한 상대방을 속이는 것. 옮긴이)일 수도 있다. 에덴 올림피아는 진짜로 '수퍼 칸'이라는 지명을 가진 곳을 모델로 만들어진 것일 지도 모른다. 이에 대해서는 다음을 참고하라. Charles Jennings, "Future Block", *Daily Telegraph*, 21 October 2000.

Raoul Vaneigem, *The Revolution of Everyday Life, London, Practical Paradise Publications*, 1975. 프랑스어 원제는 *Traité de savoir-vivre á l' Usage des jeunes générations*이다. 영어 번역본의 표제는 17세기 영국의 급진 종교분파인 랜터파였던 조지프 샐먼Joseph Salmon의 말을 인용한 것이다. 중세의 천년왕국설에 대해서는 다음을 참고하라. Norman Cohn, *The Pursuit of the Millennium: Revolutionary Millenarians and Mystical Anarchists of the Middle Ages*, London, Paladin, 1970 (초판은 1957년에 출판되었으며, 1970년판은 수정증보판이다). 바네겜은 『일상 생활의 혁명』에서 콘Cohn의 책을 인용했다. 자유 성령 형제단에 대한 더 상세한 설명은 바네겜의 다음 책을 참고하라. *The Movement of the Free Spirit: General Considerations and Firsthand Testimony Concerning Some Brief Flowerings of Life in the Middle Ages, the Renaissance and, Incidentally, Our Own Time*, New York, Zone Books, 1998.

연금술의 심리학적 해석에 대해서는 다음을 참고하라. C. G. Jung, *Psychology and Alchemy*, 2nd edn, London, Routledge, 1968; C. G. Jung, *Mysterium Coniunctions*, Bollingen Series XX, Princeton, Princeton University Press, 1989.

후기 제정 시대는 다음의 내 책에서 다루었다. *Post-liberalism: Studies in Political Thought*, London and New York, Routledge, 1993. 이 책에서 고전 마르크스주의의 신비주의적 내용에 대해서도 다루었다.

Guy Debord, *Comments on the Society of the Spectacle*, London and New York, Verso, 1990. 다음을 참고하라. Guy Debord, *The Society of the Spectacle*, New York, Zone Books, 1994. 자서전에 쓴 그의 신비스럽고 모호한 글은 다음을 참고하라. G. Debord, *Panegyric*, trans. James Brook, London and New York, Verso, 1991. 기 드 보르의 전기는 다음을 참고하라. Ansell Jappe and Donald Nicholson-Smith, *Guy Debord*, Berkeley, University of California Press, 1999.

기 드보르의 광고는 다음에 게재되었다. *Times Literary Supplement*, 22 Febrary 1991. 다음을 참고하라. Greil Marcus, "You Could Catch It", in Greil Marcus, *The Dustin of History*, Cambridge, Mass., and London, Harvard University Press and Picador, 1995.

차탈 휘위크의 영양 수준에 대해서는 다음을 참고하라. Richard Rudgley, *Lost*

Civilisations of the Stone Age, London, Arrow Books, 1999.

Iain Sinclair, *Lud Heat*, London, Granta, 1998.

Noel Perrin, *Giving Up the Gun: Japan's Reversion to the Sword, 1543~1879*, Boston, Nonpareil Books, 1979. 일본의 서구 과학 도입에 대해서는 다음을 참고하라. Carmen Blacker, *The Japanese Enlightenment*, Cambridge, Cambridge University Press, 1969.

나는 러시아에서의 신자유주의적 충격 요법이 실패할 것이라고 다음의 내 책에서 언급했다. *The Postcommunist Societies in Transition*, London, Social Market Foundation, February 1994. 이 글은 내가 쓴 다음 책에서도 재출판되었다. *Englightenment's Wake: Politics and Culture at the Close of the Modern Age*, London and NewYork, Routledge, 1995, Chapter 5. 러시아의 충격 요법이 가져온 재앙적 결과에 대한 연구로는 다음을 참고하라. Peter Reddaway and Dmitri Glinski, *The Tragedy of Russia's Reforms: Market Bolshevism against Democracy*, Washington, D. C., United States Institute of Peace Press, 2001.

Thomas Malthus, *An Essay on the Principle of Population*, ed. Anthony Flew, Harmondsworth, Penguin, 1970.

르완다 학살을 야기한 요인 중 식민 시기 기원에 대해서는 다음을 참고하라. Clive Ponting, *The Pimlico History of the Twentieth Century*, London, Pimlico, 1999: "[르완다를 식민 지배했던] 벨기에의 정책은 '인종적' 차이를 강조하고 노골적으로 투치족을 우대하는 것이었다. 1950년대 말이 되면 투치족은 45개의 주요 추장직 중 43개, 559개의 부추장직 중 549개를 차지한다. 후투족은 전통적으로 자신들이 통제권을 갖던 영역에서 쫓겨났다. 특히 땅에 대한 통제를 잃었다. 지역의 엘리트가 된 투치족은 가톨릭 교회가 담당했던 교육에서도 혜택을 받았다. 점차로 이 아프리카인들은 벨기에가 심어놓은 '인종적' 차이를 받아들이게 되었다. 부분적으로는 이것이 지역의 권력 분할 구도를 반영하기 때문이었다." 다음도 참고하라. Mahmood Mamdami, *When Victims Become Killers: Colonialism, Nativism and Genocide in Rwanda*, London, James Curry, 2001.

E. O. Wilson, *Consilience: The Unity of Knowledge*, London, Abacus, 1998.

The Autobiography of Betrand Russell, Vol. 2, 1914~1944, London, George Allen and Unwin, 1971.

전쟁과 놀이의 연관에 대해서는 다음을 참고하라. J. Huizinga, *Homo Ludens: A Study of the Play-Element in Culture*, Boston, Beacon Press, 1986, Chapter 5.

Mihai I. Spariousu, *God of Many Names: Play, Poetry and Power in Hellenistic Thought from Homer to Aristotle*, Durham and London, Duke University Press, 1991. 놀이의

개념에 대한 포괄적인 조사로는 다음을 참고하라. Spariosu, *Dionysus Reborn: Play and the Aesthetic Dimension in Modern Philosophical and Scientific Discourse*, Ithaca and London, Cornell University Press, 1989.

Chalres H. Kahn, *The Art and Thought of Heraclitus: An Edition of the Fragments with Translation and Commentary*, Cambridge, Cambridge University Press, 1979.『단편 Fragments』에 대한 더 자유로운 번역은 다음의 책에서 찾을 수 있을 것이다. Guy Davenport, *Herakleitos and Diogenes*, San Francisco, Grey Fox Press, 1983.

Ivan Illich, *Tools for Conviviality*, London, Calder and Boyars, 1973.

원자력에 대한 러브록의 견해는 다음을 참고하라. James Lovelock, *The Ages of Gaia: A Biography of Our Living Earth*, Oxford, Oxford University Press, 1989.

유전자 조작 작물에 대한 윌슨의 견해는 다음을 참고하라. E.O. Wilson, "Darwin's Natural Heir", *Guradian*, 17 February 2001.

Samuel Butler, *A First Year in Canterbury Settlement*, London, Longman and Green, 1863, 다음 책에 인용되어 있다. George Dyson, *Darwin among the Machines*, London, Penguin Books, 1997.

Adrian Woolfson, *Life without Genes: The History and Future of Genomes*, London, Flamingo, 2000, p. 371.

Mark Ward, *Virtual Organisms: The Startling World of Artificial Life*, London, Pan Books, 2000.

Bill Joy, "Why the Future Doesn't Need Us", *Wired*, April 2000.

Lynn Margulis and Dorion Sagan, *Microcosmos*, Berkeley and London, University of California Press, 1997.

George Santayana, *Winds of Doctrine, and Platonism and the Spiritual Life*, New York, Harper and Brothers, 1957.

6장 있는 그대로

Joseph Brodsky, "Wooing the Inanimate: Four Poems by Thomas Hardy", in *On Grief and Reason: Essays*, London, Penguin, 1995.

Joseph Conrad, *Nostromo*, London, J. M. Dent and Sons, 1947.

진보라는 개념에 대한 윈덤 루이스Wyndham Lewis의 뛰어난 (때로는 이상한) 비판에 대해서는 다음을 참고하라. Wyndham Lewis, *Demon of Progress in the Arts*, London Methuen, 1954. 이 책은 고故 이사야 벌린Isaiah Berlin 덕분에 알게 되었

다. 근대 자유주의에서의 '시간 숭배'에 대한 논의는 내가 쓴 다음 논문을 참고하라. "Santayana and the Critique of Liberalism", *Post-liberalism: Studies in Political Thought*, London and New York, Routledge, 1993.

다신교 윤리가 현대의 정치 윤리에 어떻게 적용될 수 있는지에 대해서는 다음을 참고하라. Robert D. Kaplan, *Warrior Politics: Why Leadership Demands a Pagan Ethos*, New York, Random House, 2002.

다음을 참고하라. Colin M. Turnbull, *Wayward Servants: The Two Worlds of the African Pygmies*, London, Eyre and Spottiswoode, 1966.

Robert Graves, 'Sisyphus', *The Greek Myths*, Vol. 1, London, Penguin Books, 1955.

George Santayana, *Winds of Doctrine and Platonism and the Spiritual Life*, New York, Harper and Brothers, 1957.

하찮은 인간의 성의 있는 삶

"진보는 신화다. 자아는 환상이다. 자유의지는 착각이다. 인간은 다른 동물보다 우월하지 않다. 굳이 인간이 다른 동물과 다른 점을 들자면, 이성의 능력이나 도덕 원칙을 지키는 능력이 아니라, 유독 파괴적이고 약탈적인 종이라는 점일 것이다."

영국의 정치철학자 존 그레이는 이렇게 주장한다. 그러니 많은 논객들이 존 그레이를 비관적 정치철학자, 염세주의자, 허무주의자로 칭하는 것도 놀랄 일은 아니다. 하지만 존 그레이는 본인을 비관주의자나 염세주의자라고 생각하지 않을 것 같다. '진보를 믿지 않는 것'을 비관적이라 평가하는 것은 진보를 희망이라 여기는 사람들 사이에서나 통하는 얘기다. 존 그레이가 보기에는, 진보에 대한 희망을 품는 것이야말로 인류가 저지른 무지막지한 폭력의 근원이다. 그래서 그는 이렇게 말한다. "인류는 세상을 구할 수 없지만, 그렇다고 절망할 일은 아니다. 세상은 구원될 필요가 없으니 말이다."

존 그레이는 "인류를 중심에 놓지 않는 견해들을 제시하고자 했다"고 「여는 글」에서 밝혔다. 『하찮은 인간, 호모 라피엔스』의 원제는

'지푸라기 개Straw Dogs'로, 노자의 『도덕경』에 나오는 구절 "천지불인 이만물위추구(天地不仁 以萬物爲芻狗, 천지는 어질지 않아 만물을 짚으로 만든 개와 같이 여긴다)"에서 따 온 것이다. 『도덕경 석의』(1999/2004, 〈여강 출판사〉)에서는 이 구절을 다음과 같이 설명한다. "천지는 감정이 없으며 의식도 없고 만물에 대하여 이른바 인자하다거나 편애를 가지고 있지 않으며 순전히 만물이 스스로 움직여 변화하고 스스로 생멸하는 데 맡겨 두고 있다. (…) 하늘은 살리기도 하고 죽이기도 하는데 (…) 하늘이 만물을 태어나게 하는 것은 사랑에 기인하는 것도 아니며, 하늘이 만물을 죽이는 것은 원한이 있기 때문이 아니라, 자연스럽게 운동 변화하는 법칙에 불과하다는 것을 말하는 것이다." 이 책에서 존 그레이는 자기 의지대로 세상을 구성해 나갈 수 있는 존재는 오직 인류 뿐이라는 견해를 반박하며, 인류도 지푸라기 개일 뿐이라고 말한다.

이러한 존 그레이의 인류관은, 이 책에도 제시된 서구 유일신교(기독교) 비판, 계몽주의 비판, 공산 혁명과 같은 거대 정치 기획 비판, 그리고 전 지구적 자본주의 비판의 공통 분모다. 존 그레이의 서구 문명 비판의 핵심에는 유토피아주의의 폭력성에 대한 문제 제기가 놓여 있다. 이는 1990년대 말 이후에 나온 그의 최근 저작 *False Dawn*(1998), *Straw Dogs*(2002)[한국어판 『하찮은 인간, 호모 라피엔스』(2010)], *Black Mass*(2007)[한국어판 출판 예정]를 관통하는 주제다. 유토피아주의는 추상적인 이상향을 다른 사회와 다른 사람들에게 확산 또는 이식시키려는 활동을 수반한다. 존 그레이는 인류가 저지른 가장 거대한 폭력들은 이상향에 맞게 세계를 바꾸겠다는 거대하고 장엄한 기획의 산물이라고 지적한다.

'구원'의 신화를 믿으며 다른 모든 것들을 획일적으로 내리 누른다는 점에서 20세기 초의 마르크스주의나 20세기 말의 글로벌 자본주의나 다를 바가 없다는 것이다. 획일화 경향에 대한 존 그레이의 우려는, 거슬러 올라가보면 자유주의에 대한 그의 예전 저작들과도 맥이 통한다.(1980년대와 1990년대에 존 그레이는 자유주의 정치철학에 대한 저술을 많이 남겼다.)

존 그레이는 이 책에서 "인간의 의지를 세상에 투사하거나 부여하려 하지 말고 흘러가는 대로 두라"는 도교의 가르침을 언급한다. 이는 탈정치적인 은둔자를 연상시키지만, 사실 존 그레이는 영국의 현실 정치에 상당히 관여했으며 현재도 여러 언론 매체에 기고를 하고 있는, 말하자면 '참여적 지식인'이다. 통용되는 기준으로 보자면, 그의 정치 성향이 무엇인지는 잘라 말하기가 어렵다. 이를테면 1980년대에는 뉴라이트 싱크탱크에 관여하면서 대처리즘의 핵심 인사가 되는 듯 하더니, 1990년대에는 시장 근본주의에 대한 맹렬한 비판자가 됐다. 그러나 존 그레이의 인류관과 정치관을 보면, 그리 이상하게 볼 일은 아니다. 이 책에서도 언급했듯이, 존 그레이는 정치란 '인류의 종국적 목표'를 향해 가는 거대한 기획이 아니라 반복적으로 발생하는 악에 잘 대처할 수 있는 임시변통들을 만드는 지혜와 용기라고 본다. 따라서 어떤 정책도 그 시기의 특정한 문제들을 해결하기 위한 실질적인 조치여야지, 그것이 이론으로, 도그마로, 다른 모든 것에 적용되어야 하는 절대 법칙으로 추상화되는 순간 정당성을 잃는다. 존 그레이는 2009년 영국 주간지 『뉴 스테이츠먼New Statesman』과의 인터뷰에서 자신이 대처식 경제 정책과 결별한 것은 그것이 "새로운 종류의 이론으로 자리매김되던 시기"였다며 이렇게 말했다. "대처식 자유주의와 마르크스-레닌주의의 구조적 유사성이 내게는 너무 명백했다. 급진적인 진보주의라는 점, 그리고 상부구조적 영역들을 무시한다는 점."

유토피아주의의 폭력성에 대해서 존 그레이의 견해에 동의하더라도, 진보도, 자유의지도, 자아도 환상이라면 "대체 어떻게 살아야 하느냐"고 묻고 싶어진다.(「여는 글」을 보면, 존 그레이 본인도 독자들이 이런 질문을 하리라는 걸 예상하고 있다.) 내가 의지를 가진 존재라고 믿지 않고도 내 삶을 의미있는 것으로 만들 수 있는가? 나의 삶이라는 게 딱히 의미가 있는 것도, 의미를 가져야 하는 것도 아니라면, 나도 내가 속한 인류도 정말로 하찮은 것이라면, 어떻게 삶에 대해 성의 있는 태도를 가질 수 있는가?

존 그레이는 이런 답을 내놓을 것 같다. 삶에 대한 성의있는 태도는 삶에 의미를 부여하고 의지를 투사할 때 생기는 것이 아니라, 오히려 그러한 의미와 의지를 걷어낼 때 갖게 되는 것이라고 말이다. 변치 않는 자아, 영원한 진리, 절대적인 도덕의 추구는 모두 '영원 무궁한 무언가'를 향한 것이다. 이는 '이상'을 '실재'라고 믿고, 현실의 변화하고 유한한 것들을 '허상'이라고 믿게 만든다. 존 그레이는 유한함을 거부하고 우리가 발 딛고 있는 터전에서 붕 떠버렸을 때, 우리가 잃게 되는 것은 '한 번 뿐인 삶에 대한 성의있는 태도'라고 지적한다. '영원한 무언가'를 향해 허우적거리고 있는 머리를 땅으로 끌어내릴 때, 비로

소 우리는 현실의 시간과 공간에 온전히 존재할 수 있고, 그 어떤 위대한 의미를 인생에 부여했을 때보다 더 성의있게 삶을 살아갈 수 있을 것이다.

이 책은 실증적인 데이터나 논리적인 증명으로 주장을 정교하게 뒷받침한 학술서라기보다는 독서 단상록에 가깝다. 그렇다 보니 학술서의 기준으로 보자면 비판할 여지가 없지 않을 것이다. 실제로 이 책은 많은 찬사도 받았지만, 학계 일각에서는 근거가 불충분하다거나 부적절하다는 비판을 받기도 했다. 하지만 학술서로서보다는 우리가 사는 세계를 (실제의 세계와 우리가 머릿속에서 생각하는 세계 모두) 비판적으로 바라볼 화두를 던져주는 어느 철학자의 사색록으로 읽는 것이 더 적절하지 않을까 싶다. 물론 우리는 존 그레이의 견해에 동의할 수도, 동의하지 않을 수도 있다. 하지만 우리가 당연하게 믿어 온, 그리고 안간힘을 쓰며 부여잡아 온 통념에 대해, 마음은 불편하지만 매우 설득력 있는 비판을 이토록 흥미롭게 제시한다는 점은 분명히 이 책의 미덕이라고 생각한다.

찾아보기

『하찮은 인간, 호모 라피엔스』에 쏟아진 찬사들

"『하찮은 인간, 호모 라피엔스』는 매우 중요한 책이다. 미래에 우리보다 더 현명한 세대(그런 세대가 있을지는 알 수 없지만)도 이 책을 읽으리라 생각한다. 간결하고 풍자적인 이 책은 과거의 수많은 사상과 연구에서 결정체를 뽑아내, 방대한 호기심과 학구열로 결과물을 만들어 냈다. (이 책에 대한) 모든 불평을 잠재울 놀라운 장점은, 이 책이 주장하는 바가 겸손이라는 점이다. '행동'하는 삶보다는 '관상'하는 삶을 지지하면서, 이 책은 현대의 모든 허영을 뒤엎고 우리에게 우리 자신과의, 또 세계와의 평화만을 추구하라고 말한다. 제대로 읽는다면, 이 책은 당신에게 평화를 가져다 줄 것이다. 입이 마르도록 추천해도 모자랄 것 같다."
Brian Appleyard, *Literary Review*

"어떤 책보다도 더 많은 생각을 하게 하는 놀라운 책이다. (…) 이 책은 이해의 새로운 지평을 열어 준다. 이 책의 내용을 '분별력 있다'고만 말한다면 과소평가일 것이다."
George Walden, *Sunday Telegraph*

"흥미진진한 책이며, 당신의 생각에 대한 도전으로 가득 차 있다. (…) 이 책은 많은 걱정거리를 안겨주지만, 묘하게도 우리를 침울하게 만들지는 않는다."
Joan Bakewell, *New Statesman*

"놀라운 책이다. (…) 틀림없이 존 그레이는 빼놓지 말아야 할 학자다. 이사야 벌린 이래로 그는 가장 명료하고 설득력 있는 정치 이론가다."
Johann Hari, *Independent*

"『하찮은 인간, 호모 라피엔스』는 인간의 본성에 대해, 그리고 우리가 가진 거의 무한한 자기기만이라는 선물에 대해 명민한 평가를 내린다. 매우 도발적이며 고정 관념을 뒤흔드는 책이다."
J. G. Ballard

"가차 없이 통렬하다. (…) 인간 진보주의와 그것의 모든 아류들에 대한 신랄한 비판을 담고 있다."
David Marquand, *New Statesman*

"뛰어난 철학서다 (…) 어려운 용어를 사용하지 않아 누구나 읽을 수 있으면서도 빠르게 변화하는 우리의 세계를 이해하는 데 매우 적합한, 보기 드문 철학서다. 『하찮은 인간, 호모 라피엔스』
는 충격적인 효과를 매우 효과적으로 불러일으키는 도구다. (…) 이 책을 읽어도 세상의 모든
것은 달라지지 않고 그대로이겠지만, 매우 다르게 보일 것이다. 이것이야말로 도발적이다."
Will Self, *Independent*

"조지 오웰의 『동물 농장』이 계몽된 휴머니즘이라는 꿈을 꾸고 있는 우리를 깊은 잠에서 깨웠
다면 존 그레이의 『하찮은 인간, 호모 라피엔스』는 우리로 하여금 거울을 보고 스스로를 직시
하게 한다."
James Lovelock

"존 그레이의 『하찮은 인간, 호모 라피엔스』는 대담하면서도 흥미로운 책이다. 이 책은 정신을
딴 데로 돌리게 하는 위안이 없으면 우리의 삶이 어떻게 될지 보여 준다."
Adam Phillips

"완고하면서도 흥미롭다. 대중 철학서 중 최고로 꼽고 싶다. 존 그레이의 핵심 주장에 더 많이
동의하지 않을수록 이 책에서 더 많은 것을 얻을 수 있을 것이다. 대단한 책이다!"
Don Cupitt

"존 그레이는 철학을 보통 사람도 접근할 수 있는 것으로 만들었다. (…) 철학이 견고하면서도
격정적이기를 바라는 사람들에게, 인간 중심적 사고를 호통 치며 공격하는 이 책을 추천한다."
Ian Thompson, *Independent*

"존 그레이는 멋지고 유쾌한 비관주의 책을 썼다. 대단한 책이다. 모두가 이 책에 동의하지는 않
겠지만, 모두가 이 책의 참신하고도 마음을 불편하게 하는 생각들을 읽고 고정 관념을 다시 생
각해 볼 기회를 가질 필요가 있다. 아무리 칭찬해도 아깝지 않을 책이다."
Richard Holloway, *Scotsman*

"존 그레이는 흥미롭게 손에 땀을 쥐게 하며 말하듯이 글을 쓴다. (…) 이 책에는 뛰어난 성찰,
심술궂음, 그리고 마음을 뒤흔드는 고통이 섞여 있다."
Time Literary Supplement

"도발적이고 생각을 자극하는 책이다. (…) 우리는 정말로 동물과 다른가? 우리는 정말로 (동물
보다) 우월한가? 존 그레이의 책은 그렇지 않다는 견해를 설득력 있게 제시한다."
Sunday Tribune(Dublin)

"도발적이고 잘 쓰여졌다. 존 그레이는 자기 견해를 분명하고 설득력 있고 신빙성 있게 풀어낸다. 눈길 끄는 대목과 생각을 자극하는 내용이 아주 많아서, 이 책을 읽고도 아무 감흥이 없는 독자는 없을 것이다."
Focus

"올해 이 책보다 나를 더 화나게 하고 몰입하게 한 책은 없다."
Jim Crace, *The Times*

"이 힘 있고 뛰어난 책은 새 천년의 지침으로 삼기에 부족함이 없다. 인간이란 무엇인가에 대해 우리가 가지고 있는 가정들을 뒤흔들면서 그런 가정 대부분이 기만임을 설득력 있게 보여 준다. 우리는 누구이며, 우리는 왜 여기에 있는가? 존 그레이의 대답은 우리 대부분에게 큰 충격을 준다. 리처드 도킨스의 『이기적 유전자』 이래 가장 즐겁게 읽은 책이다."
J.G. Ballard

"나는 올해의 책으로 『하찮은 인간, 호모 라피엔스』를 꼽고 싶다. 한 번 읽고, 두 번째 읽으면서 메모를 했다. 그리고 이 책을 홍보하기 위해 저자와의 만남을 추진했다. (…) 그 정도로 이 책이 좋다고 생각했다. (…) 자유주의적 휴머니즘에 대한 통렬한 비판을 담고 있지만, 소화하기 쉽게 쓰여졌다. (삼키기는 쉽지 않지만 말이다.)
Will Self, *New Statesman*

"(『하찮은 인간, 호모 라피엔스』는) 올해 출간된 가장 중요한 책 중 하나며, 아마 금세기에 출간된 가장 중요한 책으로도 꼽히게 될 것이다. (…) 이 책을 읽지 않고는 누구도 우리가 사는 시대를 이해할 수 없을 것이다."
Sue Corrigan, *The Mail on Sunday*

"올해 나온 책 중 『하찮은 인간, 호모 라피엔스』보다 더 도발적이면서 더 설득력있는 책은 없을 것이다. (…) 존 그레이는 영국 학자 중 가장 흥미로우면서도 예측불허의 견해를 지속적으로 내놓는 사람 중 한 명이다."
Jason Cowley, *Observer*